the WORK SYSTEM

The Simple Mechanics of Making More and Working Less

SYSTEM

시스템의 힘

WORK the SYSTEM

the

SYSTEM

The Simple Mechanics of Making More and Working Less

뉴욕
북페스티벌
논픽션 부문
수상작

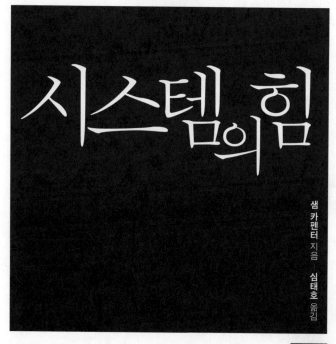

시스템의힘

샘 카펜터 지음

심태호 옮김

for book

contents

삼성그룹의 '신경영 20년'을 맞아 다양한 관점에서 삼성의 '신화'에 대한 연구와 분석이 잇따르고 있다. 이제는 세계의 많은 기업들이 삼성을 벤치마킹하는 것은 물론, 그 성공의 비결이 무엇인지를 앞 다투어 배우려고 한다. 서로 관점은 달라도 오늘날의 삼성이 있기까지 이건희 회장의 리더십과 '관리'의 삼성으로 대변되는 그룹 차원의 공통된 관리 체계의 우수성에 대해서는 모두의 의견이 일치하리라 믿는다.

특히 삼성은 다른 기업들과 달리 운영 및 관리 시스템에 있어서 이제는 매우 독보적이면서도 모방하기 어려울 정도로 자산화 되어 있다고 봐야 한다. 그래서 새삼스럽게도 오늘날 전 세계의 수많은 기업들이 기업 경영의 근간이 되는 업무 시스템에 대해 재점검을 하고, 혁신을 위한 노력에 박차를 가하고 있는 것은 매우 자연스러운 현상이라고 할 수 있겠다.

이러한 관점에서 이 책 『시스템의 힘』은 특별히 주목할 필요가 있다. 아직까지도 대부분 기업의 경영 현장에서는 기존의 경험과 감에 의한 주먹구구식 관행의 잔재가 만연하고 있고, 불명확한 역할과 책임으로 인한 복잡성의 증대와 혼선이 지속되고 있다. 따라서 모든 기업은 이제부터라도 다시 한 번 '시스템이 무엇이고, 그 시스템의 힘이 어떤 결과를 가져올 수 있을지'에 대해 곰곰이 생각해 볼 필요가 있다.

시스템을 고려할 때, 가장 중요한 것은 무엇보다도 '문서화'이다. 혹자는 일류기업과 이류기업을 구분하는 기본적인 차이 가운데 하나로 '문서화'를 꼽는다. 그 이유는 회사의 핵심 역량이나 중요한 제도, 원칙 등의 일하는 방식과 그에 영향을 주는 요소들이 얼마나 체계적으로 공유되고 있고, 나아가 그것이 시간이 흘러도 변함없이 유지될 수 있느냐 하는 것인데 문서화는 이러한 공유와 유지를 가능하게 해주는 가장 근본적인 전제 요건이기 때문이다.

이 책에서는 시스템의 첫 번째 요소로 '문서화'를 강조하고 있다. 즉 실행 및 의사 결정을 위한 지침이 되는 목표, 원칙, 절차 등이 문서화를 통해 구체적으로 작성되어야 하는 것이다.

두 번째 요소는 업무에 대한 분해와 분석, 그리고 조합과 시너지를 고려하는 것이다. 이는 업무 목표와 방향을 밝혀내고 분석하는 과정, 구성원 각자의 이상적인 일상과 업무, 그리고 이러한 요소들 간의 관계 시스템을 구축하는 것이라고 할 수 있다. 이러한 과정에는 불필요한 요소를 제거하는 것까지 포함되어 있으며, 물론 처음부터 새로운 시스템을 만드는 일도 포함된다.

세 번째 요소는 지속적인 관리가 이루어지도록 하는 것이다. 이를 위해서는 긍정적이고 가시적인 성과에 대한 동기 부여와 같은 윤활유가 필요하다.

그러나 이러한 시스템의 힘만으로는 지속적인 성공과 성장을 담보할 수 없다. 많은 경영학자들이 삼성그룹에 조언하는 것처럼, 시스템 구축에 성공한 후에는 'SOFT POWER'의 집중적인 육성이 필요하고, 이를 위해서는 핵심 인재와 더불어 인문학적 통찰과 조직 차원의 창조성 DNA 개발이 요구된다. 아울러 시스템을 통해 'Fast-follower'가 될 수는 있지만 더 나아가 미래의 'True Innovator'가 되기 위해서는 기존의 시장을 전혀 새로운 관점과 각도로 바라봐야 할 것이다. 또한 지속적으로 글로벌화를 추진해 나아가기 위해서는 기술에 있어서의 명확한 차별성을 위한 꾸준한 투자가 필요하다. 그리고 다시 한 번 강조하건대, 시스템 구축과 기반이 없는 상태에서의 미래에 대한 논의는 무의미하고 불가능하다는 점이다.

AT커니 코리아 대표 심태호

일과 삶을 통제하는 시스템

나는 하나가 아닌 여러 개의 시스템을 작동시킨다. 그리고 각
각의 시스템(업무적, 경제적, 사회적, 생물학적, 기계적인 모든 시스템)은 내
통제 하에 작동된다. 당신 역시 자신만의 시스템을 가지고 있을 것이다.
만약 그렇다면, 당신은 그 시스템을 알고 있으며, 통제하고 있는가? 이러
한 질문을 던지는 이유는 우리의 삶은 통제할 수 있거나 통제할 수 없는
시스템으로 이루어져 있기 때문이다.

이 책에서 다루게 될 '시스템 작동works the system 방법론'은 심오한 이
론이 아니며, 정치학이나 종교와 관련되어 있지도 않다. 단순히 기계적
인 구조와 관련된 상식적인 방법론일 뿐이다. 나는 이 방법론을 '일꾼의
철학workingman's philosophy'이라고 부른다.

인생은 가볍게 볼 문제가 아니며, 우리가 알든 모르든(또 그게 마음
에 들든 안 들든) 각자의 시스템은 실낱이 되어 '인생'이라는 천을 만든
다. 즉 당신의 시스템들이 모두 합쳐져 삶을 만드는 것이다. 따라서 당
신 역시 대부분의 사람들과 다르지 않다면, 그 시스템들을 제대로 작

동시키거나 작동시키지 못하면서 하루하루를 그럭저럭 살아왔을 것이다.

복잡하기 짝이 없는 우리 삶에서 이들 시스템을 하나하나 분명히 구별해낼 수 있다면 어떻게 될까? 복잡한 삶에서 완벽하지 못한 시스템을 골라내 조율한 다음에 되돌려놓을 수 있다면 어떻게 될까? 당신의 삶을 구성하는 모든 시스템에 대해 그런 작업을 할 수 있다면 어떻게 될까? 운이나 신의 섭리, 맹목적인 신앙, 그도 아니면 다른 사람의 도움에 기대지 않고 삶을 한 조각 한 조각 재설계해서 원하는 모습으로 만들 수 있다면 어떻게 될까?

시스템을 제대로 작동시키기 위한 방법론의 목적은 '편안한 삶과 성공을 얻기 위한 열 가지 방법'을 알려 준다거나 '삶을 불행하게 만드는 여러 가지 실수'에 대해 잔소리를 하려는 것이 아니다. 당신이 세상을 바라보는 관점에 약간의 변화를 주려는 것뿐이다. 이 책을 통해서 삶에 대한 인식의 구조적 변화가 일어나면(변화를 느끼는 그 순간을 절대로 잊지 못할 것이다.), 내가 제시하는 방법론에 절대적으로 공감하게 될 것이다. 그리고 지금까지와는 전혀 다른 새로운 사람으로 거듭날 것이다.

나는 이 책에서 당신이 해야 할 일과 해서는 안 되는 일에 대한 도구를 제시할 것이다. 이 틀을 통해 세상을 바라보는 새로운 관점을 이해하는 것은 물론, 당신이 원하는 삶을 손에 넣을 수 있게 될 것이다.

지나간 일은 과거의 사건일 뿐

우리는 긍정적이고 행복한 삶을 살기 위해 심리학적으로 두 가지 관점을 취할 수 있다. 첫 번째는 과거의 사건들로 인해 형성된 마음의 태도가 오늘의 행복을 결정한다는 관점이다. 이런 관점에서는 자신을 불행한 환경의 희생자로 보게 되며, 행복하기 위해서는 마음속에 자리 잡고 있는 괴물과 맞서 싸워 이겨야 한다고 생각한다. 프로이트적인 관점이라고 할 수 있다.

두 번째는 현재의 생각이 가장 중요하며, 과거의 사건은 그야말로 과거일 뿐이라고 바라보는 관점이다. 다시 말하면, 지나간 과거의 사건을 오늘 다시 끄집어내서 새로운 생명력을 불어넣어 주지 않는 한 과거의 사건은 영영 지나간 일일 뿐이라는 것이다.

나는 두 번째 관점, 즉 인지학적인 접근이 프로이트적 접근보다 훨씬 더 실용적이라고 생각한다. 그런 관점을 취해야만 과거의 늪에 빠져 질퍽거리지 않고 지금 이 순간을 통제할 수 있다. 나는 오늘 하는 일에 따라서 내일이 결정된다고 생각한다. 단 한 번밖에 없는 소중한 삶의 여정에서 이미 지나간 과거의 일 또는 과거의 누군가를 원망하면서 오늘을 살아간다면 얼마나 불행하겠는가? 물론, 인간이 처한 환경을 삐딱하게 바라보면서 복잡하게 생각하는 명문가 출신의 보수적인 심리학자들은 시스템 작동 방법론의 단순함을 비웃으면서 이렇게 물을 지도 모른다.

"세상 일이 그렇게 단순할 수는 없지 않은가?"

나는 그들의 문제 제기를 완곡한 칭찬이라고 생각하며, 내 생각이 옳다는 것을 입증해 보일 것이다. 이 책에서 다루게 될 '시스템 작동 방법론'은 있는 그대로의 삶을 설명하는 기본적이고 객관적이며, 논리적이고 예측이 가능한 명쾌한 이론이다. 게다가 박사 학위가 없는 보통 사람들도 이해할 수 있는 아주 쉬운 이론이다.

따라서 당신이 이 책의 제목을 글자 그대로 받아들인다면, 당신만의 시스템을 작동할 수 있게 될 것이다. 나는 당신이 시스템을 개선하고 관리하며, 시스템 하나하나가 모두 완벽해질 때까지 시스템을 해부하고 조율해 가도록 독려할 것이다. (나는 이 과정을 '시스템 개선'이라고 부른다.) 당신은 행복한 삶을 만들어 가는 데 걸림돌이 되거나 노력을 앗아가는 시스템을 버리는 동시에 새로운 시스템을 만들어내기도 할 것이다. 더 나아가 당신만의 '라이프 시스템'을 작동시키는 것은 물론, 마음의 평화와 함께 재정적인 부를 손에 넣게 될 것이다.

리더와 고수익자

얼마 전, 나는 일주일 일정으로 '사이클 오리건'이라는 자전거 여행에 참가했다. 1,700여 명의 참가자들은 자전거를 타고 오리건 동부의 산간벽지를 (하루 평균 120킬로미터) 달렸다. 날이 저물면 학교 축구장이나 마을 공원 등 코스 주변 곳곳에 저마다 텐트를 치고 야영을 했다. 워낙 오지여서 핸드폰도 거의 터지지 않았다. 뭐, 그래도 괜찮았다. 바쁜 일상에서 벗어난 일주일은 내게 휴식 기간이나 마찬가지였으니까. (의식적으로 핸드폰을 멀리 하고 있었기 때문이다.)

자전거 여행이 끝나는 마지막 날, 땅거미가 질 무렵이었다. 친구 스티브와 함께 텐트촌을 산책하다가 맥주를 마시며 떠들고 있는 30대로 보이는 한 무리의 남자들을 보았다. 듣자 하니, 그들은 어떤 한 사람을 지목하고는 다음 날 핸드폰이 터지는 곳에 가서 메시지를 확인했을 때, 음성 메시지가 몇 개나 도착해 있을지를 놓고 내기를 걸면서 와자지껄 웃고 있었다. 직장 동료들로 보이는 그들은 이미 현실 세계로 되돌아와 있었다. 어떤 사람은 메시지가 250개 정도일 거라고 예상했고, 어떤 사람은 150개일 거라고 예상했다. 내기의 대상이 된 그 남자는 자신만만해 보였다. 그는 동료들의 내기를 즐기는 듯 미소를 짓고 있었다. 아마도 직장에서 중요한 인물임이 분명했다. 존경받는 리더로서 성과도 내고 있는 성공한 사람일 것이다.

나는 24년 전부터 현재까지 센트라텔Centratel의 CEO로 일해 왔다. 센트라텔은 전체 직원이 25명에 불과하지만 수익성이 매우 높고, 충성도 높은 고객을 확보하고 있다. 나 또한 이곳에서 중요한 역할을 하고 있으며, 리더로서 많은 성과를 내고 있다.

다음 날, 차를 몰고 집으로 돌아가는 긴 여정을 시작하면서 음성 메지시를 확인해 보았다. 내게 온 메시지는 단 한 개였다. 일이 어떻게 진행되고 있는지 내가 궁금해 할 것을 염려한 COO 앤디가 간략한 보고 형식으로 남긴 메시지였다. 회사에는 아무런 문제가 없으며, 내가 일상에서 벗어나 즐거운 시간이 되었기를 바란다는 내용이었다. 이게 전부였다. 너무 당연한 얘기는 할 필요도 없었다. 자리를 비운 일주일 동안, 내가 관여하지 않아도 회사는 아무 문제없이 완벽하게 돌아가면서 높은 수익을 내고 있었다는 말이다. 즉 내가 없어도 문제될 게 전혀 없었던 것이다.

음성 사서함이 흘러넘친다는 그 남자가 무슨 일을 하는지는 모르지만, 확실하게 말할 수 있는 게 하나 있다. 자신이 직접 관여하지 않으면 단 일주일도 제대로 돌아가지 않는다거나 자신이 없는 동안 자신과 관련된 수많은 시스템이 모두 정지되어 버린다면, 그는 관리를 잘못하고 있는 것이다. 물론, 그 수많은 음성 메시지들이 그의 지위와 중요성을 증명해 준다고 볼 수도 있다. 하지만 더 큰 그림을 보면 그는 일에 얽매인 노예가 아닐까? 그리고 그에게 의지하는 사람들은 그의 존재에 얽매인 노예가 아닐까? 그 사람의 전화를 기다리면서 그가 지시를 내려 주지 않으면 일을 진행하지 못하는 사람들 말이다. 자리를 비운 동안에도 잘 돌아가는 업무 시스템을 구축하지 못했기 때문에, 그가 자리를 비우면 마치 닫혀 있는 댐에 물이 고이듯이 모든 것이 멈춰 버리는 것이다. 그 남자는 서른 살쯤 되어 보였다. 나는 쉰아홉 살이다. 사람과 상황은 시간이 지나면 변한다. 나 역시 바로 얼마 전까지만 해도 그 남자와 다르지 않았다.

순간의 만족에 중독된 사람들

좀 더 넓게 본다면 이렇게 말할 수도 있다. 지난 30년간 우리는 순간의 만족에 탐닉해 왔다. 아이폰, 아이패드, 블랙베리, 그리고 엔터테인먼트 산업의 즉흥성에 심각하게 중독된 대중에게는 사물의 근원에 대한 통찰이 매우 어려운 일이 되어 버렸다. 순간의 만족에 정신이 팔린 상태에서는 세상 돌아가는 원리를 깊이 생각하기가 어렵다. 30년 전과 달리, 오늘날에는 플러그를 꽂고 전원만 켜면 '지금 이 순간'을 즐겁게 보낼 수 있는 것들이 너무 많다. 그래서 잠깐 숨을 돌리고 사물을 관찰하라고 하면 지루해 할 사람이 대부분일 것이다.

우리는 이러한 삶의 구조를 뜯어 고쳐서 원하는 결과를 이끌어내려면, 먼저 그 구조를 이해할 수 있어야 한다. 그리고 이 책에서 내가 말하려는 '시스템 작동 방법론'은 일종의 퇴보일 수도 있다. 왜냐하면 즉각적인 보상을 바라지 않고 여유롭게 준비하던 시절로 돌아가는 것이기 때문이다. 이렇게 말은 했지만 당신이 시스템 작동 전략에 투자한다면, 곧바로 눈에 보이는 결과를 얻게 될 것이다. 내일 당장은 아닐지 몰라도 몇 주 안에는 확실하게.

외부로부터 차단된 실험실 : closed-system laboratory

내가 CEO로 있는 센트라텔은 첨단 전화 응답 서비스 회사다. 사업을 시작한 이후 15년 동안 극심한 어려움에 시달렸고, 그로 인한 혼란은 내 사생활에까지 영향을 미쳤다. 그러나 내가 이 책에서 설명하려는 시스템 작동법을 적용한 지난 몇 년 동안 내 주당 근무시간은 몇 배나 줄어들었고, 수입은 20배 이상 늘어났다. 뿐만 아니라 경영 외적인 개인 생활도 더 안정되었으며, 늘 하고 싶었던 일을 할 시간도 충분해졌다. 매일 아침마다 또 다른 발전을 이루게 될 하루를 기대하며 평온하게 깨어난다. 일주일이 지나는 동안, 일하는 시간보다 훨씬 더 많은 시간을 독서와 집필, 영화 관람, 등산, 자전거 타기에 사용한다. 내 삶은 효율적으로 통제되고 있으며, 내가 바라는 대로 흘러가고 있다.

센트라텔에서 수행하는 전화 응답 서비스는 사람과 관련된 시스템과 그렇지 않은 수많은 시스템이 상호 작용한다는 특성을 가지고 있다. 센트라텔은 시스템 작동 방법론을 발전시키는 데 있어서 완벽한 폐쇄 실험실이 되어 주었다. 혼돈을 질서로 변화시키는 과정을 설명하는 데 있어서 우리 회사가 모델이 된 것을 무척 다행스럽게 생각한다. 실제 사례가 없으면 무미건조하고 이론적인 이야기에 그칠 수 있기 때문이다. 하지만 센트라텔을 예로 들어 설명하면 실제로 피부에 와 닿을 뿐만 아니라, 생동감이 넘치는 효과를 경험하게 될 것이다.

이 책에서 설명하게 될 시스템 작동 방법론은 경영자들뿐만 아니라, 관리자급 리더에서부터 일반 직원, 프리랜서, 자영업자에 이르기까지 모든 사람에게 적용된다. 부잣집에 태어난 사람도 배울 점이 있고, 자수성가한 사람도 배울 점이 있을 것이다. 이것은 현실에 대한 이야기며, 현실은 언제 어디서든 누구에게나 똑같기 때문이다. 비록 내 이야기인 관계로 비즈니스를 예로 들었지만, 전체 맥락을 파악해서 업무에서든 개인 생활에서든 자신에게 적용할 수 있는 방법을 찾아내기 바란다.

내가 비즈니스 이야기를 하면서 '관리자'라는 단어를 쓰더라도 그 말이 개인 생활에까지 적용된다는 점을 기억해야 한다. 우리는 자신의 인생을 책임지는 '삶의 관리자'라고 할 수 있으며, 이 책에서 이야기하게 될 시스템 작동 방법론은 누구에게나 적용할 수 있기 때문이다.

시스템 작동의 원칙은 간단하지만, 그냥 외우거나 이해하는 정도로는 부족하다. 자신의 일부로 받아들여 내면화해야 한다. 새로운 뭔가를 배우는 것과 사무치는 깨달음을 얻는 것은 다르다. 마음속 깊은 곳에서부터 '감을 잡는' 것이 중요하다. 당신이 이러한 깨달음을 얻을 수 있도록 1부에서는 여러 각도에서 '내면화'의 개념을 바라보면서 비슷한 이야기를 반복할 것이다. 깨달음이 곧 찾아올 것이라는 믿음으로 읽어 나가자.

나는 일분일초를 시스템 작동 원칙과 지침에 따라 살지는 않는다. 회사를 경영하면서 가끔 실패를 겪기도 한다. 그렇지만 시스템 작동 전략에 따라 내 삶을 재구성했기 때문에 일시적인 혼란이나 신체적, 정신적 슬럼프가 찾아오더라도 일상적인 일들은 시스템에 따라 제대로 돌아간다. 초효율적인 내 시스템들 덕분에 돌발적인 변수가 생기더라도 예정된 일들은 아무 문제없이 진행되는 것이다.

내가 말하려는 이 방법론을 믿는다면, 그리고 자신에게 주어진 삶의 고삐를 단단히 움켜쥐겠다고 결심만 한다면 당신도 나처럼 초효율적인 시스템을 운용할 수 있다.

가장 쉬운 해결책

프롤로그

WORK
the
SYSTEM
The Simple Mechanics of Making More and Working

가장 쉬운 해결책

"복잡함 속에서 단순함을 찾아라. 부조화 속에서 조화를 찾아라."

● 알베르트 아인슈타인Albert Einsten

어떤 현상에 대해 설명할 때는 가장 단순하게, 즉 논리의 비약이 가장 적은 방식으로 설명해야 한다. 달리 표현하면 이렇게 말할 수도 있겠다.

"단순하게 생각해, 바보야!"

나는 아내 린다와 함께 미국 북서부 오리건 주에 위치한 산악 휴양 도시에 살고 있다. 집은 그리 크지 않지만, 밝고 개방된 공간에 가구들이 실용적으로 배치되어 있다. 사람 사는 분위기가 물씬 풍기는 공간이라고 할 수 있다. 나와 아내가 꿈꾸던 바로 그런 집이다.

식탁에 앉아 노트북을 펼쳤다. 창밖을 바라보니 늦은 오후의 고요함이 손에 잡힐 듯하다. 6월의 싱그러운 녹색 잔디밭에는 여섯 그루의 소나무가 집 위로 솟아올라 우거져 있다. 오늘도 어김없이 구름 한 점 없는 완벽한 날씨다. 어제도 그랬고 내일도 그럴 것이다. 평화롭기 그지없는 하루다. 아내가 내 곁으로 다가와 앉았고, 우리는 다정하게 이야기를 나눈다.

지금 이 시간, 센트라텔에서는 내가 신경을 쓰든 안 쓰든 전화 응답 서비스가 돌아가면서 나에게 생계 이상의 풍족한 혜택을 제공해 준다. 물론 늘 이렇지만은 않았다. 지난 15년 동안, 내 사업은 끝나지 않는 일의 연속이었고, 급한 불끄기에 채무, 건강 문제, 최악의 인간관계가 뒤섞여 엉망진창이었다.

그러나 지난 몇 년 동안, 혼란의 도가니였던 내 인생은 겨우 안정을 찾기 시작했다. 지금으로부터 9년 전 어느 한 순간, 예기치 못한 관점의 전환을 경험하면서 완전히 다른 사람으로 탈바꿈할 수 있었다. 그 덕분에 지금은 내 삶과 내 회사를 알차게 관리할 수 있게 되었다. 그리고 더 이상 자잘한 것들에 얽매이지 않게 되었다. 일단 수치만 봐도 과거와는 확연하게 다르다. 몇 년 전까지만 하더라도 나는 한 주에 100시간 이상을 일했다. 하지만 이제는 2시간만 일한다. 또한 월수입은 예전의 연수입보다도 더 많다. 건강도 되찾았으며, 등산과 자전거, 스키 등 레저 활동도 즐기고 있다.

그렇다면 내면의 삶은 어떻게 바뀌었을까? 열 배쯤은 더 평온해졌고, 자유로워졌다고 해도 과언이 아니다. 나는 무아지경에 빠진 운동선수처럼 강하고, 편안하고, 효율적인 기분으로 한 순간 한 순간을 살아간다. 보다 면밀하게 일상을 관찰하려는 마음가짐을 갖게 되자 이러한 상태에 오르는 것은 그리 어렵지 않았다. 이렇게 현실에 보다 더 깊이 뛰어들게 되자 삶에서 원하는 것을 얻는 데 더 많은 노력을 쏟을 수 있게 되었다. 물론 얼마간은 정말 열심히 일해야 했다. 하지만 악몽 같았던 예전의 삶에 비하면 그 노력은 별 것도 아니었으며, 아주 즐거운 마음으로 일할 수 있었다. 게다가 결과가 눈에 보이기 시작하자 일이 더욱더 즐거워졌다.

내가 이러한 결과를 어떻게 만들어냈는지, 그리고 어떻게 하면 당신도 나처럼 될 수 있는지가 이 책의 핵심적인 내용이다.

이 책을 보여주고 싶은 사람들은 끊임없이 이렇게 되뇌는 사람들이다.

"꼭 해야 할 일들이 있지만, 시간도 돈도 능력도 없어. 어쨌거나 무작정 밀고 나가다 보면 늘 그랬던 것처럼, 시간에 맞춰 일을 끝낼 수는 있겠지. 하지만 결과물은 간신히 봐 줄만한 수준일 테고, 몸과 마음은 거의 무너지기 일보 직전이야. 단 하루도 스트레스에서 벗어날 수가 없어. 내 주변은 온통 혼란 투성이인데다 마음대로 되는 일도 없어. 게다가 늘 쪼들려. 이건 내가 원하는 상황과 너무 달라."

회사를 경영하는 사람, 평범한 직장인, 대학생 등 대부분의 사람들이 이와 같은 독백에 어느 정도 공감할 것이다. 현실에서도 '나는 간신히 버티고 있어!'라는 식의 독백은 모든 계층과 연령대의 사람들에게 적용할 수 있다.

나 역시 별 볼 일 없는 사람이다. 그럴싸한 학위도 없고, 특별히 자랑할 만한 재능도 없다. 남들처럼 산전수전 다 겪었고, 성공과 실패를 경험하면서 평생토록 죽어라 일만 해 왔다. 나이가 들수록 실용성을 중시하게 되었고, 시행착오를 통해 배우며 좌충우돌하면서 삶의 교훈을 얻게 되었다. 나는 냉정한 현실에 직면하는 것을 두려워하지 않으며, 미심쩍은 이론은 의심한다. 하지만 내 삶은 단 한 번뿐이며, 기한이 정해져 있다는 것을 알기에 '삶'이라는 선물을 소중히 여긴다. 나는 내 삶을 잘 관리하고 있으며, 계획한 대로 잘 유지하고 있다. 또한 일을 하거나 노는 순간에도 한 가지에만 집중한다.

물론 내 삶의 모든 영역이 깔끔하게 정리되어 있지는 않다. (대부분의 사람들이 그런 것처럼 말이다.) 하지만 나는 내 삶 속의 하루하루를 통제해서 질서정연하게 안정화시키는 방법을 찾아냈다. 그래서 매일 아침 행복한 기분으로 잠에서 깨어나고, 또렷한 정신으로 힘차게 하루를 시작한다.

뒤죽박죽인 하루를 깔끔하게 정리하려면?

당신은 하루하루를 어떻게 보내고 있는가? 이런저런 일들이 편안하고 질서정연하게 순차적으로 일어나는가? 당신의 삶은 혼란스럽지 않고 통제되어 있는가? 돈은 쪼들리지 않을 만큼 충분한가? 친구나 가족과 함께 보낼 수 있는 시간은 충분한가? 하루하루가, 그리고 삶 전체가 목표를 향해 조금씩 앞으로 나아가고 있는가? 당신이 간절히 원하는 것을 얻고 있는가?

이러한 질문들에 대해서 자신 있게 "그렇다!"라고 대답하지 못한다면, 자기 관리에 문제가 있는 것은 아닐까?

방금 내가 던진 질문을 옳고 그름, 좋고 나쁨의 문제로 착각하지 않았으면 좋겠다. 그리고 추상적인 이론이나 정치, 종교적인 측면을 고려해서 답하지도 마라. 기계적으로, 아주 단순하게 대답하라. 그리고 용기를 내라. 비록 지금은 당신의 삶이 뒤죽박죽이라 하더라도, 당신이 이 상황을 헤쳐 나가는 데 필요한 능력을 100% 갖추고 있으니까 안심해도 된다. 당신의 하루를 구성하는 조각들을 지금까지와는 다른 방법으로 재조립하기만 하면 된다.

내가 말하려는 '시스템 작동 방법론'은 어이없을 정도로 단순하지만, 그로 인한 변화의 힘은 위대하다. 그래서 내가 이 책을 대표하는 문구로 오컴의 윌리엄William of Ockham*이 했던 말을 선택한 것이다. 즉 '가장 간단한 해결책이 언제나 가장 정확한 해결책'이라는 것이다. 나는 이 책을 통해서 눈에 보이는 사건과 시나리오, 습관, 목표, 성공과 실패, 기본 상식에 대해 설명할 것이다. 그리고 당신은 시스템 작동 방법론에 공감하게 될 것이다. 지금까지 읽었던 책들에서는 경험하지 못했던 설득력이 있기 때문이다. 이 방법론의 핵심은 '단순한 구조 개선을 통해 당신의 존재 자체를 변화시킬 수 있다'는 점이다.

하지만 이 책을 그냥 대충 읽는 사람들에게는 내가 말하는 내용이와 닿지 않을 수도 있다. 이 책에서는 읽어서 당장 기분 좋을 만한 뜬구름 잡는 약속은 하지 않는다. 뭔가 새로운 생각을 하도록 강요하지도 않을 것이며, 짐짓 고상한 척 하며 헛소리를 하지도 않을 것이다. 뭔가 그럴듯한 목록을 작성하거나 이상한 문구를 외워서 복창하게 하거나 매일 일기를 쓰라거나 친구와 가족에게 새로운 삶을 선언하라고 강요하지도 않을 것이다. 당신 또한 색다른 이론이 나타나서 현재 상황을 개선해 주기를 바랄 필요도 없다. 이 책에서 배우게 될 시스템 작동 방법론은 그냥 맹목적으로 믿어야 하는 것이 아니기 때문이다.

그러나 넘치는 에너지, 기발한 아이디어, 끝없는 열정만으로 자유와 소득을 원하는 만큼 손에 넣을 수 있다고 생각한다면, 조금만 생각의 범위를 넓혀 보자. 앞에서 이야기한 속성들을 이용해서 목표를 달성하

---

*영국의 스콜라 철학자. '이단'이라는 혐의를 받았으며, 그가 주장했던 몇 가지 명제는 유죄 선고를 받았다. 교황 요하네스 22세와도 알력이 있었다. 그의 입장은 유명론(唯名論)이며, 중세의 사변신학(思辨神學) 붕괴기에 근세의 경험론적 사상의 시작이었다.

려면 당신에게 맞는 체계와 시스템이 확립되어야 한다. 자유와 부는 그러한 구조가 완성된 후에 찾아오기 때문이다.

그렇다면 해야 할 일이 있다는 건가? 그렇다. 시스템 작동 방법론에서는 몇 가지 문서를 작성할 것이다. 하지만 문서 작성과 관리는 어차피 해오던 일이므로 걱정할 필요는 없다. 시스템 작동 방법론에서는 어차피 써야 할 시간과 에너지를 이왕이면 자유와 성공, 부를 향해 한 걸음씩 나아가는 데 사용하라고 강조할 뿐이다.

이제 끝없는 쳇바퀴 돌기와 목표를 향한 꾸준한 등반을 다시 한 번 떠올려 보자. 노력이 필요하기는 둘 다 마찬가지지만, 우리가 원하는 것은 계속해서 앞으로 나아가는 등반이다. 앞으로는 소중한 시간과 에너지를 쓸데없이 소비하지 않고, 그 시간과 에너지를 꾸준하고 단계적인 등반에 사용함으로써 기하급수적인 투자 수익을 거두게 될 것이다.

시스템 작동 방법론에서는 대부분의 사람들이 놓치고 있는 구조적인 관점에 대해 설명한다. 즉 나무를 보느라 숲을 보지 못하는 근시안에 일침을 가한다. 여기서 말하는 시스템 기반 운영은 전 세계의 성공한 대기업에서 알게 모르게 사용하고 있을지 모르지만, 중소기업에서는 찾아보기 어렵다. 이 책에서는 경영, 경제, 종교, 대중 심리학 서적 여기저기에 흩어져 있던 원칙들을 하나로 모아 누구나 활용할 수 있는 방법론으로 정리했다. 이 방법론은 삶은 삶 자체를 구성하는 수많은 시스템으로 인해 작동한다는 기본적인 원리를 바탕으로 하고 있다.

그렇다면 시스템 작동 방법론의 핵심은 무엇일까? "삶은 삶 자체를 구성하는 수많은 시스템으로 인해 작동한다."라는 말이 사실이라면, 그저 결과물만 조작해서는 삶에서 원하는 것을 얻을 수 없다. 더 깊이 들어가 그 결과물을 만들어 내는 '시스템'을 작동시켜야만 원하는 것을 얻을 수 있다. 이 책에서 말하고자 하는 '시스템 작동'은 바로 그러한 원리에서 비롯된 것이다. 당신이 가장 먼저 해야 할 일('감'을 잡기 위한)은 하루 일과에서 순간순간마다 작동하는 각각의 시스템들을 찾아내고, 그것들을 계속 관찰하는 것이다. 그것이 가능하게 되면 시스템을 '운영'할 수 있게 되며, 앞으로 나아가는 길을 가로막는 문제들도 저절로 해결될 것이다.

삶에 휩쓸려 시간과 에너지를 낭비하는 이유

우리들 각자는 알게 모르게 반복적이면서도 효과적으로 활용하는 자신만의 시스템을 가지고 있다. 즉 완벽하게 갈고 닦아서 사소한 부분까지도 효율적이고 빠르게 활용할 수 있는 '완전한 시스템'을 가지고 있다는 것이다. 예를 들어 운전, 아침식사 준비, 직장에서 반복되는 업무 등은 완벽하게 처리할 수 있다. 어떻게 해서 이런 사소한 과정(일)을 잘 처리할 수 있게 된 것일까? 과정 자체가 단순하다는 이유도 있지만, 사실은 우리가 그 과정을 의식적으로 관찰하기 때문이다. 다시 말해, 과정을 반복하는 동안 그것을 분석하고 개선함으로써 깊이 생각하지 않고도 처리할 수 있는 수준으로 다듬어 둔 것이다. 하지만 일이나 인간관계 등 좀 더 복잡하고 광범위한 과정은 어떨까? 안타깝게도 그러한 작동 원리의 순서를 의식적으로 분석하거나 연구하려는 사람은 많지 않다. 그 결과 아무런 방향성도 없이 삶에 휩쓸려 가면서 똑같은 문제와 씨름하고 또 씨름하며 시간과 에너지를 낭비한다.

시스템 작동 방법론은 이미 우리 안에 잠재해 있는 지각력과 탐구력, 분석력을 이끌어낸다. 그렇게 함으로써 보다 복잡한 삶의 문제들(너무 복잡해서 엄두가 안 나거나 골치 아픈 문제들)을 공략할 수 있게 된다. 특별히 새로운 것은 전혀 없다. 접근 방식만 조금 새로울 뿐이다.

시스템의 발견과 정신적인 자세

시스템을 작동시키는 사람의 자세는 그렇지 않은 대다수 사람들의 일상적인 자세와 다르다. 자기 자신을 주변 상황에 종속된 요소로 보지 않으며, 정신없이 돌아가는 일상의 사건들에 둘러쌓인 존재로 보지 않는다. 그리고 사건들에서 한 발 물러나 조망해 보고 나서 시스템을 작동시킨다. 즉 하루에 일어나는 일들을 '논리적인 순서로 배열된 개별적이고 독립적인 요소'로 보는 것이다. 누구든지 시스템을 작동시키면 사물을 내려다보는 관찰자가 되어 실체가 있고, 만질 수 있는 물체를 관찰하듯 하루의 일들을 관찰할 수 있게 된다. 그렇게 되면 눈길이 닿는 곳마다 세상의 구조가 눈에 들어오고, 주변의 시스템들이 끊임없이 작동함에 따라 단계적으로 일이 진행된다는 원리를 알게 된다.

자신과 관련된 시스템들을 끊임없이 작동시키면서 하나씩 하나씩 개선해 나가다 보면 복잡성과 혼란은 점점 줄어들고, 그 자리에 질서와 안정, 강한 자신감이 생겨날 것이다. 무엇보다도 자신을 괴롭히던 급한 불끄기와 혼란도 사라질 것이다. 또한 자신이 '자유'라는 목표를 향해 차근차근 확실하게 나아가는 모습을 발견하는 동시에 강한 자존감과 만족스러움을 느끼게 될 것이다.

나는 프로젝트 엔지니어다

육체노동으로 시작된 내 커리어는 뒤죽박죽이다. 토지측량사, 중장비 기사, 공장 노동자, 방문 세일즈맨, 기술 컨설턴트, 햄버거 조리사, 페인트공, 백화점 판매원, 건설 현장 감독, 프로젝트 엔지니어, 도랑 파는 노동자, 세일즈 전문가, 건설기사, 기자, 강사, 출판사 경영, 실험실 기술자, 벌목꾼, 제분소 직원, 주식 및 원자재 투자자, 저술가, 원격 통신 사업가, 부동산 중개인, CEO 등 수많은 직업을 거쳤다. 또한 파키스탄 북동부의 지진 피해자를 돕는 비영리 조직kashmirfamily.org을 설립해서 현재까지 관리하고 있다. 내가 기업주로서 경영하고 있는 '센트라텔'에서는 원격 통신의 실제적인 운용, 즉 정보를 받아들여 처리하고 전달하는 업무를 총괄하고 있다.

하지만 진정한 내 역할은 프로젝트 엔지니어다. 즉 어떤 문제를 파악해서 체계적인 해결책을 설계하고, 그 해결책이 실제로 작동하도록 만드는 것이다. 그것뿐만이 아니다. 나는 아버지, 아들, 형, 남편, 친구로서의 역할을 포함하여 내 삶의 모든 측면에서 '프로젝트 엔지니어'라고 할 수 있다. 나의 하루를 표현하자면, 이렇다.

밤새 푹 자고 나서 일어나면 샤워를 한 후 든든한 아침을 먹는다. 그런 다음 전 속력으로 새로운 하루를 향해 뛰어든다. 나는 지금 내 직원들과 함께 어제 구상한 시스템 설계도에서 구체적인 결과를 만들어 내기 위한 작업을 하고 있다. 나는 깨끗한 청바지와 작업용 부츠, 단정한 셔츠를 입고 일한다. 또한 아주 편안한 모습으로 직원들과 대화하고, 얼굴에는 살짝 미소를 띤다.

말하자면 하루를 조종하는 계기판 앞에서 여러 가지 버튼을 누르고 당기는 것이다. 나와 우리 직원들은 편안한 마음으로 느긋하게 일하지만, 매우 효과적이고 효율적이다. 게다가 업무 처리가 신속하게 이루어진다. 일하는 게 이렇게 즐거울 수가 없다. 건설적인 일을 하다 보면, 그리고 어제 종이에 그렸던 시스템 설계를 오늘의 현실로 만들다 보면 시간은 쏜살같이 흐른다. 가치 있는 결과물을 만들어 내고 있기 때문이다. 이처럼 나와 직원들은 우리 앞에 주어진 상황을 개선하면서 앞으로 나아가고 있다.

때로는 숲을 보지 않고 나무를 볼 필요도 있다

혹시 당신은 '전체론적holistic' 관점을 가지고 있어서 사물을 분리해 내거나 개별적으로 관찰하는 것을 싫어하는가? 만약 당신이 그런 관점으로 세상을 바라보는 사람이라면 만물은 연결되어 있고, 우리는 모두 하나이기 때문에 우리를 이 세상과 구별해서 보면 안 된다고 생각할 지도 모르겠다. 또는 우리의 삶이 심오하고 복잡하기 때문에 세상은 인간의 이해를 훌쩍 뛰어넘는다고 생각할 지도 모르겠다. 물론 큰 그림을 그릴 때는 그런 관점도 괜찮다. 하지만 지금 당장 눈앞에서 벌어지는 한 순간 한 순간을 헤쳐 나가야 하는 물질세계에서 그런 생각은 일단 접어 두자. 그리고 분리해서 보는 관점과 단순한 구조를 믿어 보자.

삶이라는 흐트러진 집합체를 한 번에 뜯어고친다는 것은 불가능하다. 그 말이 아무리 그럴싸해 보여도 삶은 '전체론적' 관점으로 뜯어고칠 수가 없다. 복잡한 것을 고치려면 한 번에 한 발짝씩, 한 번에 한 부분씩 시도해야 한다. 솔직히 말해서 나는 '전체론적인 해결책'이라는 말

자체를 좋아하지 않는다. 그러나 '전체론적인 결과'라는 말은 좋아한다. 이 말의 의미는 어떤 조직체를 구성하는 모든 시스템이 최고의 성능으로 기능함으로써 유기적으로 목적을 달성하게 된다는 뜻이기 때문이다.

당신의 삶을 변화시키려면?

이 책은 추리소설이 아니다. 또한 내가 당신에게 알려 주려는 시스템 작동 방법론의 핵심은 완벽한 준비에 있으므로, 이 방법론이 앞으로 당신에게 어떤 영향을 미칠 것이며, 무슨 일을 해야 하는지를 미리 요약해 두려고 한다. 우선, 시스템 작동 방법론이 미칠 네 가지 영향에 대해서 소개하겠다.

첫째, 세상을 바라보는 관점의 근본적인 변화를 경험하게 된다.

이 변화는 질질 끄는 장기간의 교육을 통해서가 아니라, 순간의 깨달음을 통해서 찾아온다. 일단 변화가 찾아온 후에는 자기 세계를 구성하는 인간적, 기계적 시스템을 순간마다 냉정하게 바라볼 수 있게 된다. 자신을 움직이게 만드는 시스템들의 윤곽이 뚜렷하게 드러남으로써 각각의 시스템을 구별해낼 수 있게 된다.

둘째, 뒤로 돌아가는 일은 결코 없다.

당신을 움직이는 시스템을 인식하는 순간 복잡하고 혼란스러웠던 과거로 다시 돌아가는 일은 없을 것이다. '시스템적 사고방식'은 일종의 원칙이자 진리이기 때문에, 일단 몸에 익으면 다시는 떨쳐낼 수 없다.

셋째, 현실에 맞지 않는 이론을 억지로 주입하지 않는다.

이 책에서 알려 주려는 시스템 작동 방법론은 전혀 새로울 것이 없다. 왜냐하면 삶의 작동 원리에 대한 인식을 조금 바꾸기만 하면 되기 때문이다. 굳이 복잡하고 어려운 이론을 동원하지 않더라도, 이미 알고 있는 지식만으로 얼마든지 실행할 수 있다. 어쩌면 당신은 이미 마음속 깊은 곳에서 시스템 작동 방법론의 진실을 알고 있을지도 모르겠다.

이 책을 읽다 보면 자신도 모르게 논리적이고 옳다는 느낌이 들게 될 것이다. 또한 시스템 작동 방법론은 누군가에게 무엇을 부탁하는 게 아니기 때문에, 동료와 친구를 잃을 염려도 없으니 안심하기 바란다. 세일즈맨처럼 무언가를 강매하지 않아도 된다. 혹시라도 주변 사람들이 먼저 물어 올 때는 시스템 작동 방법론에 대해 설명해 줘라. 그들도 당신의 이야기에 흥미를 느낄 것이다.

넷째, 조금은 귀찮은 일도 해야 한다.

물론 지금까지의 관점을 바꾸는 과정이 설레는 일이기도 하지만, 그것만으로는 충분하지 않다. 첫 단계인 문서 작성 단계에서는 힘든 일이 기다리고 있다는 것을 감안해야 한다. 그렇다고 너무 걱정할 필요는 없다. 그 단계를 넘어서면 삶의 자유와 여유로움, 그리고 부를 얻게 될 것이므로, 당신에게는 남는 투자가 될 것이다. 아마도 당신이 지금까지 쓴 시간 중에서 가장 값진 시간과 노력이 될 것이다.

두 번째 요약의 핵심은 시스템 작동 방법론을 실행에 옮기기 위한 3단계 과정이다.

1단계 : 문서 작성 _ 의사 결정과 행동의 지침이 되는 목표, 원칙, 과정을 문서화한다. 다소 귀찮은 일이지만 한 번만 하면 된다. 오래 걸리지도 않는다.

2단계 : 시스템의 분리, 해체, 수리 _ 개인 생활, 직장 생활, 인간관계를 구성하는 시스템을 하나하나 파악하면서 분석하고 개선하는 아주 뿌듯한 단계이다. 여기서는 필요하지 않거나 방해가 되는 시스템을 없애는 작업을 하게 된다. 그와 반대로 나에게 맞는 새로운 시스템을 처음부터 만들어 내는 작업도 병행할 것이다.

3단계 : 시스템 관리 _ 말하자면 바퀴에 기름을 치는 단계다. 이때쯤 되면 시스템 작동 방법론의 결과가 눈에 들어오기 시작하면서 의욕이 솟아오를 것이다. 그러므로 이 단계는 순탄하게 흘러간다. 당신이 만들어 내고 관리하는 시스템들이 일상적인 업무를 점점 더 많이 처리해 줄 것이다. 따라서 이 단계에서는 시스템이 최고 효율로 작동할 수 있도록 조율하면 된다.

반드시 알아 두어야 할 두 가지 주의 사항

첫째, 이 책의 각 타이틀이 끝날 때마다 시스템 작동 방법론의 이해를 돕기 위해 시스템과 관련된 에피소드를 소개한다. 각각의 에피소드는 해당 타이틀에서 이야기한 내용과 관련이 있는 것도 있고, 그렇지 않은 것도 있다. 에피소드를 통해서 시스템 작동 방법론의 핵심은 새로운 관점으로 삶을 바라보는 것이라는 점을 거듭 강조한다. 여기서 말하는 새로운 관점은 '현상에서 한 발짝 벗어난 외부에서, 그리고 약간 위에서 사물과 현상을 바라보는 것'이다. 밖에서 바라봐야만 시스템을 관찰하고 수정할 수 있기 때문이다. 이러한 관점에서 조망해 봐야만 '아래로'

손을 뻗어 시스템을 조정함으로써 원하는 결과를 이끌어낼 수 있다.

둘째, 이 책에서 사용하는 용어를 정확하게 이해해야 한다. 아래에 제시한 용어들은 '1부 변화를 위한 마인드셋'에 나오는 용어들이므로 꼼꼼하게 살펴보기 바란다. 나는 이 용어들을 시스템 작동 방법론에 적용하는 방식으로 새롭게 정의했다. 따라서 올바른 이해를 위해 용어를 숙지해 두는 것이 좋겠다.

간과의 오류 _ 누군가가 무슨 일을 하지 않았기 때문에 발생하는 문제 상황. 직장 생활과 개인 생활에서 발생하는 모든 문제의 근원이다.

세상일의 99.9%는 잘 돌아간다 _ 이것은 진리다! 당신이 살아가는 이 세상은 효율성을 추구하는 경향이 있다. 모든 시스템들은 완벽하게 작동하려는 경향이 있고, 대부분은 실제로 그렇게 작동한다.

외부에서, 그리고 약간 위에서 _ 시스템 작동 방법론의 핵심적인 관점은 외부에서, 그리고 위에서 바라보는 것이다. 즉 현상에서 한 발짝 벗어난 외부에서, 그리고 위에서 현상을 내려다보는 것이다. 관찰자가 하루의 흐름에 묻혀 있는 보통의 관점과 달리 별개의 구별되는 존재로서 한 발짝 떨어져서 자신을 객관적으로 조망해 보는 것이다.

반복 _ 여러 번 일어나는 과정.

비즈니스 _ 출근하지 않아도 돈을 벌 수 있다.

선형적 _ 이 책에서는 대부분의 시스템이 이렇게 움직이는 것으로 본다. 즉 '1-2-3…'으로 번호를 붙일 수 있는 순차적인 단계를 따라 진행된다는 것이다. 물론 내부와 외부의 사소한 작은 변수는 늘 존재한다. 이 때문에 물리학자들은 시스템들이 '비선형적'이라고 말하기도 한다. 그러나 현실에 사는 우리는 개별 사건을 이해하고, 조정할 수 있도록 하기 위해 상황을 최대한 단순화해야 한다. 선형적 시스템은 혼란스럽지 않으며, 논리적이고 신뢰성이 높아서 이해하기 쉬울 뿐만 아니라 개선하기도 쉽다.

시스템, 하부 시스템 _ 이는 '실체가 있거나 추상적인 개체들의 집합체로서 각 개체가 최소한 하나 이상의 다른 개체와 상호 작용하거나 관계되어 있는 집합체'라고 정의할 수 있다. 이와 같이 선형적, 순차적으로 연결된 행동 또는 사건의 집합체는 단 하나의 목적을 갖는다. 우리는 '시스템 운영'이라는 맥락에서 반복적인 시스템에 주목한다. '시스템'과 '하부 시스템'이라는 용어는 문맥에 따라 바꿔 쓸 수도 있다.

시스템 개선 _ 시스템 작동 방법론의 핵심이다. 하나의 시스템을 완벽하게 구축하고, 직장의 경우에는 해당 시스템을 문서화함으로써 기능이 완벽하게 반복할 수 있도록 하는 탐색 및 개선 작업을 말한다. 관리자가 매일 지녀야 할 마음가짐이기도 하며, 한 조직의 리더에게 주어진 가장 큰 책임이다. 사생활의 경우에는 개인의 시스템을 찾아내고 분석해서 하나하나의 시스템을 완벽하게 만들려고 하는 자세를 말한다.

시스템 관리 _ 반복되는 문제를 제거하여 생산성을 높이며, 개인의 시간을 확보하기 위해 시스템의 효율을 극대화하려는 것을 말한다. 문제의 근본 원인을 파악해서 공략하기 때문에, 급한 불을 끄는 식의 작업과는 정반대라고 할 수 있다.

시스템 작동 방법론 _ 개인적인 목표는 물론 회사, 조직 등의 목표를 확립하고, 그 목표를 달성하는 데 도움이 되는 시스템들을 완벽하게 다듬는 체계적인 작업을 말한다.

시스템 작동을 위한 마인드 _ 세상 만물의 작동 원리에 대한 분명한 이해. 일반적으로 '한순간의 깨달음을 통해 얻게 되는 관점'으로서, 이러한 관점을 취하면 개별 시스템을 쉽게 구별할 수 있게 된다. 시스템을 구별한 후에는 관찰하고 개선하면 된다.

실무자 _ 기업의 경영자나 관리자 입장에서 보았을 때 '실제로 일을 하는 사람들'을 말한다. 상황에 따라 실무자는 신입 사원일 수도 있고, 경력 사원일 수도 있다. 그러나 문서 작성과 시스템 전략이 철저하게 뒷받침되면, 실무자에게 사람의 마음을 읽거나 미래를 예측하는 능력이 없어도 된다. 또한 해당 분야에 실무 경험이 없더라도 좋은 성과를 낼 수 있다.

완벽 _ 시스템이 작동하는 세계에서는 98% 이상 확실하면 완벽한 것으로 간주한다. 남은 2%를 채우는 데 너무 많은 에너지가 소모되기 때문이다. 여기에는 수확 체감의 법칙을 적용할 수 있다. 언뜻 생각하면 100%를 달성하는 게 가능할 것 같지만, 실제로는 불가능하다. 오히려 1~2%를 개선하기 위해 엄청난 에너지를 쓰는 것 자체가 비효율이라고 할 수 있다. 그 에너지를 다른 곳에 쓰는 것이 훨씬 더 효율적이다.

일반적인 운영 원칙 _ 시스템 작동에 필요한 세 가지 핵심 문서 중 두 번째 문서로서, 전략 목표와 일치하는 '의사 결정 가이드라인'을 모아둔 2~4페이지짜리 문서다. 직장 생활에 반드시 필요하며, 개인 생활에서는 보다 더 단순화시킨 운영 원칙이 필요하다('10. 전략 목표와 종합 운영 원칙'을 참고).

일꾼의 철학 _ 힘들고, 냉정하고, 때로는 견디기 힘든 직장 생활에서 형성되는 신념 체계로서, 잘 만든 청사진이 있으면 개별 조각들을 조립해서 훌륭한 결과물을 만들 수 있다는 관점이다.

작업 순서 _ 시스템 작동에 필요한 세 가지 주요 문서 중 세 번째 문서. 특정 회사나 직군의 개별 시스템들이 어떻게 작동되어야 하는지를 설명하는 가이드라인으로서, 시스템 개선 작업의 결과물이다. 개인 생활에서는 이 문서가 필요하지 않다('11. 당신의 작업 절차는 어떠한가?'를 참고).

전략 목표 _ 시스템 작동에 필요한 세 가지 주요 문서 중 첫 번째 문서. 전체적인 목표를 정의하고, 방법론을 제시하며, 행동을 지시하는 1페이지짜리 문서다. 개인이 크고 작은 결정을 내릴 때 방향을 제시하는 '지침서' 역할을 한다. 회사 생활과 개인 생활에 반드시 필요한 도구이다('10. 전략 목표와 종합 운영 원칙'을 참고).

조율 _ '방치'의 반대말이다. 초효율적인 주 시스템을 만들기 위해 점진적으로 시스템을 개선하려는 간단하면서도 현실적인 방법을 말한다.

주 시스템, 혹은 시스템의 시스템 _ 하부 시스템들로 구성되며, 하나의 궁극적인 목적을 갖는 완결된 실체이다. 개인 생활, 비즈니스, 직장, 자동차, 인간관계처럼 그 자체로 하나의 조직체이다.

직장 또는 전문직 _ 출근해야 돈을 벌 수 있다.

프로젝트 엔지니어 _ 내부에서 실무를 담당하는 것이 아니라, 외부에서 시스템을 개선하고 유지하는 경영자나 관리자의 역할을 한다. 개인 생활에서는 자신의 시스템을 관찰하고 분석하며, 통제하는 역할을 수행한다.

변화를 위한 마인드셋

1부

WORK
the
SYSTEM
The Simple Mechanics of Making More and Working

1. 통제는 나쁜 것이 아니다

"이 세상에는 꿈속에 갇혀 사는 사람이 있는가 하면, 현실에 직면해서 순응하며 사는 사람이 있다. 그리고 꿈을 현실로 바꾸는 사람도 있다."

●더글러스 에버렛Douglas Everett

"원하는 것을 얻으려면 삶을 철저히 통제해야 한다."라는 주장에 대해 '통제는 나쁜 것'이라고 반박하는 사람들이 많다. 이런 사람들은 편한 마음으로 물 흐르듯 살아야 하며, 평정심을 유지해야 하고, 사소한 것에는 신경을 쓰면 안 되고, 삶을 철저히 통제하려고 하면 할수록 병적인 통제광이 될 뿐이라고 생각한다. 또한 우리는 모두 하나인데, 삶과 현실에서 문제가 발생하는 것은 '물 흐르듯 살아야 하는' 삶의 자세를 따르지 않는 사람들 때문이라고 생각한다. 그리고 이러한 주장에 대해서는 어느 정도 보편적인 공감대가 형성되어 있다. 직장 상사, 배우자, 부모, 아이들, 그리고 이웃들까지 (나처럼) 조금만 마음을 편히 먹고 세상을 물 흐르듯 살아간다면 모두가 행복할 수 있을 텐데 말이다.

우리는 이런 삶의 자세를 너무 신봉한 나머지 현재의 자기 인생이 (그리고 세상이) 엉망진창이라고 하소연한다. 그러면서 한편으로는 다른 사람들이 너무 깐깐하고 사소한 것에 목숨을 건다고 비판한다.

미안하지만, 지금부터 이런 주장들에 대해 반박해 보겠다.

설령 '우리는 모두가 하나!'라는 주장이 형이상학적으로 진실일 수 있다고 치자. 그렇다 하더라도 우리가 일신의 평화와 성공, 즉 행복을 찾기 위해서는 삶의 사소한 부분을 하나하나 통제할 수 있어야 한다는 게 내 생각이다. 우리는 통제할 수 있는 것에 초점을 맞추되, 통제할 수 없는 것에는 마음을 편히 먹어야 한다. 어떻게 손 쓸 도리가 없는 사건을 통제하려고 애쓴다면, 실망은 정해진 수순이다. 그렇다면 통제할 수 있는 것과 통제할 수 없는 것을 구별하는 것은 어려울까? 나는 그렇지 않다고 확신한다.

이 세상에서 위대하고도 실제적인 진실은 '지금 현재 일어나는 일'이 가장 중요하다는 것이다. 하지만 어느 한순간에 느끼는 만족감은 불과 며칠 전에 자신이 했던 사소한 일들과 깊이 관련되어 있다는 것 또한 무시할 수 없는 사실이다. 나는 '현재'에 충실하려고 노력한다. 그런 한편으로 다가올 미래의 순간들을 평온하고 효율적으로 보낼 수 있도록 해 줄 행동을 위해 '지금 이 순간'의 일부를 할애한다.

수렁에 빠져 허우적대다

나는 남동생과 함께 뉴욕 주 북부의 작은 도시에 있는 할머니 집에서 자랐는데, 단 하루도 평온한 날이 없을 정도로 혼란스럽고 정신없는 곳이었다.

열일곱 살 때는 샌프란시스코 헤이트 거리에 살았다. 그 당시는 (1967년 무렵) '사랑의 여름(Summer of Love : 1967년에 샌프란시스코에서 개

최된 반문화 운동을 지향했던 히피들의 축제' 운동이 한창이었다. 히피들의 반문화 운동에 매혹된 나는 행복하지 않았던 가정에서 뛰쳐나왔고, 2년 동안 섹스와 마약, 로큰롤의 수렁에서 질척거리며 전국을 떠돌아다녔다.

1969년 여름, 나는 뉴욕 주 북부의 한 농장에 50만 명이나 모인 우드스톡 페스티벌*을 보러 갔다. 하지만 그곳에서 왠지 모를 어색함, '이건 좀 아닌데……'라는 생각이 들었다. 그런 일이 있고 나서부터는 맑은 정신을 되찾으려고 노력했지만, 여전히 마리화나 같은 마약에 절어 2년을 더 흘려보냈다. 거의 인사불성 상태에 빠져 있던 나는 매사가 불만투성이였다. 삶을 변화시키기 위해 대학에 입학해서 공부를 시작했지만, 뒤틀린 세상과 고독감에 좌절해 2년 만에 자퇴하고 말았다.

1970년에는 워싱턴에서 열렸던 대규모 반전 시위에 참가했다. 경찰이 쏜 최루가스가 안개처럼 하늘을 뒤덮었을 때, 내 아내이자 두 아이의 엄마가 될 여자를 만났다. 그로부터 몇 주 후, 나는 새로운 연인과 함께 샌프란시스코에서 두 달 동안 길거리 생활을 하다가 뉴욕 주 북부로 돌아왔다.

---

* 역사적으로 1969년은 의미 있는 해다. 그해 7월에 닐 암스트롱이 달에 첫 발을 내디뎠고, 월남전은 깊은 수렁에 빠져들고 있었다. 또한 그해 여름 8월 15일에 미국의 젊은이들 50여 만 명이 뉴욕 북서쪽 작은 마을 베델에 위치한 막스 야스거의 농장에 모였다. 야스거는 무산될 지경에 놓여 있던 축제를 위해 자신의 땅을 흔쾌히 빌려 준 사람이다. '3 Days of Peace & Music'이라는 구호 아래 열린 우드스톡 페스티벌은 네 명의 젊은이(존, 조엘, 아티, 마이클)들이 주도하여 만들어졌다. 훗날 세계사에 이 축제가 '평화운동의 전설'로 기록될지 그들은 몰랐다. 당초 4만 명 정도의 관객이 모일 것으로 예상했지만, 사전 예약 티켓이 18만 여 장이나 팔리고, 끊임없이 밀려드는 인파 때문에 무료 공연으로 바뀌었다. 공연에는 조앤 바에즈, 밥 딜런, 제니스 조플린, 지미 헨드릭스 등 당대 최고의 아티스트들이 대거 참가해 평화를 노래했다. 공연 기간 내내 장대비가 쏟아져 행사장은 진흙탕으로 변했고, 의료 장비와 음식, 화장실도 부족했으며, 마약과 섹스가 난무했지만 폭력 사태 등의 불상사는 한 건도 없었다. 젊은이들의 공화국이자 해방구라는 의미에서 '우드스톡 네이션'이라는 단어가 만들어졌고, 이후로 '우드스톡'은 젊음과 평화운동의 고유명사가 되었다.

이런 삶을 사는 동안, 내가 생각하는 정의와 맞지 않는 모든 것들에 분노하며 세상의 불공평과 정의롭지 못함을 원망했다. 이때의 나는 모든 것을 체념한 상태였으며, 내 인생을 망치려는 사람들이 공모하여 이 세상을 통제하고 있다고 떠벌렸다. 실제로도 장래성 없는 일자리를 전전하며 나처럼 불행한 사람들과 덧없는 인간관계를 맺었으며, 주변 사람들 모두에게 고통을 주었다. 스스로 만들어낸 마음속의 악마에게 홀려 있던 나는 자아도취에 빠져 끊임없는 불평을 쏟아내며 불행한 삶을 살고 있었다.

그런 와중에 시위 현장에서 만난 연인과 결혼을 했다. 놀라운 일도 아니지만, 내 신부도 삶의 불공평함에 좌절하고 있었다. 우리는 콩깍지 안에 있는 콩 두 개처럼 서로 닮아 있었고, 우리가 옳고 남들은 모두 틀렸다고 믿어 의심치 않았다.

이렇게 6년이라는 시간을 낭비하며 허송세월을 보내던 1973년 8월의 어느 날 아침이었다. 나를 옭아매고 있던 사슬이 갑자기 끊어져 버렸다. 여느 때처럼 술이 덜 깬 우울한 상태로 너저분한 아파트 식탁에 아내와 함께 앉아 있었다. 그 당시에는 성수기를 맞은 캠프장에서 쓰레기를 줍고, 화장실 청소를 하면서 최저 임금을 받고 있었다. 그날 아침은 꼼짝없이 지각할 상황이었는데도 그 자리에 눌러 앉은 채 내면을 응시하고 있었다. 그리고 이렇게 다짐했다.

'더 이상 이렇게는 못 살겠어. 지금까지 내 관점이 잘못되어 있던 거야. 이제는 세상을 원망하며 징징대거나 세상을 바꾸려고 하지 않겠어. 올 가을부터는 학업을 다시 시작해서 미래를 개척하는 데 쓸 수 있는 기술을 배워야겠어. 이제부터는 불평도 하지 않고, 남을 탓하지도 않을 거야. 내 앞에 놓인 세상을 거부만 할 게 아니라, 있는 그대로의 세상에

뛰어들어서 내가 통제할 수 있는 것부터 시작할 거야. 무슨 일을 할 수 있을지 찾아봐야겠어.'

이렇게 해서 20대 중반의 나이에 '시스템'을 받아들였다. 하지만 이러한 내 행동이 그로부터 35년 후에 시스템의 가치와 시스템이 가져다주는 자유에 대해 책을 쓰는 첫걸음이 되리라고는 전혀 상상하지 못했다.

내 삶에 시스템을 받아들이기로 결심한 후 뉴욕 주 북부의 애디론댁에 있는 뉴욕 주립 산림경비대원 학교에 등록했다. 몸을 사리지 않고 겨우내 열심히 공부한 끝에 이듬해 여름에 모든 과정을 마치고 기술 학위를 취득했다. 그러고는 아내와 함께 (5개월 된 아들을 데리고) 승용차 꽁무니에 전 재산을 실은 트레일러를 매달고 오리건 주로 향했다. (수중에 가진 돈은 400달러가 전부였다.)

드디어 해낸 것이다. 내가 통제할 수 있는 것에만 에너지를 집중함으로써 내 삶을 (내게 의지하는 아내와 아들의 삶을 포함해서) 개선해 나가고 있었다. 어느 날 갑자기 찾아온 아주 단순한 사고의 전환 덕분에 내 인생을 뒤덮고 있던 짙은 안개가 걷힌 것이다.

내 삶에서 처음으로 스스로 통제할 수 있는 것에 초점을 맞출 수 있게 되었다. 하지만 이것은 처음으로 현실 세상에 발을 내딛은 것일 뿐, 성공과 마음의 평안을 거머쥐기 위해서 필요한 '시스템적 관점'에는 이르지 못하고 있었다. 그런 탓에 또다시 25년이라는 시간 동안 무거운 짐을 메고 허덕일 판이었다.

끝없는 절망, 그리고 환상

그 당시에 내가 얼마나 무거운 짐을 지고 있었는지는 우드스톡에서 찍힌 한 장의 사진에 잘 나타나 있다. 18세 정도 된 예쁘고 늘씬한 긴 머리 소녀와 남자 친구의 사진이다. 사진 속의 아름다운 소녀는 하늘거리는 긴 원피스를 입고 풀밭에서 춤을 추고 있다. 머리에는 화관을 썼고, 두 팔을 뻗어 휘저으며 예쁘게 웃고 있다. 그녀 옆에는 건장한 체격에 잘생긴 남자 친구가 함께 춤을 추고 있다. 두 사람은 평화와 기쁨의 황홀경에 빠져 있는 모습이었다. 누구든지 이 사진을 본 사람이라면 잠깐이나마 사진 속의 한 사람이 되고 싶다는 생각을 하게 될 정도로 평화롭고 행복해 보이는 사진 속 한 장면이다.

이런 사진 속 이미지는 순수한 행복의 순간을 보여주며, 근심 없고 느긋한 마음의 평온과 무한한 자유와 행복을 손에 넣을 수 있다는 메시지를 전한다. 또한 은유적인 표현을 통해 우리가 사소한 근심과 걱정을 버리고 '푸른 들판에서 춤을 추면' 행복해질 수 있다는 메시지를 전한다. 그렇다. 여유롭게 살자! 마음을 편하게 먹자! 삶의 흐름에 몸을 맡기자!

자, 이제는 진짜 세상으로 돌아올 때다. 사진에 담긴 이미지를 보고 느낀 마음의 안정은 아주 짧은 순간 동안만 존재할 수 있다. 이 사진에 담긴 메시지는 진짜가 아니다. 그저 근심을 벗어던진다고 해서 행복해진다는 보장이 없다. 현실의 삶은 그렇지 않다. 하지만 그 시대를 사는 사람들은 그래야 한다고 생각하는 사람들이 많았다. 그래서 우리는 매일 기대에 부응하지 못하는 세상 속에서 끝없이 절망하며 살아왔다.

1960년대가 막을 내리고 40년이 지난 지금 우리는 만성적인 절망의 문화를 공유하고 있기에 우리가 어리석고 자기밖에 모르며, 자아도취에 빠져 있다는 것도 그리 놀랄 일은 아니다. 오늘날, 우리는 선조들이 상상조차 할 수 없었던 부를 누리며 산다. 그럼에도 불구하고 왜 우리의 삶은 혼란스럽고, 왜 우리는 불만에 가득 차 있을까? 이상하지 않은가?

우리는 일신의 평화를 찾아 헤맨다. 그런 한편으로 꿈속에서나 가능한 환상에 집착한다. 그렇다고 내 말을 오해하지는 말라. 나도 부정적인 이야기만 하는 게 즐겁지는 않고, 우리 세대의 불행에 대해 이야기하는 것도 괴롭다. 하지만 시스템 작동을 이해하기 위해서는 짚고 넘어가야 할 내용이다. 그래서 책의 나머지 부분을 위해서는 일단 부정적인 이야기부터 시작해야 한다. 나머지 부분을 읽으면 분명 힘이 솟아날 것이라고 약속할 수 있다.

풀밭에서 춤추기 증후군 : 만성적인 사고의 오류

오늘날, 전 세계 성인의 10%는 알코올 중독자이고, 70%는 카페인을 대량으로 섭취하며, 25%는 담배에 중독되어 있고, 10% 이상이 항우울제에 의지한다. 그 외의 합법적, 불법적 기분 전환 약물을 추가하면 우리들 중 98%가 더 좋은 기분을 느끼기 위해 약물을 복용하는 것이 된다. 물론 그들 중 많은 사람들이 여러 가지 약물을 동시에 복용한다. 예를 들면 아침에는 카페인, 저녁에는 알코올을 섭취한다. 한 물질로 다른 물질의 부정적인 효과를 없애면서 화학적 기분 전환의 악순환이 시작된다.

●치러야 할 대가● 개인의 시스템을 너무 자주 남용하면 '기적'이라 할 만큼 완벽에 가까운 시스템인 우리 몸에 약물을 투여하게 된다. 사람들은 자신이 불행하다는 착각에 빠져 스스로를 약물로 오염시킨다. 그렇게 함으로써 안 그래도 불완전한 사고 능력을 악화시킨다. 정말로 냉엄한 현실을 말해 보겠다. 하룻밤 술을 마시면 인체가 화학 물질의 습격으로 손상된 몸을 회복하는 며칠 동안 신체적, 정신적 효율은 평균 이하로 떨어진다. 이것은 1 더하기 1이 2인 것만큼이나 확실하다. 또한 우리는 단기적으로 시스템을 손상시킴으로써 장기적으로 상황을 악화시킨다. 효율적인 시스템을 방해하면, 그에 대한 대가를 치러야 한다는 단순한 진실을 무시하기 때문이다. 결국 약물의 오남용은 '자기 자신에 대한 범죄'임에 틀림없다.

이처럼 우리는 불만 사항을 끄집어내서 그에 대해 불평하고 고민한다. 정말로 안타까운 일이 아닐 수 없다. 물론 시간낭비이기도 하지만, 그것 때문에 삶에서 만족을 찾기 위해 해야 할 일을 못하게 된다. 핑계를 대거나, 세상에 망조가 들었다며 불평하거나, 주변 사람들을 변화시키려고 은밀하게 또는 공공연하게 노력해 봐야 아무 짝에도 쓸모가 없는데도 말이다. 이런 일에 정신이 팔리면 정작 우리가 삶에서 원하는 것, 즉 성공과 평화, 운명에 대한 통제력을 손에 넣기 위해 해야 할 일을 할 수 없게 된다. 자신의 성공과 평화, 통제력을 추구하는 것은 나쁜 목표가 아니다.

그렇다면 완벽한 통제를 추구하는 사람은 재미없는 사람이며, 힘을 좀 빼야 할 사람이라는 통념은 어떨까? 아주 가끔씩 예외는 있지만, 나는 이런 통념이 틀렸다고 자신 있게 말할 수 있다.

**"뿌리 깊은 사회 통념과는 반대로
삶에 대한 통제는 행복과 직결된다."**

하지만 이것만은 분명하게 짚고 넘어가자. 행복은 다른 사람을 통제하는 것에서 오는 게 아니라, 우리 삶의 한순간 한순간을 통제하는 것에서 비롯된다. 더 정확하게 표현하면 (여기서 우리는 만사의 근원에 접근하게 되는데) 우리가 개선하고 유지해야 할 우리의 시스템을 통제하는 것에서 비롯된다.

원하는 것을 얻고, 세상에 기여하는 비결은 세상일에 대해 불평하거나 약물을 복용하는 것이 아니다. 더 많은 것을 소유하거나 유명해지는 것도 아니다. 비결은 다른 관점(사물을 보고, 생각하고, 처리하는 방식)을 취하는 것이다. 세상을 냉정하게 바라보고, 감히 건드리지 못했던 현상에 대해 용기 있게 의문을 제기하는 것이다. 다름 아닌 우리 삶에 관련된 것이기 때문이다. 따라서 원하는 것을 얻고, 세상에 기여하는 비결은 우리가 직접 영향을 미칠 수 있는 영역 내에서 일어나는 일을 처리하는 것이다.

'사고思考'의 과정은 선형적 시스템(Linear System : 입력과 출력의 관계가 질문과 답변, 원인과 결과처럼 선형적인 특성을 갖는 시스템)인데, 앞에서 언급했던 춤추는 소녀의 사진에서 볼 수 있듯이 우리는 사고 과정에서 근본적인 오류를 저지른다. 나는 그런 만성적인 사고의 오류를 '풀밭에서 춤추기 증후군'이라고 부른다.

● **영향력의 원** ● 스티븐 코비가 창안한 개념인 '영향력의 원'은 자신의 삶에 영향을 미치는 능력을 말한다. 예전의 나는 당시에 나를 괴롭히던 심리적

문제 때문에 내 삶에서 벌어지는 일을 마음대로 통제할 수 없었다. 통제는커녕 삶에 아무런 영향도 미칠 수 없었다. 당시에 내 영향력의 원은 지름이 2미터나 되었을지 의심스럽다. 그런데 지금은 내 영향력의 원이 몇 킬로미터쯤은 되는 것 같다. 하루하루가 힘들지 않게 흘러가며, 일단 시작한 일은 모두 해낼 수 있기 때문이다. 내가 당장 그 자리에 있지 않더라도 전에 해두었던 일 때문에 일이 원활하게 진행되며, 덕분에 나는 아주 큰 만족감을 느낀다.

잠시 동안 상상력을 발휘해서 자신의 영향력의 원을 그려 보라. 크기가 얼마나 되는가? 혹시 지름이 15센티미터밖에 안 되는가? 발치를 내려다보았을 때 영향력의 원이 발에 가려서 보이지도 않는가? 원의 지름이 15센티미터가 아니라 30센티미터라 하더라도 그 원 위에 균형을 잡고 서 있기도 힘든 지경일 것이다. 넘어지지 않으려고 애를 쓰느라 에너지와 집중력을 다 쓰고 있지는 않는가? 그런 상황이라면, 균형을 잡는 데 시간을 모두 써버려서 다른 일을 할 시간은 거의 남지 않을 것이다. 자신의 지금 위치가 어디이든, 영향력의 원이 얼마나 크든 그 원의 밖이 아닌 안에서 변화를 일으키려고 노력하라. 어차피 손을 쓸 수도 없는 큰 그림을 분석하고 해부하는 데 소중한 시간과 에너지를 쓰지 말라. 대신 그 시간과 에너지를 손을 쓸 수 있는 것, 즉 영향력의 원 안에 있는 것에 써라. 그러다 보면 영향력의 원이 알아서 커질 것이다.

삶은 스냅 사진이 아니라 동영상이다

그 시대의 한순간 한순간을 벗어나 생각하면, 1960년대의 자유분방한 방법론은 발상은 좋지만 현실성은 없었다. 이상理想만 고려하고 현실은 고려하지 않은 이론이었던 것이다. 만약 우드스톡의 풀밭에서 춤추는 사진이 다큐멘터리 영화였다면, 그래서 그 춤뿐만 아니라 그 앞뒤에 벌어진 일을 모두 볼 수 있었다면 전혀 다른 이야기가 되었을 것이다.

우드스톡의 진실이 궁금한가? 음악을 계속 들을 수 있다는 점만은 좋았다. 하지만 그 혼란한 와중에 마약에 취한 밴드들이 제대로 연주를 했겠는가? 물론 평화롭기는 했다. 하지만 즐거운 첫날이 지나고 나자 비가 내리기 시작하면서 날씨가 갑자기 추워졌다. 우리는 물에 빠진 생쥐처럼 굶주리며 진흙탕에 앉아 있었다. 50만 명의 젊은이들이 비를 맞으며 음악과 사랑만 보고 '시스템' 밖에서 함께한다는 것에 도취되어 현실을 잊으려고 애썼다.

"음악과 사랑만 있으면 다른 건 필요 없어!"

우리가 끊임없이 되뇌던 문구였다. 우리는 일상에서 뛰쳐나왔지만, 티셔츠 한 장과 청바지로는 차가운 빗물조차 감당할 수 없었다. 허술한 이론이 냉혹한 현실에 맨몸으로 부딪힌 셈인데, 승부가 되겠는가?

군중이 배출한 오물이 쌓여 가면서 해변으로 몰려온 파도가 빠져나가듯 열정은 시들해졌다. 이틀이 지나자 마약에 취해 몽롱해진 정신으로 빗물에 젖은 채 떨고 있던 군중 사이에 불안감이 확산되었다. 나는 결국 친구 존과 함께 그곳을 빠져나오기로 했다. 바로 그때가 지미 헨드릭스가 무대에 오르기 전이었으니, 오죽했으면 그랬겠는가.

고물차를 타고 집으로 돌아오는 길에 우리는 라디오로 베트남 전쟁과 인종 갈등, 정치인의 부정에 관한 이야기를 들었다. 그런 부정적인 현실과 관계없이 우리 둘은 제지 공장에서 심야 근무를 하기 위해 지치고 우울한 마음으로 차를 몰아 북쪽으로 가는 동안, 우드스톡에서 느꼈던 찰나의 즐거움은 기억의 저편으로 사라졌다.

존은 열여덟 살이었고, 나는 열아홉 살이었다. 우리는 놀기 좋아하는 대학 중퇴생으로서 우리의 혼란스러운 생활을 자랑스러워했다. 무절제한 자아도취적 삶과 행복의 관계에 대해서는 생각해 본 적도 없었다. 지금 돌이켜 생각하면, 가치 있는 일을 하고 있었던 이들은 또래의 모범생들이었다. 물론 그들이라고 왜 슬럼프가 없었겠는가. 하지만 그들에게는 세상의 현실에 순응하려는 의지가 있었기에 보다 절제된 삶을 살았고, 그래서 더 행복했던 것이다.

'풀밭에서 춤추기'와 같은 삶을 동경하는 것은 존재하지 않는 행복을 좇는 환상이었다. 오히려 질서를 찾고 사소한 것에 주의를 기울여야 평화를 손에 넣을 수 있다. 증거를 대라고? 거꾸로 생각해 보면 된다. 어떤 상황에서든 평화의 반대(무질서)는 언제나 절망을 낳는다. 천재지변, 폭동, 교통사고, 가족 갈등 등 통제할 수 없는 상황에서는 늘 그렇다. 결과가 좋은 적이 없다.

우리는 이상적인 한순간을 담은 사진에 집착한 나머지 세상의 구조를 있는 그대로 바라보려고 하지 않았다. 인생은 한순간을 담은 사진이 아니라, 실시간으로 재생되는 동영상인데도 말이다. 동영상은 우리가 참여하건 참여하지 않건 계속 재생된다.

통제할 수 없는 것들에 정신이 팔리다

그런데 40년이나 지난 이 시점에서 그 시절 이야기를 꺼내는 이유가 뭔지 궁금하지 않은가? 그것은 1960년대의 이상을 믿는 사람들이 그랬던 것처럼, 오늘을 사는 사람들도 잘못된 생각을 버리지 못하고 있기 때문이다. 세상은 혼란으로 가득하며, 시스템과 조직은 나쁜 것이며, 빅

브라더가 커튼 뒤에 도사리고 앉아서 상황을 잘못된 방향으로 몰아간다고 믿는 것이다. 이런 망상으로 인해 우리는 통제할 수 없는 일에 집착하느라 정작 삶의 여유와 경제적 자유를 위해 해야 할 일을 하지 못한다.

우리 발목을 잡는 것은 '시스템'이 아니라 우리 자신의 '인식의 결함'이다. 통제할 수 없는 외부의 사건에 정신이 팔리면 통제할 수 있는 삶의 결함을 보지 못한다. 우리가 고통스러운 것은 세상이 불완전하기 때문이 아니라, 개인의 시스템이 불완전하기 때문이라는 것을 알지 못한다. 개인의 시스템은 충분히 개선할 수 있는데도 말이다. 삶의 사소한 부분까지 깐깐하게 살펴봐야만 성공과 마음의 평화, 즉 자유를 손에 넣을 수 있다. 바로 이러한 점을 인식해야 한다.

자기 삶의 흐름을 통제하지 않는 것은 일생일대의 실수다. 그러다가는 전혀 예상하지 못했을 때 한순간에 당하게 된다. 작고 사소한 비효율이 쌓이면 우리를 어둠의 구렁텅이로 몰아넣을 수 있다. 우리가 원하건 원하지 않건 삶은 흘러가고, 그 삶의 흐름을 통제하려면 아주 작은 부분에도 신경을 써야 한다.

내가 가족과 함께 서부로 이사했던 1974년까지도 깨닫지 못했던 것이 있다. 성공하는 사람들, 즉 뭔가를 만들어 내고 세상에 기여하는 사람들(안정과 자유, 부를 누리는 사람들)은 삶의 구조를 자세히 관찰한다는 점이다. 나는 그때까지도 성공과 평화를 손에 넣으려면 가장 먼저 삶의 구조를 확립해야 한다는 것을 알지 못했다. 그러기 위해서는 선견지명, 체계, 합리적인 사고가 필요하고, 그러려면 '시스템'을 작동시켜야 한다. 세상은 우리가 어찌할 수 없을 정도로 복잡한 것 같지만, 99.9%는 정확하게 기계적으로 굴러간다!

시스템의 결핍

1969년 뉴욕 주 북부의 우드스톡에서 있었던 일을 '시스템'의 측면에서 살펴보자. 그 당시에 제대로 동작한 시스템 중의 하나는 음악을 전하는 시스템이었다. 기술자들은 일을 잘 했고, 장비도 제대로 기능했다. 밴드들도 시간에 맞춰 등장했다. 이는 교통 시스템이 제대로 기능했다는 것을 의미한다. 그 당시에는 밴드들을 헬리콥터로 실어 날랐다. 장소 (야스거의 농장)도 괜찮았다.

그렇다면 제대로 동작하지 않은 시스템은 무엇이었을까? 위에서 이야기한 것 빼고는 제대로 동작한 것이 없었다. 티켓 발권이 시작되고 얼마 지나지 않아 주변 울타리가 모두 무너지면서 (행사를 후원한 스폰서 입장에서는 재앙이었다.) 발권 시스템이 마비되고 말았다. 의료 시스템은 몰려든 사람들을 감당하지 못해 마비된 것이나 다름없었다. 마땅히 경찰의 보호가 필요했지만, 비공식 사설 경비원 몇 명이 전부였기 때문에 아비규환이 따로 없었다. 다행스럽게도 여성들의 비명 소리 덕분에 최악의 상황은 일어나지 않았다.

평화와 음악의 하루는 그렇게 지나갔고, 이틀째는 마약으로 어느 정도 평온이 유지되긴 했지만 여전히 최악의 상태였다. 사흘째? 겨우 끝이 났다. 만약 넷째 날이 있었다면? 꿋꿋이 남아 있는 사람들은 빈사 상태가 되었을 것이다.

우드스톡 페스티벌을 성공시킨 것은 사람들의 사랑과 온정이었다. 그러나 그 '행복한 시간'은 찰나에 지나지 않았다. 그렇기 때문에 하루하루의 삶을 어떻게 살아야 하는지에 대한 본보기는 되지 못한다. 사랑만으로는 결코 오래 버틸 수가 없다.

125회의 성공과 두 번의 실패

우주선은 사람에 의해 만들어진 것 중에서 가장 복잡한 기계라고 할 수 있다. 또한 우주선 발사는 인간의 기막힌 시스템 통제 능력을 가장 잘 보여주는 장면일 것이다. 그래서 나는 우주선 발사 장면을 TV 생방송으로 꼭 챙겨 본다. 우주선 발사 장면을 볼 기회가 있다면, 카운트다운에 주목하라. 정확한 카운트다운을 위해 수많은 연구원과 엔지니어들의 통제 하에 수천 가지 모니터링 절차가 동시에 진행될 것이다. 우주선이 발사되는 순간에는 우주선 안팎에서 그 자체가 하나의 정밀한 독립체인 수만 가지 시스템이 개별적으로, 그러면서도 조화롭게 작동한다.

이 책이 출간된 날까지 125회의 우주선 발사가 이루어졌고, 그중에서 두 번은 참담한 대실패로 끝났다. 그럼에도 불구하고 우주선 개발과 발사 자체의 엄청난 복잡성과 인간의 실수를 고려하면, 발사 실패가 두 번밖에 없었다는 게 오히려 의아할 정도다. 어떻게 이런 결과가 나올 수 있었을까?

우주선 엔지니어들은 크고 작은 실패를 통해 문제 예방에 필요한 정보를 습득한다. 이런 과정을 거쳐 우주선 개발과 발사 시스템이 완벽에 가깝게 개선되면서 크고 작은 실패가 발생할 가능성은 점점 줄어들게 된다. 그렇게 해서 다음번 발사가 이루어질 때, 우리는 그 기적적인 장면에 감탄할 것이다.

이 이야기와 관련해서 당신은 다음 질문에 대해 고민해 보기 바란다.

우주선의 시스템 개선 (물론 대부분의 시스템 개선은 과학과 공학, 수학의 발전을 토대로 이루어지지만 과거의 실패를 기반으로 이루어지는 개선도 많다.) 역시 밖에서, 그리고 약간 위에서 관찰했기 때문에 얻을 수 있었던 결과가 아닐까?

2. 시스템의 시스템

내가 시스템 작동 방법론을 설명하기 위해 센트라텔을 예로 드
는 데는 이유가 있다. 센트라텔의 주 시스템은 각각의 하부 시스템으로
구성되어 있고, 이해하기도 쉽기 때문이다. 즉 센트라텔은 폐쇄된 '시스
템의 시스템'인 것이다. 센트라텔을 예로 들면 시스템 작동의 원칙을 쉽
고 현실적으로, 그리고 인과관계에 따라 설명할 수 있다. 당신이 내 설명
의 맥락을 제대로 파악한다면, 시스템 작동 방법론을 비즈니스와 회사
업무, 작업 환경, 그리고 삶의 모든 부분에 어떻게 적용할 수 있는지를
알게 될 것이다. 당신의 시스템 중에서 가장 중요한 시스템, 즉 '당신'에
게 직결되는 내용이기 때문이다.

센트라텔은 어떤 회사인가?

센트라텔은 지난 15년 동안 살아남기 위해 투쟁해 왔는데, 그 기간

동안은 늘 엉망진창이었다. 그렇다면 시스템의 시스템인 센트라텔이 왜 16년째가 되던 해부터 갑자기 잘 돌아가기 시작했을까? 물론 오늘과 같은 성장을 이루는 데는 집중, 뛰어난 직원, 마케팅 역량, 서비스 품질 등이 일조했지만, 이것들이 기사회생의 전부는 아니었다. 오히려 이것들은 진짜 이유의 부산물이었다고 할 수 있다. 센트라텔이 기사회생할 수 있었던 진짜 이유는 경영자가 실무에 관여하거나 급한 불을 끄는 데 매달릴 게 아니라, 시스템 개선에 초점을 맞춰야 한다는 사실을 발견하고 실천했기 때문이다. 한 마디로 말해서 품질 좋은 상품이나 서비스, 능력 있는 직원, 수익성은 그것을 창출하는 훌륭한 시스템의 결과물이지 시스템이 아니라는 것이다.

센트라텔의 주된 사업은 첨단 전화 응답 서비스다. 이 글을 쓰는 지금 센트라텔의 연간 매출액은 수천만 달러에 이른다. 아웃소싱 사업인 전화 응답 서비스는 전화 상담원을 고용해서 서비스에 가입한 고객사로 걸려오는 문의 전화를 대신 처리해 주는 비즈니스다. 쉽게 말해서 '사설 911 서비스'라고 할 수 있다. 전화 응답 서비스는 가입한 고객사로 걸려오는 문의 전화를 받아 내용을 기록한 다음, 고객사에 전달하는 것이다.

센트라텔 서비스에 가입한 고객사로는 병원, 장의사, 자산관리 회사, 냉난방 시스템 시공 회사, 첨단 벤처기업 등 셀 수 없을 정도로 다양하다. 대부분은 1년 365일, 24시간 내내 고객들의 문의에 사람이 직접 대응해야 하는 회사들이다. 그런데 1년 365일, 24시간 내내 직접 전화를 받을 수 없기 때문에, 센트라텔 같은 회사의 전화 응답 서비스를 이용하여 근무 시간 외의 문의 전화를 처리하는 것이다. 통화량이 너무 많아 직접 감당할 수 없거나 사무실이 없는 회사일 경우에는 낮 시간에 이 서비스를 이용하기도 한다.

센트라텔에는 (통화량에 따라) 수십 명의 전화 상담원들이 자리에 앉아 차례차례 전화를 받는다. 전화는 약 900여 회선 중 하나에 무작위로 걸려온다. 통화량이 많을 때는 전화가 동시다발적으로 걸려오기도 한다. 출산이 임박해 병원에 가야 한다며 다급하게 전화를 거는 사람이 있는가 하면, 실수로 아파트 문을 잠그는 바람에 들어갈 수 없다고 하소연하는 사람도 있다. 이제 대충 감이 잡힐 것이다.

센트라텔의 상담원들은 접수한 내용을 데이터베이스에 기록하는 동시에 핸드폰, 음성 사서함, 이메일, 팩스 등을 이용하여 고객사에 전달한다. 여러 가지 인간적, 기계적 시스템이 동시에 작동하는 엄청나게 복잡한 작업이다. 문의자와 상담원, 고객사 간의 커뮤니케이션이 끊임없이 이루어지며, 화급을 다투는 문의가 많다 보니 언제나 시간에 민감하다. 때문에 전화 응답 서비스 사업은 엄격한 시스템 관리와 유능한 직원이 없으면 혼란을 겪을 가능성이 매우 높아진다. 그래서 센트라텔에서는 문의 전화를 받는 방법, 문의 내용을 처리하는 방법 등에 대해 구체적인 매뉴얼을 만들어서 대응하고 있다.

전화 응답 서비스업은 전화가 처음 등장했을 때부터 존재한 사업이다. 예나 지금이나 전화 응답 서비스는 쉴 새 없이 돌아간다. 더욱이 24시간 내내 영업해야 하기 때문에, 밤낮 없이 출퇴근을 해야 하는 직원들에게는 참으로 힘든 일이다. 오래 근무한 상담원들은 승진을 거쳐 낮 시간에 근무하게 된다. 하지만 신입사원들은 힘든 환경에서 일하면서 누군가의 퇴직이나 회사의 확장으로 인해 더 편한 자리가 나올 때까지 버텨야 한다. 이러한 업계 전반의 근무 환경에 비해 센트라텔은 급여와 복리 후생이 매우 높은 편이다. 업계 평균치의 2배가 넘기 때문이다.

전화 응답 서비스업은 흥미로운 비즈니스이기는 하지만 점차 쇠퇴하고 있다. 1975년 기준으로 미국에 2만 개 이상의 전화 응답 서비스 회사가 있었고, 대부분은 영세했다. 현재까지 살아남은 회사들은 비교적 규모가 크고(2천여 개 정도), 전체 인구 대비 전화 상담원 수도 크게 줄었다. 휴대폰이나 음성 사서함, 인터넷, 통신사의 착신 전환 서비스 등이 업계에 큰 영향을 미친 것이다. 그럼에도 불구하고 아직까지는 사람이 직접 전화를 받아서 처리해야 할 일이 엄청나게 많다. 바로 그렇기 때문에 전화 응답 서비스 시장이 현재까지 지속되고 있는 것이다.

나는 지금으로부터 20여 년 전에 다음과 같은 세 가지 이유를 근거로 전화 응답 서비스 사업에 뛰어들었다. (사실 이 세 가지 이유는 사업을 시작하려는 사람이라면 누구나 고려해야 할 이유이기도 하다.)

첫째, 사람들 간의 커뮤니케이션과 관련된 사업이라는 점에 구미가 당겼다.

둘째, 매출은 자동적으로 발생할 것이다. 즉 제대로 관리만 한다면, 실제로 출근하지 않아도 수익이 생길 것이다. 사업을 해본 적은 없었지만, 출근하지 않고도 돈을 벌 수 있다면 의사나 변호사, 일반 직장인 등 개인이 중심이 되는 직종보다 더 나을 것이라고 생각했다.

셋째, 매출이 반복적으로 발생할 것이다. 고객사들이 우리 서비스를 계속 이용하면서 사용료를 지불할 것이다. 우리 서비스에 가입한 고객사에서 매달 사용료를 지불한다면, 하루하루 고생하지 않아도 새로운 수입이 지속적으로 발생할 것이다. 또한 고객사에 만족할 만한 서비스를 제공한다면, 돈은 계속 굴러들어올 것이라고 생각했다.

그래서 1984년 12월 1일, 서른다섯의 나이에 오리건 주 벤드에 있는 거의 망해 가는 전화 응답 서비스 회사 '걸 프라이데이'를 인수했다. 최종 인수가는 21,000달러였고, 첫 납입금은 5,000달러였다. 직원은 7명, 가입한 고객사는 140개 회사, 사무실 면적은 11평이었다.

회사를 인수하자마자 시대의 변화에 맞춰 회사 이름을 바꿨다. 나는 (건방지게도) 언젠가 미국 최고의 전화 응답 서비스 회사가 될 거라고 떠벌리고 다녔다. 그런 허세에도 불구하고, 사실 그런 목표를 어떻게 해야 이룰 수 있을지는 쥐뿔도 몰랐다. (지금에 와서 그때의 내 행동을 돌이켜 보면 '경솔하다'와 '대책 없다'는 단어가 가장 먼저 떠오른다.)

상황은 내가 생각했던 대로 풀리지 않았다. 회사는 아수라장이었고, 내 생활도 엉망진창으로 변해 갔다. 사업을 시작한지 1년도 되지 않아 이혼을 했고, 양육권을 가진 홀아비로서 두 아이를 키워야 했다.

센트라텔은 늘 일촉즉발의 상황이었지만, 규모는 계속 커져 갔다. 그런데도 수익은 전혀 개선되지 않았다. 나로서는 사력을 다해 매달렸지만, 2~3년이 지나면서 '미국 최고'라는 목표는 혼란의 먹구름 속으로 사라진지 오래였다.

15년 동안 워커홀릭이 되어 일에 매달렸지만 (일주일에 100시간 이상 일한 적도 많다.) 회사는 링거를 꽂은 환자처럼 근근이 유지되었다. 게다가 회사의 재정 상태는 늘 부도 직전의 위기를 겪고 있었다. 사업 부진에 대한 압박감으로 병이 날 것 같았지만, 그래도 강행했다. 스트레스와 과로로 쓰러지지 않는 한 (사실 15년 동안 늘 끊임없는 압박 속에 살았기 때문에, 언제든 쓰러질 수 있는 상황이었다.) 무슨 일이 일어나도 멈추지 않을 작정이었다.

그러던 어느 날, 20대 중반에 경험했던 것처럼 예기치 못한 깨달음 (시스템 작동 원리)을 얻게 되었다. 그리고 시스템 작동의 원칙을 회사 생활과 개인 생활에 적용하기 시작했다. 이 깨달음은 지각 변동이라도 일어난 것처럼 그때까지의 내 삶을 송두리째 바꾸어 놓았다. 즉 세상을 바라보는 관점을 미묘하게, 그러나 근본적으로 바꾸어 놓았던 것이다. 새로운 관점을 취하자 내 주변의 혼란이 잦아들면서 내 삶의 모든 면이 개선되어 갔다. 센트라텔과 내 삶은 전혀 다른 세상으로 변해 갔다.

시스템 작동의 깨달음을 얻은 직후 내 사업에 동업자를 받아들였다. (동업자는 내가 늘 존경했던 사람이었다.) 이제부터는 혼자가 아니었으며, 전문가의 눈이 생긴 데다 동업자가 주식을 사들이면서 경제적으로도 힘을 얻게 되었다. 우연의 일치인지 그의 이름도 '샘'이었다.

이제부터 내가 걸어온 여정을 이야기할 것이다. 읽으면서 자신의 삶과 어떻게 닮아 있는지를 살펴보라.

예방 시스템의 설치

새로운 시스템이 실제적으로 기능하지 않는 경우도 있다. 그냥 존재하는 것만으로 원하는 결과를 얻을 수도 있는 것이다. 우리는 센트라텔 직원 몇 명이 근무 시간에 웹 서핑을 하면서 시간을 죽인다는 사실을 알고 있었다. 이렇게 교묘하게 딴 짓을 하는 행동은 잡아내기가 어려웠다. 그나마 할 수 있는 일이라곤 모퉁이를 돌아 다가갈 때, 직원이 센트라텔과 무관한 창을 몰래 닫는 모습을 보는 정도였다.

그래서 우리는 인터넷 활동을 추적해서 기록하는 소프트웨어를 설치했다. 그러자 곧바로 문제가 해결되었다. 그것도 완벽하게 말이다. 우리는 누가 어디를 가고, 웹 서핑에 얼마나 시간을 쓰는지를 포함해 모든 직원의 업무 활동을 추적한다.

그렇다면 이 소프트웨어로 딴 짓을 하는 직원을 적발한 적이 있을까? 그렇다. 직원들에게 알리지 않고 소프트웨어를 설치하자 평소에 생각하던 용의자들이 드러났다. 하지만 해당 직원을 불러서 조치를 취하지는 않았다. 그럴 필요가 없었다. 소프트웨어 설치를 공지하고, 직원 매뉴얼에 명시하기만 하면 시스템을 악용하던 직원들이 행동을 바꿀 거라고 생각했기 때문이다. 내 예상은 그대로 들어맞았다. 딴 짓을 하는 직원이 생기지 않았던 것이다. 회사에서 매달 인터넷 사용 기록을 꼼꼼하게 확인했지만, 그 후로는 전혀 문제가 생기지 않았다.

우리 사회에서 일반적으로 생각하기 쉬운 예방 시스템으로는 약물 검사, 사법 기관, 법률 등이 있다. 이들 시스템의 목적은 문제가 발생하기 전에 예방하는 것이다. 그렇다면 개인 차원에서의 예방 시스템으로는 무엇이 있을까? 예를 들어 자동차의 안전띠는 사고가 날 경우 심각한 부상을 입지 않도록 해준다. 그 외에 컴퓨터를 사용할 때 정기적인 백업, 사랑하는 사람과 모르는 사람에게 호의를 베푸는 행위 등도 예가 될 수 있다.

당신의 삶 중에서 단 하루만 어떤 시스템을 사용하면 문제를 사전에 예방할 수 있는지에 대해 생각해 보라.

당신은 사랑하는 아내와 자녀들, 애완동물, 그리고 자산을 보호하기 위해 어떤 조치를 취하고 있는가?

당신의 회사는 경영상의 위기와 사고 예방을 위해 어떤 조치를 취하고 있는가?

당신이 속한 조직은 갈등을 예방하기 위해 어떤 조치를 취하고 있는가?

3. 두더지의 습격

그웬 디마코(시고니 위버) : 너무 귀여워!

가이 플리그먼(샘 록웰) : 뭐, 지금은 그렇겠지. 근데 곧 녀석들이 못된 짓을 시작하면 미
워질 걸. 게다가 수백만 마리쯤 있을 거란 말이지.

● 영화 「갤럭시 퀘스트Galaxy Quest」(1999년, 드림웍스 사)의 대사 중에서

모든 전화 응답 서비스 회사는 고객사에 똑같은 서비스를 제
공하며, 내가 사들인 회사도 예외가 아니었다. 우리 상담원들은 하루 종
일 밤낮 없이 고객사에 걸려오는 전화를 받는다. 그리고 고객사에서 전
화를 걸어오면, 상담원들이 적어 둔 메시지를 읽어 준다.

1980년대 중반까지만 해도 워드프로세싱과 컴퓨터 데이터베이스
관리는 먼 미래의 이야기였다. 우리는 영세한 기업이었고, 매달 35~45달
러의 정액 요금을 받고 고객사로 걸려오는 문의 전화를 처리해 주었다.
낮에는 상담원 2명이 전화를 받았고, 야간에는 1명이 받았다.

처음 15년 동안은 내가 모든 업무를 직접 관리했다. 회사를 인수하
고 보니 난장판이나 다름없었다. 대부분의 고객사가 정액 요금을 남용
하며 우리 상담원들을 풀타임으로 이용하고 있었기 때문이다. 직원들은
엄청난 통화량에 시달리고 있었고, 그러다 보니 서비스 품질은 바닥을
기고 있었다. 처음에는 전화 응답 서비스 사업이 돌아가는 원리를 전혀
몰랐기 때문에, 그냥 넋 놓고 지켜보는 수밖에 없었다.

회사를 처음 사들였을 때 월간 매출액은 5,500달러였다. 직원 급여와 임대료, 전화 요금 등을 지불하고, 내 한 몸과 두 아이를 건사하기에는 턱없이 부족한 금액이었다. 회사를 사들인지 두 달밖에 되지 않았는데, 벌써 재앙이 닥쳐오고 있었다. ('재앙이 닥쳤다'라는 표현은 그 후 몇 년 동안 내 삶의 표어처럼 사용되었다.) 아무 조치도 취하지 않고 구경만 하고 있다가는 곧바로 망해버릴 지경이었다. 나 자신은 물론 여덟 살짜리와 열 살짜리 아이를 부양해야 했기에 즉시 무슨 조치든 취해야 했다.

얄궂게도 회사를 사들였을 때, 상태가 엉망진창이었다는 점에는 긍정적인 측면도 있었다. 몇 주가 지나자 업계에 대한 지식이 전혀 없었던 내게 큰 문제가 보이기 시작했다. 눈에 띄는 것들 중에 가장 비효율적인 요소를 즉시 뜯어고쳐야 했다. 그것은 바로 너무 저렴한 요금제였다. 다행히도 우리 회사의 요율이 타 업체에 비해 너무 낮았기 때문에, 요율을 올려도 가격 경쟁력을 유지할 수 있다고 판단했다.

나는 고객사에 편지를 보내 요율을 인상할 것이며, 실제 통화량에 근거해 요금을 부과할 것이라고 공지했다. 우리가 사업을 계속하려면 요금을 올릴 수밖에 없다고 설명했다. 이후 우리는 정액 요금제를 없애고, 각 계정에 대해 상담원이 실제로 처리한 메시지 수에 따라 요금을 부과하기 시작했다.

이로써 고객사에서 부담해야 할 비용은 평균 3배가 올랐고, 기존 고객사 중 3분의 1이 서비스 계약을 해지했다. 그리고 나머지 고객사는 우리에게 전달하던 문의 전화를 줄였다. 그 결과 상담원들의 업무 부담은 줄어들었고, 문의 전화에 대한 서비스 품질은 향상되었다. 이것은 회사를 인수한 이후 처음으로 이루어진 품질 개선이었고, 그 후 몇 년 동안 여러 번에 걸쳐 단계적인 품질 개선이 이루어졌다. 그리고 우리 회사의 서비스 요율이 얼마나 낮았는지를 이야기하자면, 요율을 300% 올리고 나서도 같은 지역의 더 큰 경쟁사보다 낮았을 정도였다.

고객이 3분의 1이나 줄어들었는데도 월간 매출액은 하룻밤 새 2배로 뛰어 11,000달러가 되었다. 수입이 늘어난 것은 좋았지만, 장비도 업그레이드해야 했고, 급여도 올려 주어야 했다. 이 때문에 매출은 늘었는데도 회사의 수익은 여전히 나아지지 않았다. 결국 우리는 1년에 두 차례나 요금을 인상했다. 그럼에도 불구하고 회사는 계속 고전했다.

이렇게 간신히 버티는 상황은 지속되었고, 이후 15년간 총수입이 12배로 늘어났음에도 회사는 성공을 거두지 못했다. 매출이 늘어난 것은 요금을 대폭 올린 탓이기도 했지만, 품질 향상으로 인해 회사의 명성이 높아지면서 새로운 고객사를 확보한 덕분이었다. 물론 품질 향상이라고 해봐야 끔찍한 정도에서 그럭저럭 봐줄 만한 정도가 된 것일 뿐, 경쟁사를 압도할 수준은 아니었다. 그나마 끔찍한 수준에 머물고 있던 경쟁사보다는 앞서 간다는 것에 위안을 삼을 수 있었다.

수입이 증가하면 반드시 운영비도 함께 증가했다. 가장 많이 증가한 것은 직원들 급여와 보험료, 퇴직금, 기타 상담 직원들을 위한 복리후생에 소요되는 비용이었다. 3년 후에 우리는 더 큰 사무실로 이전했다. 그리고 12년 동안 그 사무실을 쓰다가 더 넓은 공간으로 이전했다. 외형적으로는 계속 성장했지만, 내부적으로는 경영 혼란과 재정 문제는 쌓여 가기만 했다. 경영자인 내 입장에서 보면 15년 동안 80~100시간에 이르는 주당 근무 시간이 줄지 않았고, 급여도 오르지 않았다. 회사 일에서 벗어난 개인 생활은 거의 없다시피 했고, 아이들을 돌보는 데 쓸 시간조차 부족할 정도였다.

시간이 흐르면서 전화 응답 서비스 사업의 속성을 점점 더 깊이 알게 되었다. 직원들이 언제든 고객 불만을 처리할 수 있는 근무 일정을 짤 수 있게 되었고, 대부분의 문제를 곧바로 해결할 수 있었다. 그 외에도 전화 상담 지원자 면접을 보는가 하면, 필요한 장비를 사전에 구매하는 등 계획적인 경영 관리도 가능하게 되었다. 직원들 급여를 미리 준비하고, 자금이 필요할 때는 은행에 가서 소액 대출을 받을 수도 있었다. 나는 두 아이를 키우는 홀아비로서 이 모든 일을 해냈다. 물론 그때까지도 집과 회사를 가리지 않고 끊임없이 여러 가지 일을 해야 했다.

수많은 문제를 동시에 처리하다 보니 엄청난 자신감이 생겼다. 나는 급한 불을 끄는 데 달인이었던 것이다! 대단한 일 아닌가! 나는 자만에 도취되어 끊임없는 급한 불끄기에 매달렸다. 그러나 나는 쳇바퀴를 돌리며 파괴를 향해 나아가고 있었다.

살기 위해 더 깊은 수렁으로 빠져들다

그날 당장 일어나고 있는 일을 제외하고는 회사에 방향이랄 것도 없었다. 그럼에도 센트라텔이 성장할 수 있었던 것은 지역 경제가 호황이었고, 내게 마지막 순간에 살아나는 재주가 있었기 때문이다. 그러는 동안 요일과 시간을 가리지 않고 나 혼자서 고쳐야 할 것들을 고치고, 울퉁불퉁한 부분을 다듬으면서 그럭저럭 회사를 유지해 나갔다. 회사의 장기 계획 따위는 있을 수 없었고, 시스템에 의한 유지 보수는 까마득한 미래의 이야기에 지나지 않았다.

●암울한 통계● 통계에 따르면, 신생기업 100개 중에서 5년 이상 생

존하는 기업은 20개뿐이라고 한다. 또 5년이 지나면 남은 20개 중 4개만이 생존한다고 한다. 또 5년이 지나면 4개 중에서 3개가 사라진다. 처음 시작한 100개 신생기업 중에서 15년 후면 한 개 기업만 생존하는 것이다. 즉 설립 후 15년이 지나면 중소기업의 폐업률은 99%가 된다.

자신의 상황을 판단해 보고 앞날을 점쳐 보라. 당신은 중소기업 직원인가? 그렇다면 통계는 당신 편이 아니다. 아니면 중소기업 경영자인가? 그렇다면 회사를 이끌어 갈 힘이 당신에게 있으므로 그나마 희망이 있다.

회사와 일자리가 없어지는 과정이나 삶이 지긋지긋해지는 과정은 서서히 조금씩 진행된다. 이렇게 점진적인 침식이 일어나는 것은 되풀이되는 비효율로 인해 발생하는 급한 불끄기에 정신이 팔리기 때문이다. 이렇게 시간을 허비하다 보면 확실한 시장에 좋은 상품을 판매하기 위해 노력할 시간이 없어진다. 개인 생활은 또 어떤가? 불행 증후군을 벗어나지 못하는 사람들에게서 이미 보았을 것이다. 회사 생활이나 개인 생활에서 사람들이 좌절하는 것은 알 수 없는 불행 때문이 아니라 비효율 때문이다. 하지만 다행스러운 점은 일단 비효율의 원인을 알면 고치기가 쉽다는 것이다.

회사를 인수하고 나서 10년이 지났지만 내 생활은 점점 더 깊은 혼란 속으로 빠져들고 있었다. 문제는 늘어만 갔고, 하나의 문제를 해결했다 싶으면 또 다른 문제가 생겼다. 하루하루가 돈 문제, 직원들의 근무 태도 불량, 고객사의 불만으로 가득했다. 그도 아니면 사무실이 너무 춥거나 너무 더웠다. 중요한 사무용품이 다 떨어졌는데 사러 갈 시간조차 부족한 날도 있었다. 상담원들이 자주 그만두었기 때문에 근무 일정을 맞추는 것도 힘겨웠다. 10년째 되던 해에는 60명 이상의 신입사원이 우리 회사를 거쳐 갔다. 전체 직원이 겨우 12명이었는데도 말이다! 상담원

교육생들은 일을 시작하고 나서 불과 일주일 만에 그만두곤 했다. 직원들은 불만에 가득 차 있었고, 불만족스러운 서비스 품질을 감내하고 있던 고객사들도 불만을 터트렸다.

직원들 급여는 늘 걱정거리였다. 2주마다 제때에 급여를 지급할 수 있을지 숨죽이고 계산해야 했다. 급기야 두 번의 지급 불가 사태가 벌어졌고, 그래서 직원들 집으로 현금을 들고 찾아가서 한 번만 더 기회를 달라고, 제발 출근해 달라고 빌기도 했다. 나는 못 하는 게 없었고, 급한 불을 끄는 일에 달인이 되어 있었다. 어떻게든 회사를 끌고 가야 한다고 생각했고, 포기하지 않고 더 열심히 일할 각오도 있었다.

그렇게 몇 년이 흘러갔다. 내가 밤늦게까지 회사 일을 하는 동안 10대였던 두 아들은 아빠가 들어오기를 기다리다가 잠들곤 했다. 집에 들어가면 아이들이 잘 자고 있는지를 확인하고는 내 방으로 가서 침대에 쓰러졌다. 그러고는 가슴 속 깊은 곳에 쌓인 피로에 짓눌려 누워 있다가 잠들었다. 센트라텔에서도 집에서도 날아드는 청구서를 제때 결제하지 못해 밤낮으로 독촉 전화가 빗발쳤다. 수표는 부도가 나고, 은행 대출금은 쌓여만 갔다. 자금 관리를 제대로 못하면서도 이렇게 오래 버틸 수 있다는 것을 안 은행 직원들이 오히려 내 형편을 안타까워하기도 했다.

한 번은 집세를 못 내서 두 아들과 함께 사무실에서 지냈던 적도 있었다. 아이들은 낮에는 학교에 갔고, 밤에는 센트라텔 사무실 옆에 딸린 쪽방에서 잠을 잤다. 나는 아이들 침대 옆에 간이침대를 놓고 잠을 자야 했다.

아이들이 대학에 진학할 무렵에는 7개월 동안 매일 밤 자정부터 오전 8시까지 혼자 야간 근무를 하며 전화를 받은 적도 있었다. 설상가상으로 그 기간 동안, 오전 8시부터 오후 5시까지 혼자서 행정 업무와 관리 업무를 도맡아 처리했다. 즉 평일 주간에는 행정 업무를 보고, 야간에는 상담 전화를 받으며 내 몸을 혹사시켰던 것이다. 그나마 주말에는 자정에서 오전 8시까지만 일하면 되었기 때문에 조금 나았다. 주당 근무 시간은 100시간에 달했고, 개인 생활이라는 건 있을 수가 없었다. 친구를 만날 시간조차 없었던 것이다.

그 7개월 동안 수면을 취할 시간은 서너 시간에 불과했고, 그마저도 쪽잠으로 자야 했다. 내가 유일한 야간 근무자였기 때문에 문의 전화가 걸려올 때마다 일어나야 했던 것이다. 그렇게 7개월 동안 야간 근무를 했더니 근무 시간이 80시간으로 줄어든 후에도 밤에 깊은 잠을 잘 수가 없었다. 밤낮 없이 일하는 생활에 내 몸이 적응한 탓이었다.

과연 내 몸이 언제까지 버텨줄지 나 자신조차도 알 수 없었다. 하지만 내가 회사 운영을 도맡아 하고 있었기 때문에 쉴 틈이 없었다. 내가 잠시라도 자리를 비우는 그 순간 회사는 곧바로 망할 수밖에 없는 상황이었다.

장기적인 수면 부족만큼 건강에 해로운 것은 없다. 그래서 결국은 스트레스에 무릎을 꿇고 말았다. 우울증과 피로가 모든 생각과 행동에 영향을 미치기 시작했다. 쌓여만 가는 문제 앞에서 일 처리도 점점 더 허술해져 갔다. 상황은 하루가 다르게 악화되어 갔고, 15년 동안 누적된 문제로 인해 종말이 가까워지는 것처럼 보였다.

그렇다면 이런 상황에 이르러서도 왜 포기하지 않았는지 궁금할 것이다. 나는 다시 누군가에게 고용되어 일하는 것이 두려웠다. 다시 취직한다고 생각만 해도 등골이 오싹했다. 무려 15년 동안이나 사업을 했는데, 이제 와서 다시 취직을 한다는 건 나에게나 고용주에게나 악몽일 수밖에 없다고 생각했던 것이다. 여기가 지옥이라면 적어도 "내가 소유한 지옥 아닌가?"라는 말로 내 자신을 합리화했다.

절대로 이길 수 없는 게임

나는 문제가 발생할 때마다 무작정 뛰어들어 처리하는 일 말고는 무슨 일을 해야 할지를 몰랐다. 상황은 최악으로 치달았고, 그토록 자신만만했던 '급한 불끄기'도 점점 어려워져 갔다. 그럼에도 나는 하던 일을 계속했다. 내 존재는 마치 어느 구멍으로 머리를 내밀지 모르는 두더지를 잡기 위해 게임기 앞에 서 있는 사람 같았다. 두더지 한 마리를 내리치면 다른 구멍에서 두 마리가 나타났다. 나는 허둥지둥 망치를 내리치고, 망치를 맞은 두더지는 다시 구멍 속으로 들어간다. 내가 봐도 아주 기민하고 뛰어난 솜씨였다.

●**두더지 잡기 게임**● 인터넷 위키피디아 백과사전에서는 '두더지 잡기' 게임을 이렇게 정의한다. 게임이 시작되면 두더지들이 구멍에서 무작위로 튀어나온다. 게임의 목표는 망치로 두더지 머리를 내리치는 것이다. 머리를 맞은 두더지는 다시 구멍 속으로 들어가고, 플레이어는 점수를 획득한다. 일정 시간 동안 두더지를 치지 않거나 치더라도 힘이 약하면 두더지는 구멍 속으로 다시 들어가지만 점수는 얻을 수 없다. 처음에는 천천히 시작하기 때문에 머리를 내미는 두더지를 모두 때릴 수 있다. 하지만 시간이 지날수록 두더지가 머리를 내미는 시간이 짧아지고, 한 번에 머리를 내미는 두더지 수도 많아진다. 플레이어가 얼마나 잘 하느냐와 관계없이 정해진 시간이 지나면 게임은 종료된다. 최종 점수는 머리를 친 두더지 수에 따라 계산된다.

하지만 분명한 것은 내가 아무리 두더지 잡기를 잘 하더라도 거기에 정신이 팔려서 정작 내 삶과 회사를 뜯어고치기 위해 해야 할 일을 파악하지 못하고 있었다는 사실이다. 하루가 멀다 하고 센트라텔에서 발생하는 재난에 대처하느라 해서는 안 되는 게임, 즉 절대로 이길 수 없는 게임을 하고 있다는 현실을 직시하지 못했던 것이다.

짐 모리슨과 믹 재거

논란의 여지는 있겠지만, 짐 모리슨의 목소리와 가사, 믹 재거의 목소리와 감각은 록 음악 분야의 최고 가수라고 해도 과언이 아닐 것이다. 짐 모리슨은 그만의 신비한 정신세계에서 비롯된 기발하면서도 엽기적인 심상으로 자신의 짧은 삶을 불태웠다. 그는 늘 어둠 속에서 살았고, 삶과 죽음을 초월한 진리를 알고 싶어 했다. 그리고 술과 마약에 절어 자신의 신체적, 정신적 시스템을 남용했다. 결국 그는 4년간의 짧은 음악 활동을 뒤로 한 채 27세의 젊은 나이에 세상을 떠나고 말았다. 그의 짧은 삶은 체계나 규칙과는 정반대되는 것이었다.

반대로 믹 재거는 짐 모리슨의 10배가 넘는 45년 동안 음악 활동을 했다. 믹 재거는 원래 록그룹 '롤링 스톤즈'의 리더였으며, 매우 정교하고 복잡한 공연 장비와 녹음 장비를 직접 다뤘다. 그는 술과 마약을 멀리했기 때문에 20대의 청년만큼이나 건강했다. 또한 작곡을 하건, 공연을 하건, 녹음을 하건, 아니면 복잡한 삶을 관리하건 시스템 개선을 1차 목표로 삼았던 것이 분명했다. 또한 그는 재능이 있었고, 부유했으며, 예술과 골동품에 대한 심미안도 있었다. 그러나 무엇보다 체계화하고, 개선하고, 유지하는 데 있어서 완벽함을 추구했다.

당신은 신체의 효율을 떨어뜨리는 일을 하고 있지 않은가? 어떤 영역에서는 시스템 작동을 아주 잘 하면서, 또 어떤 영역에서는 자신에게 걸림돌이 되는 일을 하고 있지는 않은가?"

4. 마지막 순간의 깨달음

"동 트기 직전이 가장 어둡다."

●소저너 트루스Sojourner Truth, 19세기 미국의 노예해방 운동가

나는 15년 동안 회사가 내게 복종하도록 길들였고, (외부에서 에너지를 공급받지 않고도 반복적으로 움직이는) 일종의 영구기관永久機關처럼 움직이게 만들었다. 물론 아슬아슬한 상태였다. 모든 것을 내게 의지하고 있어서 내가 한순간이라도 긴장을 풀면 세상이 통째로 무너져 내릴 지경이었다. 시간문제일 뿐이었다.

하루에 17시간을 근무했던 7개월이 거의 지나갈 무렵, 나는 벽에 부딪혔다. 내가 그동안 써먹었던 수많은 급한 불끄기 전략 중에서도 바로 눈앞에 닥친 치명적 위기, 즉 급여를 줄 수 없는 상황에 대처할 수 있는 방법은 없었다. 직원들은 월급날에 급여를 받지 못하면 자리를 박차고 나갈 것이다. 그러면 고객사는 즉시 다른 회사를 찾아 일을 맡길 것이다. 그리고 내 사업은 최후를 맞을 것이다. 센트라텔은 한순간에 문을 닫을 것이고, 우리 직원 16명은 실직할 것이며, 충성도 높은 300여 고객사도 위기에 처할 것이다.

나는 정신적, 육체적으로 쇠약해진 쉰 살의 홀아비였고, 경제적 위

기와 함께 인생의 최대 위기에 직면해 있었다. 센트라텔의 최후가 나의 정신적, 육체적 몰락과 맞물려 있었던 것은 우연이 아니었다. 나는 필사적이었고, (평생 처음으로 내 삶에 화가 났다.) 종말을 알리는 시계는 재깍거리고 있었다.

새벽에 벌어진 일

직원들 월급날이 일주일도 남지 않았을 때, 나는 지친 몸에도 불구하고 맑은 정신으로 침대에 누워 회사 업무와 경영 철학, 정상화 방안, 그리고 마지막 순간의 행운조차 생각하기를 포기했다. 모든 게 끝이었다. 이제 고민할 것도 없고, 지킬 것도 없었다. 단 한 가지만 빼고……. 마지막까지 당당하기로, 그리고 자존심을 지키며 최후를 맞으리라고 마음먹었다. 최후의 노력을 통해 스스로를 구원하거나 장렬하게 전사할지언정 울면서 최후를 맞고 싶지는 않았다. 마음속으로 이런 생각이 들었다.

'어차피 더 잃을 것도 없다면, 마지막으로 뭔가를 해볼 수도 있지 않겠는가!'

나는 새벽 3시에 불 꺼진 방 침대에 누워 '어떻게 하면 눈부시게 타오를 수 있을까?'를 고민하고 있었다. 그런데 뭔가 이상했다. 몇 년 만에 처음으로 평화를 느낀 것이다.

'어떻게 이럴 수가 있지?'

갑자기 별 이유도 없이 어둠 속에서 두 가지 간단하고도 실제적인 질문이 튀어나왔다.

'그동안 대체 뭘 잘못한 걸까?'

'어차피 끝날 거라면 지금까지의 생각을 버리고, 전혀 새로운 관점에서 상황을 바라본다고 해도 손해 볼 건 없지 않은가?'

그 순간 '손해 볼 게 없다'는 생각이 촉매제가 되어 주었다. 센트라텔의 최후가 눈에 보이게 되자 인식의 문이 열리면서 모든 가능성에 대해 생각할 수 있게 된 것이다. 어차피 지금보다 더 나빠지는 건 불가능했기 때문에, 아무리 황당한 아이디어라도 시도해 볼 수 있었던 것이다. 미지의 영역으로 나아가 실험해 볼 수 있는 시간이 며칠 정도는 남아 있었다.

'이 마당에 무슨 짓을 한들 어떻겠는가?'

그 순간 어떻게 할 것인지에 대한 답이 떠올랐다. 일종의 깨달음을 얻은 것이었다. 나는 몸을 일으켜 뒤죽박죽인 내 인생의 아수라장에서 빠져나왔다. 나는 이제 내 인생의 일부가 아니었다. 그 혼란의 '밖에, 그리고 조금 위에' 둥둥 뜬 채로 마치 책상 위에 진열해 놓기라도 한 듯 깔끔하게 펼쳐져 있는 센트라텔의 모든 면을 내려다보았다. 이렇게 조망하다 보니, 갑자기 센트라텔은 '그 자체로 완결된 하나의 기계일 뿐'이라는 생각이 들었다. 센트라텔은 전화, 영업, 급여 산정, 일정 계획, 불만 처리 등의 순차적인 시스템들로 구성된 조립품을 모아놓은 것에 지나지 않는 것이었다. 특정 시스템에 할당된 작업이 완료될 때까지 개별 시스템들이 순서대로 동작하는 기계였던 것이다. 나는 내 삶의 다른 부분도 마찬가지라는 것을 본능적으로 깨달았다. 개별적이고 독립적인 시스템들이 각각 나름의 구조에 따라 확실하고 정해진 순서대로 동작하는 조립품이었던 것이다. (물론 이 시스템들은 서로 섞여서 영향을 주고받는다. 말하자면 전체론적인 조립품인 것이다. 그러나 그 전체론도 각 시스템의 개별성을, 그리고 거기서 비롯되는 아름다움을 가릴 수는 없다.)

내가 이 단순한 아름다움에 경탄하자 생각은 광속으로 치달았다.

나는 세상에 대한 내 생각이 잘못되어 있었다는 것을 깨달았다. 세상은 사람과 사물, 사건이 서로 무질서하게 어우러진 난장판이 아니었다. 세상은 질서와 논리의 공간이며, 확실성의 공간이었다. 세상은 논리적 시스템의 집합체였던 것이다!

나는 평생 처음으로 센트라텔을 하나의 완결된 단위(하나의 독립된 '주 시스템')로 보게 되었다. 사람, 비행기, 나무, 도시처럼 하나의 독립된 개체였던 것이다. 그리고 '센트라텔'이라는 주 시스템은 수많은 개별적인 하부 시스템으로 이루어져 있다는 점에서 다른 주 시스템과 공통점이 있었다. 너무나 명명백백하고도 절묘한 이치였다.

불 꺼진 방 침대에 누워 있는 동안, 록그룹 '픽스(Fixx : 1980년대에 미국에서 활동했던 뉴웨이브 록그룹)'가 불렀던 팝송 가사가 내 머릿속에서 돌고 돌았다.

"하나가 다른 것으로 이어지네."

"하나가 다른 것으로 이어지네."

"……."

나는 그동안의 내 사고방식과 관리 방법이 방어적이었고, 엄청나게 비효율적이었음을 깨달았다. 지금까지는 그 구조가 눈에 보이지 않았기 때문에, 잘못된 태도를 취했던 것이다! 나는 급한 불을 끄는 데 급급한 나머지 불이 나는 발화점, 즉 보이지 않는 하부 시스템에 문제가 있기 때문이라는 것을 알지 못했다. 그 자체로 생명을 가진 하부 시스템들은 아무런 방향성도 없이 나름의 순서대로 작동하고 있었다. 그러면서 최선의 경우에는 예측 불허의 결과를, 최악의 경우에는 해로운 결과를 만들어 내고 있었다. 회사가 통제 불능이었던 이유는 통제 불가능한 시스템이 만들어 낸 결과물과 씨름하고 있었기 때문이다. 내 삶이 혼란스러웠던 것은 내가 실패자이거나 환경의 희생자여서가 아니었다. 그동안 주의 깊게 보지 못했던 내 삶의 하부 시스템들을 관리하지 못하고 있었기 때문이었다. 이런 하부 시스템들이 모여 '사업'과 '건강', '인간관계'라는 내 삶 속의 주요 시스템들을 구성하는데, 통제 불능인 하부 시스템으로 구성된 주 시스템이 멀쩡할 리가 있겠는가?

누가 다 관리할 수 있을까?

지친 와중에도 한껏 들뜬 나는 침대에 누운 채 위에서 사물을 내려다보며 새롭게 인식한 관점을 즐기고 있었다. 터널과 밝은 빛이 없었을 뿐, 일종의 죽음에 이르는 체험에 가까웠다고도 할 수 있었다. 나는 평생 처음으로 현실에 대한 내 생각이 애매하고 막연했음을 깨달았다. 이런 말도 있지 않던가.

"내가 전에는 장님이었지만, 이제는 보입니다."(예수를 만나 눈을 뜬 장님이 한 말이다.)

신체적, 정신적 절망을 넘어서고, 자아도취에서도 해방된 내게 한 번도 생각해 본 적이 없던 몇 가지 의문이 더 떠올랐다.

'이걸 누가 다 관리할 수 있을까?'

'세상은 어떻게 하루하루, 한 해 한 해, 천년 또 천년을 굴러가는 것일까?'

이 질문에 대한 답은 금방 찾을 수 있었다.

세상을 관리하는 '만물의 왕' 따위는 없다는 것을 깨닫는 순간 나는 깜짝 놀랐다. 무슨 일이 일어나든 이 지구는 스스로 자전하며, 삶은 체계적이고 조직적으로 움직인다. 관리하는 사람이 없는데도 말이다! 시스템들은 변함없는 자연의 법칙 덕분에 나름의 구조에 따라 완벽하게 작동한다. 지구에서는 언제 어디서나 중력이 작용한다. '1 더하기 1'이 2인 것은 어디서나 변함이 없다. '세상'이라는 기계는 자연의 법칙으로 인해 확실하고 틀림없이 움직인다. 그리고 인간에게는 이 모든 것에 개입하여 조정하는 능력, 우리가 원하는 것을 이루는 능력, 그리고 자연의 법칙을 활용할 수 있는 능력이 주어져 있다. 관리하는 사람이 없는데도 이 모든 일이 이루어지는 것이다!

나는 생각에 잠겨 경탄했다. 우리 인간은 자연의 법칙을 혼란스럽게 하는 다양한 시도를 한다. 그럼에도 불구하고 사물을 열차처럼 소리 내어 움직이게 하는 조용하고도 보이지 않는 '조직적인 힘'이 작용한다. 그래서 인간이 제아무리 자연의 법칙을 어기려고 해도 소용이 없다. 이 복잡한 세상은 우리가 알 수 없게 스스로 조절하고, 균형을 맞추면서 주기적으로 또 질서정연하게 움직인다. 이 모든 것의 근원에, 그리고 이 모든 것의 중심에서 셀 수 없이 많은 각각의 선형적 시스템들이 작동하고 있는 것이다.

세상은 99.9% 이상 효율적이다

시스템의 근본적 원리는 긍정적 사고를 강요하지도 않고, 맹목적인 믿음을 요구하지도 않는다. 냉엄하고 기계적인 현실을 보여줄 뿐이다. 우리 삶을 구성하는 시스템들을 생각해 보라. 우리는 아침에 일어나서 샤워를 하고, 옷을 입고, 아침 식사를 마치고 출근하여 하루를 보낸 다음, 저녁에 사랑하는 가족이 기다리는 집으로 돌아온다. 그러고 나서 TV를 보거나 독서를 하다가 잠자리에 든다. 그리고 다시 잠에서 깨어나 새로운 하루를 시작한다. 각자의 삶의 방식은 모두 다르지만 세상일은 99.9% 문제없이 돌아간다.

하루 동안에 일어나는 세상일을 더 잘게 쪼개서 그 외의 사건들을 차례대로 살펴보자. 여기에는 매일 아침 작동하는 커피메이커라든지, 열쇠 한 번 돌리면 작동하는 자동차라든지, 자동차 핸들의 움직임, 우리가 일하는 사무실, 우리가 처리하는 복잡한 일들, 그 일을 한 대가로 받는 급여 등 여러 가지 구성 요소가 포함되므로 항목이 수천 개에 이를 수도 있다.

이번에는 주위 사람들과 정보를 공유하는 과정을 떠올려 보라. 일대일 대화, 음성 메시지, 휴대폰, 이메일 등 모든 하나하나가 시스템이며, 이 모든 시스템들은 99.9%가 문제없이 작동한다.

또 우리가 'TV'라 부르는 시스템을 떠올려 보자. 보고 싶을 때 버튼 한 번만 누르면 이 복잡한 기계가 항상 켜지지 않는가! 물리적인 TV를 넘어서 TV로 방영될 프로그램을 만드는 데 필요한 수많은 구조를 생각해 보자. 잠깐 생각을 틀어서 잔디 깎는 기계, 수도꼭지에서 흘러나오는 물, 집으로 흘러들어와 각종 장치에 생명을 주는 전기 등을 생각해 보라. 이 모든 것들이 각각 나름의 복잡한 시스템이다.

● **사람은 복잡한 기계다** ● 　3년 전, 나는 산악용 자전거를 타고 도로를 달리고 있었다. 그런데 10대로 보이는 운전자가 운전대를 틀더니 내가 가는 길을 막아섰다. 나는 그 SUV 차량의 측면에 부딪힌 다음 지붕을 넘어 날아가 반대편 도로 위에 떨어졌다. 지금까지도 그때의 충격 순간을 기억하고 있다. 나는 정

신을 잃었다가 구급차에 실릴 때 깨어났다. 병원으로 가는 길에 구급대원이 내 이름을 물었고, 제대로 대답했다. 그런 다음에는 내가 병원에 가고 있다는 사실을 누구에게 알려야 하느냐고 물었다. 나는 "린다"라고 대답했다. 그러자 자전거를 타고 어디로 가는 중이었냐고 물었는데, 도통 기억이 나지 않았다. 나는 몇 시간이 지난 후에야 다시 기억의 조각을 짜 맞출 수 있었다.

이때의 경험을 통해 나는 한 가지 뼈저린 교훈을 얻었다. 사람의 몸과 마음은 경우에 따라 작동을 하기도 하고, 멈추기도 하는 '복잡한 기계'라는 것이다. 몸과 마음은 말로 표현할 수 없을 만큼 복잡한 하부 시스템의 집합체로서 수많은 순차적, 협력적 시스템에 따라 동작한다. 엄청나게 복잡한 우리의 몸과 마음은 대부분의 경우 잘 작동하지만, 가끔씩 하부 시스템에 기계적 문제가 발생하면 오작동을 일으키기도 한다.

우리는 현실과의 연결을 결코 당연하게 생각하면 안 된다. 우리와 세상을 연결해 주는 가냘픈 선을 결코 과소평가해서는 안 된다. 우리는 몸과 마음을 조심스럽게 다루어야 한다. 몸과 마음이 건강할 수 있도록 늘 관리하고 유지하면서 어느 정도 자극도 주어야 한다. 몸과 마음을 잘 돌봐야 하며, 절대로 당연하게 여겨서는 안 된다.

우리가 입는 옷, 쇼핑, 하는 일을 생각해 보자. 주유소에서 자동차에 넣는 휘발유를 생각해 보자. 어딘가 먼 곳에서 복잡한 기계 장치가 땅에서 석유를 추출해낸다. 그런 다음 사람들이 석유를 최첨단 선박이나 트럭, 송유관을 통해 정유소로 수송하고, 그곳에서 복잡한 정제 과정을 거쳐 휘발유가 만들어진다. 그런 다음에는 운송업자들이 수많은 주유소로 휘발유를 실어 나름으로써 우리가 언제든지 차에 기름을 넣을 수 있게 해준다. 우리는 얽히고설킨 석유 채굴, 정유, 운송 시스템에 대해서는 깊이 생각하지 않는다. 그리고 이것은 우리의 일상생활에 영향을 미치는 수백만 개의 시스템 중 하나에 지나지 않는다.

인체는 또 어떤가? 그 복잡한 화학 물질과 전기 신호, 그리고 그 모든 것이 동작할 수 있게 해주는 구조를 생각해 보자. 우리들 한 사람 한 사람 은 수십억 개의 세포로 이루어져 있고, 하루를 살아가는 동안 별다른 지시 없이도 셀 수 없는 전기 신호가 동시에 오간다. 대단하지 않은가!

지금 당신이 하고 있는 일이 얼마나 기적적인지에 대해서도 생각해 보라. 당신은 지금 이 순간 이 책을 읽으면서 내가 전달하려는 메시지를 이해하고 있다. 또한 내가 말하려는 것들에 대해 즉각적으로 판단함으로써 긍정하거나 부정할 것이다.

그렇다면 이처럼 복잡한 시스템들이 고장 날 때도 있을까? 물론 그렇다! 그럼에도 불구하고 이것은 단순한 산수의 문제로, 우리 삶의 시스템들을 모두 합치면 99.9% 이상은 완벽하게 작동한다고 할 수 있다.

지금까지 나는 주로 사람과 관련된 시스템에 대해 이야기했는데, 이는 어느 한 순간 작동하는 모든 시스템의 일부에 지나지 않는다. 우리가 통제할 수 없는 자연의 시스템을 생각하면 그 수는 크게 늘어나는데, 그에 비해 사람이 만들어 내는 것은 보잘것없다. 그리고 자연의 시스템 역시 정해진 각본대로 완벽하게 움직인다.

이렇게 아름다운 '시스템의 춤'을 그대로 받아들이면 의문은 더욱더 깊어진다. 주 시스템이 하부 시스템에 의존하고, 그 하부 시스템은 또다시 하부의 하부 시스템에 의존하면서 밖으로, 또 아래로 점점 뻗어 나간다. 그리고 세상이 이루어지는 방식, 즉 시스템들이 끊임없는 반복을 통해 점차 새로운 형태를 만들어 내고, 오래된 시스템을 분해한다는 점도 알아 두자.

잠시 책읽기를 멈추고 이 내용들을 모두 흡수하려고 노력해 보자. 삶이라는 조직의 깊이와 복잡성은 너무 놀라워서 이해의 범위를 넘어선다. 삶이라는 구조의 아름다운 복잡성을 이해하기 위해 노력해 보고, 이 세상은 사람이 관리하지 않아도 알아서 흘러간다는 점을 깨달아야 한다. 삶을 구성하는 수많은 시스템들은 우리가 그 완벽함과 신비로움을 모르는 동안에도 계속 작동한다.

가장 반대되는 두 집단인 과학자와 종교인들 모두가 세상의 기적적인 섭리에 경외심을 느낀다는 점은 참 흥미롭다. 그렇다고 해서 강력하고도 흥미로운 효율성을 가지고 있는 절대자의 존재를 긍정하려 하거나 부정하려는 것은 아니다. 여기서 내가 말하고자 하는 것은 그 이유가 무엇이 되었든 삶의 흐름은 사람이 개입하지 않아도 끊임없이 반복되고, 동시에 일어나기도 하면서 절묘하게 흘러간다는 점이다. 해는 떴다가 진다. 풀은 봄에 자라고 겨울에는 쉰다. 조수는 밀려왔다가 빠져나간다. 우리는 밤에 잠자리에 들고, 아침에 일어난다. 토스터가 작동한다. 자동차도 작동한다. 사랑이 찾아왔다가 떠나고, 다시 찾아온다. 우리는 살고 죽고, 또 새로운 생명이 태어난다.

여기도 시스템, 저기도 시스템, 온 천지가 시스템이다!

효율과 질서를 유지하려는 보이지 않는 힘

나는 '세상이 제대로 굴러가지 않는다고(세상이 엉망진창이라고) 생각하는 내 생각이 잘못된 것은 아닐까?'라는 자문을 해 보았다. 그렇다. 그것은 잘못된 생각이다. 왜냐하면 어떤 하루의 삶을 보더라도 수많은 사건들과 관계들(시스템들)은 완벽하게 작동하기 때문이다. 우리는 눈에 보이지 않는다는 이유로 시스템의 존재를 당연시하며, 모든 것이 얼마나 완벽한지를 깨닫지 못한다. 우리는 마음에 안 드는 개인적, 기계적, 지정학적 시스템에 지나치게 초점을 맞춘 나머지 세상은 원래 불완전하다는 결론을 내린다. 이런 생각에 사로잡혀 '완벽은 예외적인 것이며, 불완전한 것이 자연스럽다'는 생각에까지 이른다. 사실은 오히려 그 반대인데도 말이다!

전체적으로 볼 때 이 세상의 시스템들은 이상하리만치 정상적으로 잘 작동한다. 세상일의 99.9%가 잘 돌아간다. 우리가 불완전하다고 생각하는 부분마저도 말이다. 하지만 사실은 그 부분이 지금과 달라야 한다는 생각 때문에 불완전해 보일뿐이다. (사실 우리의 소망을 별개로 둔다면, 세상은 100% 완벽하다. 그러나 이 책에서는 소망을 무시하지는 않겠다. 편의를 위해 세상이 99.9% 완벽하다고 가정하겠다.)

나는 흐릿한 정신으로 침대에 누워 셀 수 없이 많은 고효율 시스템으로 이루어진 틀 안에서 끊임없이 돌아가는 이 세상에 대해 생각해 보았다. '만물의 왕' 역할을 하는 사람이 존재하지 않는 것은 분명했다. 결국 우주 자체에 효율과 질서를 향해 움직이려는 보이지 않는 뭔가가 내재되어 있음이 분명했다. 저 밖에 있는 어떤 존재가 세상일이 잘 돌아가도록 작용하고 있는 것이다.

'신일까?'

이런 관점은 예전에 내가 세상을 바라보던 관점과는 정반대되는 것이다. 나는 세상이 통제 불능의 아수라장인데, 이를 인간이 간신히 관리하고 있는 것이라고 생각했다. 나는 '완벽함'이란 존재하지 않으며, 완벽함은 불협화음이 만연한 이 세상에 가끔씩만 울리는 화음일 뿐이라고 생각했다.

1999년의 그날, 나는 생각의 나래를 펼치며 이 세상에 질서를 유지하려는 보이지 않는 힘이 있다면, '세상'이라는 배에 올라타는 것도 쉬운 일이라고 생각했다. 내 삶을 구성하는 모든 것 중에서 비효율적인 시스템은 극히 일부에 지나지 않으며, 내게는 자유 의지가 있다. 그렇다면 문제가 되는 시스템을 질서정연하게 가려낸 다음, 하나씩 하나씩 구조를 개선하면 효율성을 높일 수 있을 것 같았다. 우주의 법칙이 내 편에 있으니 어렵지도 않을 것이다. 게다가 그 법칙은 효율을 추구할 뿐만 아니라, 효율을 강요하고 있지 않은가!

이 세상을 작동시키는 보이지 않는 힘

이 세상의 시스템을 작동시키는 위대한 힘을 알기 쉽게 설명할 수 있는 표현 방법이 있을까? 물론 있다. 철길을 볼 수 있는 곳으로 가서 열차가 전속력으로 지나갈 때 옆에 서 있어 보라. 그 압도적인 힘과 불가피성을 느껴 보라. 육중한 열차가 달려올 때 그 막강함을 느껴 보라. 그것이야말로 우주의 기계적인 힘과 방향성을 몸으로 느끼는 방법이다. 이 세상의 시스템을 작동시키는 보이지 않는 힘은 그 정도로 강력하다.

세상의 움직임이 그만큼 강력하고 체계적이라는 점이 중요하다. 그렇게 움직이는 이유는 인간의 능력으로는 알 수 없는 수수께끼(궁극의 수수께끼)이지만, 당장 중요한 문제는 아니다. 여기서 중요한 것은 흔히들 혼돈이 세상을 지배한다고 생각하지만, 사실 세상은 아주 잘 돌아가고 있다는 점이다. 또한 세상이 혼란의 도가니라는 사회적 통념과 달리 세상은 효율을 추구하려는 성향을 가지고 있다는 전제를 바탕으로 한다면, 우리는 투쟁과 갈등을 멈출 수도 있다. 그리고 자신 있게 더 깊이 파들어 가서 조금씩 조금씩 우리가 원하는 삶을 만들어 갈 수 있다.

시스템 작동을 방해하는 요소들

물론 시스템이 효율적으로 잘 작동되도록 이끄는 힘이 존재한다고 하더라도, 인간은 자유 의지가 있기 때문에 개인적 차원, 또는 세계적 차원의 파괴 행위를 저지를 수도 있다. 우리가 한 일 때문에, 또는 하지 않은 일 때문에 시스템이 원하는 결과를 내지 않는다면 그것은 인류의 시스템 통제 능력의 부작용 때문이다.

제대로 작동하지 않는 시스템은 전체 시스템 중에서 극히 일부에 지나지 않는다. (빤한 말이긴 하지만, 한 번 해두겠다). 인간은 모든 일을 혼란스럽게 하려는 경향이 있기 때문에, 세상에는 늘 끔찍한 문제들이 산재해 있다. 그중에서 최악은 무엇인가? 지난 세기에 히틀러, 마오쩌둥, 스탈린, 무솔리니, 폴 포트가 자아도취적 광기에 사로잡혀 수많은 인명을 살상했다. 이런 일들은 인간의 시스템이 고장 난 사례라고 할 수 있다. 아직도 이런 고통은 계속되고 있으며, 특히 제3세계 국가에서 가장 심하다.

또한 우리가 스스로 만들어 낸 고통이 우리의 생각에 영향을 미치기도 한다. 거기에 사고나 유전적 변이 등 의지와 관계없는 방해 요소들이 더해지고, 또 신체 시스템을 방치하거나 오용함으로써 더 큰 피해를 자초한다면 어떻게 될까? 영화 「포레스트 검프Forrest Gump」(1994년, 미국)에 나온 "살다 보면 똥 밟을 때도 있다."라는 시나리오가 현실이 된다.

(간단하면서도 아주 심오한 의미가 담긴 말이다.)

대학살처럼 큰일이든 약속 불이행처럼 아주 작은 일이든, 어떤 일이 잘못되는 것은 시스템 내의 구성 요소가 고장 나 있기 때문이다. 어떤 시스템이 원하는 결과를 내지 못한다면, 시스템 내의 무언가가 잘못되어 있거나 작동을 방해하고 있는 것이다.

이런 사실에도 불구하고, 그리고 대중매체의 반대되는 주장에도 불구하고 대부분의 삶은 처음부터 끝까지 큰 문제없이 흘러간다. 어쩌다 한 번 큰 충격을 받더라도 오래 가지 않는 경우가 많다. 대부분의 사람들에게 진짜 고통도 삶에서 아주 작은 부분을 차지할 뿐이며, 고통이 생기더라도 보통은 스스로 만들어 낸 고뇌와 두려움 때문일 때가 많다. 즉 외부의 물리적 고통 때문이 아니라, 부정적인 사고 때문인 경우가 많다. 물론 예외적인 경우가 있다는 것은 잘 알고 있다. 나도 대책 없는 낙천주의자는 아니다.

우주는 안정과 효율을 향해 움직이는 경향이 있기 때문에, 보통 사람의 삶에서 뭔가가 잘못되는 경우라도 그 사람의 수많은 경험에 비하면 극히 일부에 지나지 않는다. 시스템은 효율을 추구한다. 시스템이 말을 할 수 있다면 이렇게 말할 것이다.

"내 유일한 목표는 타고난 내 임무를 다하는 거야! 정말 열심히 할 거라고!"

즉 우리가 일을 제대로 하려고 노력한다면, 어떤 알 수 없는 힘이 그 노력을 뒷받침해 줘서 성공할 수 있게 해 준다. 자신과 관련된 모든 것의 작동 원리에 주의를 기울인다면, 삶의 모든 일이 순조롭게 진행되도록 하는 것도 어려운 일만은 아닐 것이다.

그날 밤, 새벽이 다 지나도록 맑은 정신으로 침대에 누워서 시스템을 작동시키는 알 수 없는 우주의 힘이 나와 함께한다는 것을 깨달을 수 있었다.

서구 세계와 제3세계에서의 삶의 차이

서구 세계에서의 삶과 제3세계 산간 오지(아프가니스탄이나 중국의 산간 지역)에서의 삶에는 어떤 차이가 있을까? 왜 서구 세계에서의 삶이 제3세계에서의 삶보다 더 쉬울까? 여기에는 여러 가지 이유가 있다. 그중 하나는 제3세계의 산간 오지보다 서구 세계에 안전 및 보호 시스템이 훨씬 많아서 삶이 덜 위험하기 때문이다. 간단한 예로, 우리는 자동차에 승차하면 99% 안전띠를 맨다. 법이라는 시스템에 그렇게 규정되어 있기 때문이다. 그러나 제3세계 산간 오지를 몇 번 찾아갔을 때, 운전자나 승객이 안전띠를 매는 모습을 거의 볼 수 없었다. 제3세계 국가에는 대부분 안전띠에 관한 법규가 없다. (물론 안전띠는 있지만, 대부분은 좌석 쿠션에 묻혀 있는 경우가 많다. 가끔은 운전자가 떼어내기도 한다.)

또 다른 예로, 서구 세계에서는 이유 없이 다른 사람을 공격하면 즉시 엄한 처벌을 받게 된다. 하지만 제3세계 국가에는 그런 보호 장치가 제대로 갖추어져 있지 않다. 사법 시스템이 타락하거나 무력화되어 개인이나 정부의 범죄가 처벌을 받지 않고 넘어가기도 한다.

그렇다면 그 이면은 어떨까?

서구 세계에는 정치적으로 바로잡아야 할 골칫거리가 너무 많다. 이는 규제를 위해 너무 많은 노력을 기울이는 문화권의 특징이기도 하다. 기본적인 욕구가 충족되면 다른 사람의 생각과 행동에 간섭할 시간과 에너지를 더 많이 얻게 된다. 이런 사람들이 시스템적 사고를 극단으로 몰고 간다. 반면에 제3세계 국가의 농부에게는 '정치적 골칫거리' 라는 개념이 희박하다. 생존과 직결된 몇 가지 시스템에 의해 삶이 결정되기 때문이다. 전 세계 대부분의 지역에 사는 사람들은 정치적으로 옳고 그름을 따지는 데 에너지를 사용할 만큼 사치를 누릴 여유가 없다. 서구 세계의 사람들이 제3세계 국가의 가정에서 단 며칠만이라도 생활해 본다면 인간의 기본적인 욕구, 겸손, 근본적인 시스템을 집중적으로 배우게 될 것이다.

구성 요소의 오작동과 작은 깨달음

나에게 '1 더하기 1'은 2다. 당신에게도 '1 더하기 1'은 2다. 세상의 자연스러운 작동 원리는 오차도 적고 믿을 수 있다. 인간이 설계한 시스템들도 제대로 만들고 유지하기만 하면 오차 없이 작동한다. 하지만 제대로 만들지 못하거나 유지, 관리를 잘못하면 우리가 원하는 결과물을 만들어 내지 못한다.

그런데 자신의 문제가 시스템 오작동 때문이라고 생각하는 사람은 많지 않다. 대부분은 그런 문제를 개별적인 사건으로 인식하여 운명이나 별자리 운세, 불행, 업보, 신, 악마, 이웃, 경쟁업체, 가족, 날씨, 대통령, 국회, 진보주의자, 보수주의자, 지구 온난화, TV, 가난, 부의 편중, 교육 시스템을, 그도 아니면 그냥 세상이 미쳤다고 탓한다. 그리고 대부분은 문제가 너무 많아서 감당하기 어렵다고 생각한다. 초인적인 노력을 기울여야만 격퇴할 수 있는 '보이지 않는 외부'로부터의 공격이라고 생각한다. 핑계와 비난 목록을 끝없이 만들어 내는 사람도 많다. 나도 오랫동안 그런 세계의 사람으로 살았다. 하지만 어느 순간 시스템적인 관점을 갖게 되자 다시는 그런 세계에 살고 싶지 않아졌다.

나는 이제 하루하루를 황홀한 기분으로 떠다니듯 살아간다. 불확실성과 급한 불끄기로 점철된 혼란스러운 생활을 버리고, 사건과 사물을 체계적인 시스템의 일부로 바라본다. 이렇게 밖에서, 그리고 약간 위에서 실시간으로 내 삶을 조망하게 되자 내 삶에, 그리고 내게 의지하는 사람들의 삶에 평화와 성공이 깃들었다. 나는 이것을 '작은 깨달음'이라고 생각한다. 가끔은 부정적인 생각이 마음을 파고들 때도 있지만, 이는 어디까지나 내 자신의 잘못 때문이다. 그러나 이런 상황은 흔한 일은 아니고, 그나마 지금은 일어나지도 않는다.

내가 살아가는 삶은 내 행동의 결과물이다. 내가 하는 모든 행동은 '세상의 구조를 구성하는 시스템에는 혼란으로 향하려는 경향이 있는 것이 아니라, 질서와 효율로 향하려는 본질을 가지고 있다.'라는 믿음에서 비롯된다. 그리고 비효율과 그에 따른 고통은 모든 것이 완벽한 시스템에서 개별 구성 요소가 오작동을 일으키기 때문이라는 것을 잘 알고 있다.

시스템 작동 방법론의 핵심

삶을 구성하는 각각의 시스템을 고쳐 나가면(시스템을 하나씩 구별해 낸 다음 하나하나 개선해 나가면) 질서와 통제, 평화로운 상태가 점차 늘어간다. 그런데 문제는 개선한 시스템을 유지하고 지속시켜야 한다는 것이다. 그렇지 않으면 시스템은 외부의 영향 때문에 다시 오작동을 일으킨다. 회사일 경우, 개선한 시스템을 지속시키려면 절차를 문서화해서 담당자들이 잘 따르도록 만들어야 한다. 이것이 시스템을 올바르게 작동시키는 첫걸음이다. 이에 관해서는 뒤에서 좀 더 구체적으로 설명할 것이다.

시스템을 관찰하고, 결함이 있는 구성 요소를 파악하여 고치고(조정하고) 나면 시스템은 원하는 결과물을 생산해 낸다. 새로운 시스템을 만들어 내고, 오작동을 일으키는 시스템을 없애버리는 것도 마찬가지 효과를 낸다. 이러한 작업은 모두 기계적이므로 시스템을 변화시킨 후, 다시 제자리에 고정하면 즉각적이고도 지속적인 개선이 일어난다.

개인 생활의 경우는 효율을 추구하는 우주의 법칙에 의지할 수 있다. 뿐만 아니라 조절하거나 만들어 내거나 없애버려야 할 시스템의 수도 그리 많지 않다. 문제를 모두 해결하는 데 시간이 오래 걸리지도 않을 것이다.

이제 우리는 시스템 작동 방법론의 핵심에 도달해 가고 있다. 우리가 살아갈 삶은 수많은 선형적 시스템으로 이루어져 있다. 그리고 그중의 많은 시스템들은 우리가 직접 통제할 수 있다. 이들 시스템은 우리의 '삶'을 구성하는 보이지 않는 실낱과도 같다. 마음에 들지 않는 결과물이 있으면 시스템의 구성 요소를 조정하거나 시스템을 추가하거나 시스템을 제거함으로써 결과를 바꿀 수 있다. 삶을 정상 궤도에 올려놓는 데는 이러한 세 가지 작업이 모두 필요하다.

결과물이 마음에 들건 들지 않건 시스템 자체는 만들어진 그대로 정확하게 작동한다. 알 수 없는 음모에 휘말린 것도 아니고, 혼란의 소용돌이에 휩쓸린 것도 아니다. 당신이 마음대로 할 수 있는 것이라면(당신에게 영향을 미치는 것이라면 대개는 마음대로 할 수 있는 것이다.) 상황을 개선할 수 있다. 그렇다면 통제를 벗어나서 개선할 수 없는 시스템들은 어떻게 해야 할까? 마음을 편하게 먹자. 고칠 수 없는 것에 대해서는 걱정할 필요가 없다. 할 수 있는 만큼 했으면 그만 털고 일어나 결과를 받아들이면 된다. 적어도 결과에 대해 고민하느라 시간과 에너지를 낭비할 필요는 없다. 민주주의 국가에 살고 있다면, 투표를 하고 나서 불평은 하지 말자. 직장 동료와 갈등이 생겼다면, 그 사람과 이야기를 해보고 결과에는 집착하지 말자. TV 프로그램이 마음에 안 들면 채널을 돌리거나 TV를 꺼라. 에너지를 아껴 두었다가 당신이 가진 영향력의 원 안에서 실제적이고 긍정적인 결과를 낼 수 있는 곳에 쓰자.

전략적 목표의 탄생

다시 내 이야기로 돌아가서 센트라텔에 닥친 위기에 대해 이야기해 보겠다.

그날 밤, 불 꺼진 방 침대에 누워 또 하나의 깨달음을 얻을 수 있었다. 회사에 구체적인 목표가 적어도 하나는 있어야 한다는 것이었다. 나는 새로운 관점으로 센트라텔을 내려다보면서 뾰족한 목적의식 없이 일해 왔다는 것을 깨닫게 되었다. 회사의 존재 이유에 대해 내가 할 수 있는 말이라고는 '돈을 벌어서 성공하는 것' 정도가 전부였다. 웬만한 중소기업 경영자나 대기업 중간 관리자들도 이런 목표를 따르고 있는지 모른다. 그러나 그런 말은 구체적이지 않은데다 애매모호하여 방향성도 없고, 흐리멍덩할 뿐이다.

센트라텔의 개별 요소를 뜯어본 적이 없을 뿐만 아니라, 센트라텔에는 방향성마저 없었다. 못 하는 일이 없을 만큼 급한 불끄기의 달인이라며 득의양양했으면서도 정작 센트라텔의 존재 이유에 대해서는 아무런 개념이 없었던 것이다. 설상가상으로 내 인생의 비전도 없었다. 이렇게 해서 '전략적 목표'가 탄생하게 되었다.

삶과 일을 통제하는 핵심은 시스템적 관점

간청한 적도 없고, 바란 적도 없는데 갑자기 내 삶의 밖으로 빠져나와 나를 둘러싼 시스템들의 움직임을 내려다보게 되었다. 그리고 다시는 엉망진창인 생활(회사 경영과 개인 생활)로 돌아가지 않게 되었다. 이 새로운 관점에는 철학적인 면은 전혀 없다. 오히려 기계적이고, 논리적일 뿐이다.

시스템 작동의 관점으로 센트라텔을 바라보자 내가 해야 할 행동이 명확해졌다. 센트라텔이 봉착한 문제를 해결하려면, (당시에 유행했던 두더지 잡기 게임에서처럼) 두더지 잡기를 더 잘해야 할 것이 아니라, 두더지를 아예 없애버릴 방법을 찾아야 한다는 사실을 깨달았다. 망치를 집어던지고 두더지 굴에 들어가 두더지가 어디에 숨어 있는지를 파악해야 했다. 그리고 두더지를 발견하면, 그 자리에서 망설임 없이 목을 졸라 죽여야 했다. 복슬복슬한 웃는 얼굴에 마음이 약해지면 안 된다. 그리고 굴속에서 두더지를 소탕하는 동안, 다른 두더지가 또 나타나지 않게 하는 방법을 찾아야 했다.

그 늦은 밤, 내 인생관은 완전히 바뀌었다. 나는 언제 어디서나 완벽한 시스템들이 작동하고 있음을 깊이 깨달았다. 내 사업(그리고 '나'라는 존재)은 그것을 구성하는 시스템들의 집합체였다. 나는 자신감을 가지고 하나하나의 시스템을 개별적이고, 독립된 개체로 파악하기로 했다. 구체적이면서도 방향성 있는 계획에 따라 시간이 얼마가 걸리든 각각의 시스템을 하나씩 분해한 다음, 내 목표에 도움이 되도록 개선하기로 했다. 기존의 시스템을 개선하는 한편으로 새로운 시스템을 추가하고, 쓸모없는 시스템은 버리기로 했다.

아주 논리적이지 않은가? 효율성 높은 하부 시스템을 구축하면 주시스템의 효율도 높아질 수밖에 없다. 나는 거기서 한 걸음 더 나가서 생각했다.

'내 사업과 내 삶을 구성하는 개별 시스템의 효율성을 높일 수 있다면 어떻게 될까?'

시스템의 효과와 위력을 강화할 수 있다면, 내 사업과 삶의 위력도 강화될 수밖에 없을 것이다. 이런 논리에 누가 반박할 수 있겠는가? 이제부터 개별 하부 시스템을 찾아내서 하나씩 하나씩 최적화하면 될 것이다.

나는 자포자기 상태에서 바라지도 않았던 깨달음을 얻게 되었다. 나는 이 통찰력을 통해 세상의 단순한 작동 원리를 직시할 수 있었다. 하루하루의 혼란 때문에 전에는 보이지 않았던 것들이었다. 나는 이 관점을 받아들임으로써 내 삶의 큰 맥락에서든 아주 작은 부분에서든 급한 불끄기는 더 이상 하지 않기로 결심했다. 혼란을 어떻게든 막아보겠다고 헛되게 쳇바퀴를 돌리는 일도 하지 않기로 했다. 이제 더 이상은 비효율적인 시스템의 결과물들만을 관리하면서 살고 싶지 않았다. 그 대신, 시스템들을 완벽하게 만드는 데 에너지를 쓸 것이고, 그렇게 하면 결과물도 알아서 해결될 일이었다.

이처럼 단순한 관점이 15년 동안 눈앞에 있었는데도 급한 불을 끄는 데 정신이 팔려서 이 단순하고도 중대한 현실을 보지 못했던 것이다. 우리의 삶이 현재 상태인 것은 행운 때문도 아니고, 선행이나 악행 때문도 아니다. 지적 수준이나 업보, 교육 수준, 사회 계층, 정치적 입장, 종파, 아니면 얼마나 열심히 일하느냐의 문제도 아니다. 우리의 삶은 단순한 기계 장치와 같다. 여러 가지 시스템으로 구성된 냉정하고도 논리적인 기계 장치인 것이다.

이런 시스템적 관점은 그냥 흥미로운 개념 정도가 아니었다. 삶을 바꾸어 놓는 짜릿한 통찰이었다. 그날 밤, 내 머릿속의 스위치가 켜진 후로 다시는 예전 상태로 돌아갈 수 없게 되었다. 완전히 다시 태어난 것이다.

시스템적 관점으로 기사회생하다

기분이 묘했다. 내 생각은 멈출 줄 몰랐다. 그날 밤 침대에 누워 있는 동안, 반박의 여지가 없는 논리로 무장한 전략 하나가 내 눈 앞에 펼쳐졌다.

나는 생각했다. 센트라텔이 (인체나 TV처럼) 하나의 '유기체'라면, 센트라텔의 순조롭고 효율적인 운영은 수많은 시스템에 의해 좌우될 것이다. 이 시스템들은 여러 개가 동시에 기능하기도 하면서 자동으로 작동한다. 바꾸어 말하면, 내가 고치거나 만들어 낼 업무 시스템은 대주주이자 총책임자이자 CEO인 내가 매 순간 직접 관리하지 않아도 기능해야 한다. 센트라텔은 자체적으로, 그리고 영구적으로 돌아가는 유기체가 되어야 한다. 게다가 그 유기체는 미국 최고의 품질을 자랑하는 전화 응답 서비스 회사가 되어야 한다. 그리고 그 목표는 3단계를 거쳐 달성할 것이다.

1. 전체적인 목표와 전략을 정확하게 정의한다. 전략적 목표와 종합 운영 원칙을 문서화하는 일부터 시작한다.

2. 센트라텔의 업무 절차를 이해하기 쉽게 하부 시스템으로 쪼갠다. 거기에는 전화 응답 방식, 직원 관리, 고객 서비스, 장비, 품질 관리, 고객을 대하는 방법, 회계, 구매 등이 있다. 이렇게 쪼갠 다음에는 이 하부 시스템 하나하나를 다시 더 작은 하부 시스템으로 쪼갠다. 여기에는 업무 소프트웨어, 고객 불만 처리 절차, 직원 고용, 장비의 유지 보수 등이 있다.

3. 시스템들을 하나하나 구별한 다음, 그것을 하나씩 하나씩 손봐서 각각의 시스템이 전체 목표에 100% 도움이 되도록, 그리고 각 시스템이 자동으로 이행되도록 한다. 필요에 따라 새로운 시스템을 만들어 내기도 하고, 도움이 안 되는 시스템은 버린다. 그리고 각 시스템에 대한 작업 절차를 문서로 작성하여 완성된 주 시스템이 지속될 수 있도록 한다. 이 모든 과정을 거치면 상황이 조금씩 개선될 것이다.

자동차는 왜 매번 똑같이 작동할까? 도시는 왜 마음대로 다른 곳으로 가버리지 않고 늘 같은 자리에 있는 것일까? 나는 왜 평생 남이 아닌 나일까? 그 이유는 기계적 현실, 즉 물리성이다. 액체나 기체를 제외한 모든 물체는 다른 물체로 변하거나 허공으로 사라져 버리지 않는다. 물체는 예측이 가능하고, 다른 그 무엇보다도 오류가 적으며 확실하다.

반면에 인간의 커뮤니케이션 과정은 유기적인 과정으로서 물질과는 전혀 다르다. 누가 하느냐에 따라 반복되는 커뮤니케이션의 절차가 다를 뿐만 아니라, 같은 사람이라 하더라도 시간대와 날씨, 그날의 기분에 따라 수시로 달라진다. 이런 유기적인 과정을 통제하지 않고 내버려두는 것은 바람에 깃털을 내맡기는 것과 같다.

'회사'라는 조직에서는 사람이 개입하는 유기적인 과정이 기계 장치처럼 확실하고 예외 없이 동작하도록 만드는 것이 관건이다. 나는 문서화를 통해 이 문제를 해결했다.

센트라텔의 시스템을 하나씩 하나씩 개선해 나가다 보니, 부산물로써 강인함과 복원력이 생겨났다. 바깥세상이 계속해서 예기치 못한 시련을 안겨 주었지만, 새로운 시스템을 제대로 구축하자 회사는 튼튼해졌고, 적응력도 강해졌다. 어쩌다가 지진 같은 상황이 발생해도 미미한 진동으로만 느껴졌다. 시스템을 개선하기 전까지는 지진 같은 상황이 발생하면 그 충격을 고스란히 받아야 했고, 또 너무 자주 발생했다.

나는 회사가 하부 시스템들로 구성된 주 시스템이며, 시스템 개선을 통해서 하부 시스템 하나하나의 효율과 위력을 높일 수 있다고 생각했다. 또한 이 논리가 맞다면 위기에 처한 내 몸과 마음에도 그대로 적용할 수 있다고 생각했다.

자신의 시스템을 고치기 위한 이론과 과정도 회사를 고치는 경우와 다를 바가 없는데, 이것이야말로 시스템 작동 방법론의 묘미라고 할 수 있다. 이는 세상의 '기계적 작동' 원리라는 기본적인 진실, 또 근본적인 인과관계와 관련된 것이므로 어떤 상황에든 적용할 수 있다.

잠자는 방법 배우기

반복되는 문제를 해결하는 비결은 비효율적인 시스템을 떼어내서 구성 요소를 하나씩 하나씩 고치는 것이다. 여러 가지 문제들 중에서 수면 부족을 예로 들어 보겠다. 앞에서도 언급한 바와 같이 나는 만성적인 수면 부족에 시달린 적이 있다.

인간에게 있어 수면은 다른 여러 가지 생물학적 작용, 사회적 작용, 또 인간관계의 작용과 얽혀 있다. 하지만 그렇게 넓게만 보아서는 해결책을 찾기 어렵다. 그렇다면 나는 이 문제를 해결하기 위해 시스템 방법론의 맥락에서 어떤 조치를 취했을까? 나는 잠이 여러 가지 하부 시스템으로 구성된 독자적인 주 시스템이라고 생각했다.

그래서 수면 장애 전문 병원을 찾아갔다. 의사는 무엇보다도 스트레스를 줄이라고 조언해 주었다. 그래서 보다 현실적인 운동으로 '명상'이라는 하부 시스템을 사용하기로 했다. 또한 카페인과 알코올, 당 섭취를 크게 줄였다. 그 외에도 고쳐야 할 시스템이 많았다. 침실 위치 바꾸기, 침대 머리맡에 있던 시계 없애기, 침대에서 독서하지 않기, 매일 밤 같은 시간에 불끄기 등이었다. 잠자리에 들 때도 매일 똑같이 반복되는 시스템을 만들어야 했다. 이게 끝이 아니다. 테스트 결과 나는 내 수면 시간이 평균 이하(최소한의 수면 시간은 6시간)라는 것을 알게 되었다. 그래서 8~9시간을 자려고 애썼고, 잠이 오지 않을 때는 침대에 누워 있지 않기로 했다. 잠이 올 때까지 누워 있는 것 자체가 스트레스였기 때문이다. 잠이 오지 않을 때는 일어나서 책을 읽거나 일을 하거나 그도 아니면 운동을 했다.

또한 주치의의 도움으로 내 몸의 혈중 화학 물질 농도가 불균형이라는 사실을 알게 되었다. 화학적 불균형이 내 수면 패턴에 영향을 미치고 있었던 것이다. 이 정도의 하부 시스템 불균형은 약물 치료를 통해 쉽게 해결할 수 있었다. 그리고 근무 시간을 줄여야 했는데, 그러자면 내가 회사에 없더라도 회사가 굴러가도록 만들어야 했다. 물론 그 변화는 시스템 작동 방법론에 따라 이미 진행되고 있었다.

나는 몇 달 만에 건강한 수면 패턴을 되찾았고, 하루 수면 시간이 2배로 늘어났다. 지금은 수면 시간이 부족하다는 생각이 들면 '수면 시스템 개선' 작업을 시작할 때 확인했던 12가지 지침 중에서 지키지 못한 것이 없는지부터 확인한다.

나는 주가 되는 수면 시스템을 구별해 낸 다음, 그것을 조정할 수 있는 하부 시스템으로 쪼갬으로써 문제를 공략했다. 또한 밖에서, 그리고 약간 위에서 바라봄으로써 한 번에 한 조각씩 수면 과정을 조정하면서 효율성을 극대화할 수 있었다. 심리적인 문제가 아니라 기계적인 문제였던 것이다.

당신에게는 지금 해결해야 할 큰 문제가 있는가? 그 문제를 작은 부분으로 쪼갤 수 있는가? 그 부분들을 한 번에 하나씩 고칠 수 있는가?

5. 실행과 변화

"행동은 자신감을 회복시켜 주고 강화해 준다. 행동하지 않는 것은 두려움의 결과일 뿐만 아니라, 두려움의 원인이 되기도 한다. 당신이 취하는 행동은 성공할 수도 있지만, 다른 행동이나 조치가 필요할 수도 있다. 그럼에도 불구하고 행동하는 것은 행동하지 않는 것보다 훨씬 낫다."

●노먼 빈센트 필Norman Vincent Peale, 1898~1993, 목사, 『적극적인 사고 방식Positive Thinking』의 저자

깨달음을 얻기 전에는 회사를 뒤죽박죽 얽힌 사건들의 집합체라고 생각했다. 회사가 혼란스럽고 복잡하다고만 생각했다. 그랬기 때문에, 그것을 풀어내는 일도 불가능한 것처럼 보일 수밖에 없었다. 센트라텔의 운영을 '전체론적인 관점'에서 바라본다면 회사를 갉아먹는 내부적인 비효율을 발견하지도, 분리해 내지도 못했을 것이다.

"만물은 서로 연결되어 있으며, 행동 하나하나가 전체에 미치는 영향을 생각해야 한다."

이 말은 무심코 들으면 그럴싸하다. 그러나 이 말을 믿으면 문제를 보지 못하게 되고, 아무런 행동도 할 수 없게 된다. 이쪽에서 뭔가를 만지면 저쪽에서 문제가 생길 거라고 생각하면 내부적인 개선은 요원할 수밖에 없다. 브라질 정글에 사는 나비의 날갯짓이 미국 뉴햄프셔의 날씨에 영향을 미친다는 발상은 흥미롭기는 하다. 하지만 실제 세상에서는 무의미한 망상만 낳을 뿐이다. 이런 발상은 만물의 상호 관계를 강조하지만, 이를 글자 그대로 받아들이면 변화를 일으키는 힘이 무력화된

다. 우리가 일상을 사는 이 세상에서 브라질의 나비 따위는 아무런 영향도 미치지 않는다.

이제는 회사 생활과 개인 생활을 뜯어고치는 작업이 왜 막막하기만 했는지 알 수 있을 것 같다. 그것들이 감히 손댈 수 없는 '불가항력의 존재'라고 생각했기 때문이다. 그것들을 단순한 하부 시스템으로 분해해서 하나씩 최적화할 수 있다는 생각은 한 번도 해본 적이 없었던 것이다. 잘못된 구조를 고치는 게 아니라, 보이지도 않는 잘못된 구조에서 비롯되는 문제들을 처리하느라 급급했던 것이다.

나는 어디서 튀어나올지 모르는 두더지를 잡으려고 몇 년을 허송세월했다. 그렇게 혼란의 한복판에서 뒹굴면서 일종의 마법과도 같은 전체론적인 해결책(예컨대, 은행으로부터 거액의 대출을 받는다거나 완벽한 직원과 완벽한 고객의 결합, 또는 나를 위한 완벽한 경영 컨설턴트)이 나타나 주기를 바라기만 했다. 평생을 그렇게 살 뻔했다는 생각을 하면 등골이 오싹해진다!

하지만 지금은 해결책이 있다. 센트라텔을 분해해서 그 조각을 하나씩 고친 다음 다시 조립할 것이다. 그렇게 하면 훌륭한 결과물이 나올 것은 자명하다.

새로운 세상을 만들다

깨달음은 다음 급여일을 며칠 남기고 찾아왔다. 시스템 개선 작업을 시작하려면 직원들에게 급여를 지급해서 계속 근무하도록 해야 했다. 그러려면 어떻게든 돈을 구해야 했다. 새로 솟아난 정신적 활력으로 신용카드 회사를 설득해서 신용 한도를 조금 높여 현금을 인출하는 데 성공했다. 절친한 친구에게 부탁해서 약간의 돈을 빌렸다. 그리고 한 고객사에 요금 할인을 약속하면서 1년치 서비스 요금을 미리 결제하도록 하는 등 가능한 방법을 모두 동원해서 직원들에게 지급할 급여를 마련했다. 나는 급여일의 위기를 무사히 넘겼고, 즉시 센트라텔을 제 궤도로 돌려놓을 3가지 문서를 작성하는 일에 착수했다.

첫 번째는 '전략 목표'를 문서화해서 회사의 존재 이유가 되는 목표를 설정하기로 했다. 두 번째는 의사 결정의 지침이 되어 줄 '경영 원칙'을 작성하기로 했다. 세 번째는 회사 내의 업무 절차를 기록으로 남겨 반복되는 업무 절차를 하나하나 분해하여 설명하기로 했다.

나는 전략 목표를 수립한 다음, 경영 원칙을 문서로 작성하기 시작했다. 그런 다음 나의 깨달음(시스템 작동 원리)을 직원들에게 설명하면서 다음에 무슨 일을 할 것인지, 새로운 관점의 관리자로서 어떤 역할을 수행할 것인지에 대해 설명했다. 그러고 나서 반신반의하는 상태로 업무 절차를 작성하면서 개별 시스템을 분류하고 개선하면서 문서로 만들었다. 시스템을 관찰하고 고칠 때는 가장 심각한 결함이 있는 것부터 시작해서 그 다음 결함으로 순차적으로 옮겨 갔다. 막다른 상황에서 시스템 작동의 깨달음을 얻은 순간 이후 센트라텔은 '시스템 개선'이라는 새로운 궤도에 올라섰다.

하나씩 하나씩 시스템을 개선해 나가자 금세 효과가 나타나기 시작했다. 급한 불을 꺼야 하는 혼란은 줄어들었고, 아슬아슬하기만 했던 자금 문제도 없어졌다. 고작 6개월 만에 내가 감당해야 할 주당 근무 시간은 100시간에서 60시간으로 줄었다. 그로부터 6개월이 지난 후에는 40시간 이하로 줄어들었다.

센트라텔에서 처음으로 거둔 가장 큰 성공은 내부 커뮤니케이션 시스템을 완성한 것이었다. 매 순간 모든 직원이 다른 부서에서 무슨 일이 일어나고 있는지를 알 수 있게 되었다. 그리고 형식적인 절차나 관료 제도의 벽에 부딪히지 않고 결정을 내릴 수 있게 되었다. (커뮤니케이션에 대해서는 3부에서 더 자세히 설명하겠다.)

나는 인간이 개입하는 시스템과 개입하지 않는 시스템을 통틀어 모든 중요 시스템을 검토했다. 1년 후 나는 더욱더 자신감을 가지고 개선해 나갔다. 시스템 개선 작업을 끊임없이 진행함에 따라 고객과 직원 간의 불만도 서서히 줄어들었고, 경영상의 혼란이 잦아들면서 회사는 안정을 찾게 되었다.

전략 목표와 경영 원칙을 문서화한 덕분에 목표에 더 집중할 수 있었고, 업무 절차를 문서로 작성하면서 비효율적으로 반복되는 절차는 없애버렸다. 내가 실행에 옮긴 일들은 새로운 시스템적 사고방식에 부합하는 것이었다. 나는 센트라텔의 회계, 인사, 거래처 관리, 고객 서비스, 품질 관리, 마케팅 시스템을 완벽하게 다듬었다. 탄력을 받은 탓일까? 나는 멈출 줄 모르고 나아가면서 수백 개의 기존 시스템을 하나씩 개선한 후 문서화했다. 동시에 새로운 시스템을 만들어 내기도 하고, 쓸모없는 시스템은 과감하게 버렸다.

시스템 개선 작업이 진행되는 동안 직원들의 물갈이가 있었다. 직원 2명이 시스템 방법론과 그에 따른 문서화 작업을 받아들이지 못한 것이다. 이 사람들 대신 시스템화 계획을 이해하는 새로운 사람들이 들어왔다. 지금은 센트라텔의 경영 방식 덕분에 유능하고, 충성도가 높으며, 목표 지향적인 사람들이 우리 회사에 몰리고 있다. 우리는 그런 사람을 채용해서 회사를 더욱더 성장시키고 있다.

또한 엄격하고 체계화 된 방식 덕분에 면접에서 사람을 평가하는데도 달인이 되었다. 물론 직원들이 뛰어난 또 다른 이유는 업무 성과에 대한 보상과 복리 후생 조건이 동종 업계뿐만 아니라, 같은 지역의 다른 업계에 비해서도 월등히 좋기 때문이다. 우리가 높은 급여를 지급할 수 있는 것은 경영 효율성이 크게 높아졌다는 점 때문이기도 하지만, 고객 서비스의 질을 향상시켜 더 높은 요금을 부과할 수 있었기 때문이다.

업무 처리의 오류가 줄어들면서 고객 서비스의 질이 놀라울 정도로 향상되었다. 업계 표준에 비해 몇 광년쯤은 앞서 간다는 평가를 받고 있다. 회사는 급격히 성장했다. 새로운 관점의 시스템 방법론을 채택하고 나서 채 2년이 지나지 않아 센트라텔은 같은 지역의 전화 응답 서비스 회사 세 곳을 모두 인수했다. (그리고 다른 지역에 있는 회사 다섯 곳도 인수했다.) 음성 사서함 서비스 경쟁사 두 곳과는 합병했다. 그 2년 동안, 센트라텔의 전화 응답 서비스를 이용하는 고객사는 2배 이상 증가했다.

그야말로 시스템 개선의 백미였다. 그리고 지금까지도 나와 센트라텔 직원들은 대부분의 시간을 시스템 작동 최적화 작업을 위해 쓴다. 그러나 대규모 개선 작업은 끝났고, 지금은 기술의 발전과 시장 상황의 변화에 맞출 필요가 있을 때만 시스템 개선 작업을 하고 있다.

시스템 개선 작업이 한창이었던 그 시절을 돌이켜 보면, 모든 상황을 정리하는데 참으로 오랜 시간이 걸린 것 같다. 그럴 만도 한 것이 아무 것도 없는 상태에서 시작하여 시스템 작동 방법론을 정립해야 했기 때문이다. 나는 새로운 개념을 실험하는 작업에 돈과 시간을 투자했고, (그 과정에서 때로는 본의 아니게 낭비하기도 했다.) 적합한 관리자를 찾으려고 노력했으며, 시스템을 문서화하느라 고생도 많이 했다.

예를 들면, 한 중소 협력사와의 관계에 큰 문제가 있었다. 이 협력

관계는 회사를 소생시키는 작업이 진행 중일 때 시작되었다. 전화 응답 처리 업무의 일부를 해외로 돌리려 한 것이었는데, 그 결과 많은 고객을 잃게 되었다. 이것은 결국 심각한 법률적 문제로 비화되었다. 결국에는 합의금을 지불하고 문제에서 벗어날 수 있었다. 하지만 한 번의 잘못된 협력 관계와 그로 인한 소송 때문에 회사의 발전이 2~3년쯤 늦어졌다고 생각한다.

시스템을 개선하면서 소송을 진행하는 한편으로 영업도 해야 했기 때문에 할 일이 아주 많았다. 하지만 그 일을 다 할 수 있을 정도로 에너지는 충분했다. 길고도 긴 5년이었다. 하지만 지금은 마음 한가득 만족감을 느끼며 그 시절을 되돌아본다.

앞에서 언급했듯이 많은 어려움과 업무 부담에도 불구하고, 회사 경영에 대한 나의 물리적 개입은 점차 줄어들게 되었다. 오늘날 내가 센트라텔을 위해 사용하는 시간은 일주일에 2시간밖에 되지 않는다. 그중 1시간은 주간 회의에 참석하는 시간이고, 나머지 1시간은 중요 사안에 대한 결제와 연구개발 활동에 사용하고 있다.

내가 시스템 작동 방법론을 적용해서 개인 생활과 회사를 개선시키지 않았더라면, 지금의 생활수준과 수입에 도달하는 데는 2년 이상의 시간이 더 걸렸을 것이다.

심리적 스트레스를 없애기 위한 조치들

시스템 개선을 통해서 회사는 가까스로 살아났지만, 내 건강도 빨리 회복해야 했다. 센트라텔의 경우와 마찬가지로 나 자신의 시스템도 즉시 바꿔야 했다. 뭘 해야 할지는 분명해 보였다. 회사에 적용했던 것과 똑같은 시스템 방법론을 통해 건강 문제를 해결하기로 했다.

●첫째, 문제 해결의 관점을 바꾸다●   건강 악화가 우울증 때문이라는 주치의의 말을 듣고 나서 한동안 우울증 치료를 위해 애를 썼다. 그러던 어느 날, 순간적으로 문제는 그게 아니라는 것을 깨달았다. 문제의 원인은 내가 스트레스를 너무 많이 받는다는 것이었다. 관찰자의 시각으로 나 자신을 들여다보았더니 내 몸도 하부 시스템의 집합체라는 것을 알 수 있었다. 그리고 그 하부 시스템 중에는 내 마음대로 할 수 있는 것이 많았다. 내 몸에서 일어나는 일은 그냥 우연의 산물이 아니었다. 몸에 무슨 일이 있고 나서야 대응할 수 있는 게 아니었던 것이다. 내 몸은 작은 시스템들이 모여 하나의 시스템을 이루는 주 시스템이었고, 그중 일부 시스템이 제대로 작동하지 않고 있었던 것이다. 앞에서 언급했듯이 나는 스트레스를 유발하는 몇 가지 시스템들을 고치거나 없애버림으로써 스트레스 자체가 생기지 않도록 했다. (센트라텔의 시스템을 개선하여 근무 시간을 줄인 것처럼) 마지막으로 내부적인 스트레스를 없애기 위해 인지적 방법론을 써서 나쁜 생각이 떠오르지 않도록 노력했다.

●둘째, 개인적인 계획을 문서로 정리하다●   그 다음 단계로 목표와 행동 원칙을 1페이지짜리 문서로 간단하게 정리했다. 말하자면 나 자신을 위한 전략 목표의 설정이었다. 또한 스트레스 해소를 위한 방법과 운영 원칙을 문서로 작성했다.

●셋째, 정리한 계획을 규칙적으로 실천하다●   이상을 목표로 한다고 해서 항상 달성할 수 있는 것은 아니므로, 건강을 유지하려면 예방 조치를 취해야 한다. 그렇다! 시스템 작동 방법론의 핵심은 분리하고, 개선하고, 유지하는 것이다. 무슨 일을 해야 하는지 알고만 있어서는 안 되고 행동으로 옮겨야 한다.

상황 개선에 도움이 되지 않는 지식이 무슨 소용이 있겠는가?

우선적으로 간단한 목록을 작성해 보았다. 스트레스 해소에 도움이 될 만한 조치를 대여섯 가지 적어 보았다. 그리고 며칠 동안 그 종이를 가지고 다니면서 새로운 아이디어가 생각날 때마다 추가했다. 그렇게 해서 완성된 목록에는 15가지 항목이 들어 있었고, 하나하나가 각각의 분리된 시스템이었다. 그렇다고 목록에 특별한 내용이 있었던 것은 아니다. 대부분의 사람들이 보면 고개를 끄덕일 만한 내용이다. 맨 처음에 작성한 목록은 다음과 같다.

- 근무 시간 줄이기
- 5킬로그램 감량하기
- 수면 장애 클리닉에 가서 수면 습관 개선하기
- 카페인 음료 섭취 줄이기
- 명상과 요가 배우기
- 일주일에 최소 4회 이상(열심히 그러나 과하지 않게) 운동하기
- 몸에 좋은 음식 먹기
- 물 많이 마시기
- 당분과 염분 섭취 줄이기
- 3개월마다 혈액 검사하기
- 혈액 검사 결과에 따라 필요한 영양제 먹기
- 일주일에 최소 1회 친구들 만나기
- 가족과 일대일로 마주하는 횟수 늘리기
- 매일 최소 1시간 이상 독서하기

• 일주일에 단행본 1권, 잡지 6권 읽기

목록을 작성할 때는 그중에 효과가 가장 좋을 것 같은 몇 가지만 골라야겠다고 생각했다. 그런데 목록을 완성한 후에는 하나도 빼지 않고 열다섯 가지를 모두 실천하기로 마음먹었다. 모두가 내 건강에 도움이 된다면, 굳이 뺄 이유가 없다고 생각했기 때문이다.

리스트에 있는 모든 항목을 철저하게 지키는 게 쉬운 일은 아니었지만 최선을 다했다. 각각의 항목을 내 몸의 하부 시스템으로 인식하고, '내 삶'이라는 전체 시스템에 통합했다. 내 몸이 워낙 엉망이었기 때문에 건강을 되찾는 데는 2년의 시간이 걸렸다. 15년 동안 스트레스에 시달린 결과를 며칠 만에 회복할 수는 없었던 것이다. 나는 지금까지도 위의 항목을 지키기 위해 최선을 다하고 있다.

청구서 결제

오래된 시스템을 새로운 시스템으로 교체하는 예를 하나 들겠다.

몇 년 동안 센트라텔을 괴롭힌 고질적인 문제는 매월 날아드는 청구서를 결제하는 데 시간과 노력이 너무 많이 든다는 것이었다. 순익에는 전혀 도움이 되지 않는 절차인데도 온갖 거래처에서 날아오는 청구서를 100여 장이나 처리하려면 매달 10시간에서 14시간까지 투자해야 했다. 나는 수표를 쓰고, 거래 내역을 수표 장부에 기록하고, 수표를 봉투에 넣은 다음 우편으로 부쳤다. 그런 다음에는 서류를 정리하고, 장부에 기록을 남겨야 했다. 그런데 회사 규모가 커지면서 이 작업에 너무 많은 시간을 사용하게 되었고, 결국 시간제 경리 직원을 고용했다. 하지만 또 다른 문제가 생겼다. 경리 직원은 나처럼 눈에 불을 켜고 지출 내역을 검토하지 않았던 것이다.

시스템적 해결책은 우리 주거래 은행의 온라인 '청구서 결제' 기능이었다. 이 시스템이야말로 시스템 작동 방법론의 완벽한 사례였다. 이 기능을 사용하고부터는 실제로 수표를 끊는 일은 거의 사라졌다. 매달 날아드는 청구서의 90%는 금액이 거의 같았기 때문에, 이 시스템을 이용해서 자동으로 결제할 수 있었다. 결제 내역은 회계 프로그램에 자동으로 기록되었다. 매달 청구 금액이 변하는 계정의 경우는 내역을 확인한 후 금액을 온라인과 회계 프로그램에 입력하면 끝이었다. 직접 청구서 결제를 할 수 있게 되었기 때문에, 지출 내역을 한 푼 한 푼 감시할 수 있었다.

새로운 시스템을 확립하는 데 한 번 시간을 투자하면 지속적으로 효과를 보는 아주 좋은 사례였다. 처음 몇 주 동안은 작업상의 오류를 파악하고, 거래처를 입력하는 데 제법 시간이 걸렸다. 하지만 지금은 청구서 결제에 사용하는 시간이 한 달에 두세 시간밖에 안 된다. 집에서도 마찬가지다. 온갖 종류의 공과금을 힘 들이지 않고 제때에 모두 결제할 수 있다. 청구서 결제 시스템이야말로 시스템 방법론의 모범적인 사례이며, 직장에서나 가정에서나 큰 도움이 된다.

당신은 매달 청구서를 몇 장이나 받는가? 결제는 어떻게 하고 있는가? 매달 각종 공과금 결제에 시간이 얼마나 걸리는지 확인해 보고, 거기에 20년을 곱해 보라. 그러면 총 몇 시간이 되는가? 단 몇 시간을 투자해서 간단한 청구서 결제 시스템을 갖추면, 결제에 걸리는 시간을 90% 이상 단축시킬 수 있다.

6. 시스템 파악, 시스템 관리

"사람은 모름지기 새로운 경험을 해야 돼. 그래야만 깊은 곳에서 무언가가 뒤흔들리면서 성장할 수 있게 돼. 변화가 없으면 그 무언가가 잠들어 깨어나질 않지. 잠자는 그 무언가를 깨워야 해!"

● 레토 아트레이즈 공작(위르겐 프로흐노프), 「듄Dune」(1984년, 데이비드 린치David Lynch 감독의 SF 영화)

* 이 책을 읽는 독자는 시스템 작동 방법론을 체득할 수 있어야 한다. 그래서 '6. 시스템 파악, 시스템 관리'와 '7. 감 잡기'에서는 명상에 관한 설명과 함께 거의 최면에 가까울 정도로 비슷한 이야기를 반복할 것이다. 또한 약간의 새로운 요소를 더해 시스템 작동에 관한 사고방식의 핵심에 대해 설명할 것이다.

시스템으로 통합된 사슬

당신도 평온하고, 예측 가능하고, 통제된 하루를 보낼 수 있다. 만성적으로 시간과 돈이 부족했던 상황, 벼랑 끝에 몰려서 결정해야 했던 막다른 상황, 싫은 사람을 억지로 만나야 했던 상황들을 지나간 옛날 얘기로 만들어 버릴 수 있다. 또한 불안함 대신 안정과 평온함을 얻을 수 있으며, 관점을 살짝 바꾸기만 해도 혼란한 상황을 제거할 수 있다.

사고방식을 조금만 바꾸면 (시스템의 시스템인) 당신을 구성하는 하부 시스템을 전혀 다른 관점에서 바라볼 수 있게 될 것이다. 통제력을 얻기 위한 길, 즉 혼란을 없애기 위한 길은 당신을 구성하는 '기계적' 시스템과 '생물학적' 시스템을 찾아내서 관찰하고, 최적화한 후 지속적으로 관리하는 것이다. 시스템의 사전적 정의는 '서로 연관되어 의존하고, 상호 작용을 하면서 하나의 복잡한 전체를 이루는 여러 요소의 집합'이다. 완벽한 정의가 아닐 수 없다.

'당신'이라는 존재는 처음부터 끝까지 시스템으로 이루어져 있다. 마치 선형적으로 배열된 '1−2−3…'의 순서를 따르며, 언제 어디서나 작동한다. 당신은 일어나서 운동하고, 밥을 먹는다. 숨을 쉬고, 걷고, 소화시킨다. 출근해서 일하고, 동료들과 이야기를 나누고, 상점에 가서 필요한 물건을 산다. 자동차에 기름을 넣고, 돈을 벌고, 저축을 하고, 신용카드 대금을 결제한다.

> **"**보이지도 않고 소리도 없지만,
> 당신을 구성하는 시스템들은 쉬지 않고 움직인다.
> 단독으로 움직일 때도 있지만, 보통은 함께 움직인다.
> 서로 보완하지만, 때로는 서로 충돌하기도 한다.**"**

이런 절차들, 즉 시스템들은 한 번의 동작으로 그치는 것이 아니라 계속 반복한다. 그리고 대부분의 시스템은 개선 작업을 통해 효율성을 높일 수 있고, 방향을 설정해서 원하는 방향으로 가도록 할 수 있으며, 원하는 결과를 만들어 내도록 유도할 수도 있다.

삶을 구성하는 시스템들을 관찰하면서 줄기가 뿌리처럼 얽히고설키면서 점점 분화해 가는 것을 보라. 시스템 역시 여러 개의 하부 시스템으로 이루어져 있으며, 그 하부 시스템 하나하나가 또 여러 개의 하부 시스템으로 이루어져 있다는 것을 알 수 있다. 그러고 나서 방향을 바꾸어 통합하는 사슬의 꼭대기로 거슬러 올라가 보자. 줄기가 모여서 하나의 굵은 줄기가 된다. 그리고 그 줄기의 끝에 있는 주 시스템은 다름 아닌 바로 '당신'이다. 당신은 시스템의 시스템인 것이다!

당신의 일, 건강, 인간관계의 비결은 시스템에 있다. 비록 정신없이 바쁜 일상의 삶 때문에 금방 눈에 들어오지 않을지라도, 시스템이나 시스템 작동은 전혀 불가사의하거나 난해한 것이 아니다. 삶을 있는 그대로, 즉 선형적 시스템의 집합체로 볼 수 있게 될 것이다. 그러고 나면 시스템을 하나씩 하나씩 분리하여 다듬은 다음에 다시 본래의 삶에 장착하면 된다. 그러다 보면 마음의 평온과 함께 성공이 당신의 삶 속으로 조용히 들어올 것이다.

깨달음을 향해 시도해 보자

당신의 삶을 이루는 수많은 시스템들은 모두 선형적인 절차에 따라 작동한다. 즉 컴퓨터 프로그램 코드처럼 순서대로 일련의 절차를 따라 수행되는 것이다. 다시 말하지만 시스템들은 반복되는 경우가 많아서 몇 번이고 되풀이해서 작동한다. 이 점이 매우 중요하다. 물리학자는 시공간 이론을 들어 반대할 수도 있겠지만, 시스템은 무작위로 작동하는 것이 아니라 단순하고 예측 가능한 수순에 따라 작동한다. 어떤 요소가 수정되거나 제거되거나 삽입되지 않는 한, 무서우리만치 정확하게 매번 똑같이 작동한다.

지금 이 순간 하던 행동을 잠시 멈추고 온전히 집중할 수 있는 장소를 찾아보라. 이제부터 언급하는 시스템들을 선형적인 순서에 초점을 맞춰 상상해 보자.

- 우선 자동차로 A 지점에서 B 지점까지 이동할 때의 순차적인 행동을 생각해 보자. (자동차 문을 연다. 차에 올라탄다. 안전띠를 맨다. 점화 장치에 열쇠를 꽂는다. 열쇠를 돌려 시동을 건다. 등)
- 잠재 고객 찾기. 프레젠테이션 하기. 세일즈에 성공하기 위한 일련의 절차를 구체적으로 떠올려 본다. 기계가 개입되는 과정이든 인간이 개입하는 과정이든 상관없다. 신입사원을 채용해서 회사에 최대한 기여하고, 장기간 근속할 수 있도록 관리할 때의 과정을 생각해 본다. 배우자와의 관계 유지, 불치병 치료, 출산에 대해서도 생각해 본다. 재무 보고서 작성, 대학 논문 작성, 집안 청소 등 일상적인 일들의 과정도 생각해 본다.
- 세상을 살아갈 수 있게 해주는 인체 시스템의 기적을 다시 한 번 생각해 본다. 인체는 수많은 생물학적, 기계적 하부 시스템으로 구성되어 있다. 그중 대부분은 특별히 지시하지 않아도 기능하지만 당신이 마음먹기에 따라 효율적으로 기능하느냐, 그렇지 않느냐가 결정되는 시스템도 많다.

상상력을 발휘하여 주위에서 동작하고 있는 수많은 시스템들을 찾아보자. 그중 대부분은 일부러 관찰하지 않는 한 알아보기 어렵다. 또한 그다지 중요하지 않은 시스템도 있지만, 당신의 행복과 주위 사람들의 행복에 영향을 미치는 시스템들도 있을 것이다.

그렇다. 주 시스템과 하부 시스템은 서로 얽혀서 영향을 주고받지만 기본적으로는 별개의 개체다. 삶을 구성하는 시스템들 대부분은 자동으로 기능하지만 당신이 의식적으로 행하는 것도 많다. 의식적으로 통제할 수 있는 시스템의 경우, 대개는 개별 시스템을 조정함으로써 효율성을 높일 수 있다. 또한 새로운 시스템을 추가할 수도 있고, 기존의 시스템을 버릴 수도 있다.

> **"**시스템 작동 방법론은 그 자체가 하나의 시스템이며,
> 당신의 시스템들을 분석하고 유지하는 데 사용할 수 있는
> 통합 관리 도구다. 또한 삶을 체계화함으로써 효율적이고,
> 평온하고, 성공적인 삶을 살 수 있게 해주는 장치다.**"**

멀티태스킹 vs 시스템 관리

당신의 시스템 하나하나에는 방향성과 추진력이 있으며, 무언가를 이루려는 목적을 향해 앞으로 나아간다. 조금 더 구체적으로 들여다보면 인종과 성별에 따른 편견, 문화적 코드, 학습 방식, 인습, 개인의 취향, 인도주의, 이기주의 등에 따라, 그리고 식욕, 성욕, 수면 욕구, 생존 욕구 등에 따라 시스템과 하부 시스템의 방향이 정해진다.

이와 같이 한 사람 한 사람은 시스템의 시스템이다. 하지만 한 가지 문제가 있다. 우리의 시스템(시스템 하나하나를 별개의 개체로 생각해야 한다는 점을 늘 잊지 말자!) 중에는 잘못된 방향으로 나아가고 있어서 자신이 의도하는 목표를 이루는 데 걸림돌이 되는 것들도 있다. 최선의 상황은 하나의 시스템이 다른 시스템과 유기적으로 협력하면서 원하는 목표를 이룰 수 있도록 만드는 것이다. 반면에 최악의 상황은 시스템 내의 잘못된 구성 요소로 인해 혼란스러운 상태가 지속되며, 때로는 파괴적이기

까지 한 문제들이 발생하면서 삶이 통제되지 않는 상태에 놓이는 것이다. 이런 상황은 드물지 않게 경험하거나 목격할 수 있는데, 이는 자신의 삶을 통제하지 못하기 때문이다. 특히 '통제'의 목적에 '나는 내가 원하는 것을 얻어야 해!'라는 조건이 포함되면, 그런 사람의 수는 더욱 늘어난다.

세상을 시스템의 시스템으로 바라보는 관점은 다소 복잡해 보일 수도 있다. 그러나 복잡하다고 해서 통제할 수 없는 것은 아니다. 복잡함 속에서 특정 시스템의 구성 요소를 분리해 낸 다음 하나씩 조정하면 되기 때문이다. 이것이야말로 가장 근본적인 형태의 통제라고 할 수 있다. 게다가 이 모든 것이 아무리 복잡하더라도 삶의 수레바퀴를 돌리는 기계적, 인간적인 시스템들을 개선하는 데는 전혀 방해가 되지 않는다.

회사를 경영하거나, 직장에 다니거나, 대학에 다니거나, 아이를 기르거나, 활력 있고 의미 있는 은퇴 생활을 하기 위해서 필요한 시스템이 있다. 혹은 그냥 하루를 보내는데 필요한 시스템까지 여러 종류의 시스템을 생각해 볼 수 있다. 예를 들면, 행복한 가정을 만들기 위해 가족과 대화하는 시간을 가지며, 돈을 벌면서 한편으로는 정신 건강을 유지하는데 필요한 시스템도 생각해 볼 수 있을 것이다. (나는 지난 15년 동안 혼자서 아이들을 키웠다. 그런 상황은 회사의 급한 불을 끄면서도 미래를 위해 준비하고, 결코 포기하지 않는 능력을 시험받는 일이기도 했다.)

서구 문화권에서는 하루에 일어나는 수많은 일들을 통제하는 것을 '멀티태스킹multitasking'이라고 한다. 하지만 이는 잘못된 표현이다. 동시에 여러 가지 일을 하는 것이 칭찬할 일이라도 되는 듯한 느낌을 주기 때문이다.

시스템 작동 방법론에서는 멀티태스킹이라는 용어 대신 '시스템 관리system management'라는 용어를 쓰려고 한다. 시스템 관리는 삶을 세심하게 연출하는 것이며, 급한 불을 끄기 위해 헛된 희망을 품거나 막연한 행운을 바라지 않는다. 또한 보이지 않는 신에게 의지하거나 망상에 빠져 사는 것이 아니라, 삶의 아주 작은 순간 또는 아주 작은 부분까지도 모두 장악하고 통제하는 것이다.

> **"중요한 것은 시스템에 의한 무작위의 결과가 아니라, 문제가 생기기 전에 시스템을 미리 관리하는 것이다."**

시스템을 관찰하고 완벽하게 다듬기 위해 시간을 투자한다면, 뛰어난 결과를 이끌어낼 수 있을 것이다. 이와 반대로 삶의 복잡성을 한꺼번에 처리하려고 하는 '전체론적' 해결책을 생각해 보자. 예를 들어, 기존의 제품을 또 다른 시장에 내놓는다거나 회사의 관리자를 갈아치우는 것, 더 큰 집으로 이사하는 것, 다른 상사 밑으로 이동하는 것, 새로운 배우자를 만나는 것 등은 모든 문제를 단번에 해결하려고 선택하는 방법이다. 물론 이런 방법이 먹히는 경우가 아예 없지는 않을 것이다. 하지만 내가 여기서 강조하는 끊임없이 노력하는 자세와는 정반대의 방법론이다.

보이지 않는 신의 힘을 빌려 한 번에 모든 문제를 해결할 수 있는 해결책을 찾아서는 안 된다. 또한 삶은 엉킨 실타래 같아서 도저히 풀 수 없다는 생각도 버리자. 그 대신 복잡한 것을 걷어낸 다음, 그 밑에 깔린 비효율적인 구조를 하나씩 고치는 작업을 시작하라. 약물, 과식, 일, 돈, 난해한 심리학적 용어, 종교적 또는 정치적 신조에 대한 광신도적 집착, 회피, 또는 외부적 요인에 집착하여 삶의 평온과 통제력을 찾으려고 하지 마라. 이런 것들은 복잡한 삶을 한 방에 정리해 줄 수 있다는 달콤한 거짓 약속을 한다. 이와 반대로 시스템 작동 방법론은 단위 구성 요소를 한 번에 하나씩 살펴보고 개선한다. 만병통치약에 눈이 멀어 내부의 만성적 비효율을 덮어 둘 것이 아니라, 작고 기계적인 시스템을 개선해 나가야 한다.

복잡성은 일단 제쳐두고 당장 눈앞에 있는 시스템을 관리할 방법을 찾자. 먼저 방향을 설정하고 나서 전략을 수립해야 한다. 이 작업은 전략 목표와 종합 운영 원칙을 문서로 작성하는 것에서부터 시작해야 한다. 이 문서에 대해서는 '10. 전략 목표와 종합 운영 원칙'에서 자세히 설명하겠다.

파괴적이고 위험한 전체론적 사고방식

아메리칸 헤리티지 사전에 따르면 '전체론적holistic'이라는 단어에는 두 가지 정의가 있다. 첫째는 '전체의 중요성과 그 구성 요소들 사이의 상호 의존성을 강조하는 것'이다. 둘째는 '부분으로 분석하거나 분리하기보다는 전체에 관심을 두는 것'이다. 이 정의에 따르면 시스템 작동 방법론은 두 번째 정의와 정반대가 된다. 그러나 이 방법론을 통해 얻게 되는 결과는 첫 번째 정의와 정확하게 일치한다. 지난 30년 동안 '전체론적'·'포괄적global'이라는 단어가 우리 문화에 스며들어 "여기서 이렇게 하면 저기서 이런 일이 생길 테니까, 아무 일도 하지 말자!", "시스템 전체에 문제가 있으니까 통째로 갈아엎자!"라는 식의 생각을 만들어 냈다. 이처럼 문제를 일반화해 버리면 아무런 행동도 취하지 못하게 된다.

또한 주 시스템에 문제가 있는 것이 확인될 경우, 주 시스템 전체에 문제가 있는 것으로 간주되어 하부 시스템의 구성 요소는 자세히 들여다보지 않고 전체를 갈아치우게 된다.

그래서 주 시스템의 맥락을 잘 관찰해서 문제가 있는 구성 요소만 개선하는 것이 더 합리적인 경우에도 전체론적 해결책을 추구하려는 경향이 있다. 하지만 주 시스템은 처음부터 제대로 작동했고, 멀쩡했다. 시스템 전체를 뒤엎거나 갈아치울 것이 아니라, 작은 내부 조정을 통해 완벽에 가까워질 수는 없을까?

시스템 개선과 작업 절차

당신이 대부분의 사람들과 같다면 일상생활에 시스템이 미치는 영향에 대해 굳이 생각해 본 적은 없을 것이다. 따라서 시스템을 조정해서 문제 발생을 예방할 수 있다는 생각을 해 본 적도 없을 것이다. 대부분의 사람들은 두더지가 튀어나오는 대로 때려야겠다는 생각만 한다. 또한 두더지 굴 깊숙이 들어가서 두더지를 소탕하겠다는 생각은 아예 하지도 못할 것이다.

우리는 작고 귀여운 두더지들에게 정신이 팔려 정작 해야 할 일을 하지 못한다. 굴 안에 깊숙이 들어가 두더지를 박멸하라. 그런 다음 두더지가 더 이상 튀어나오지 못하도록 시스템을 조정하라. 그리고 나면 두더지가 다시는 튀어나오지 않으리라는 확신을 가지고 다시 밖으로 튀어나오는(고쳐야 하는) 다른 시스템들의 개선 작업을 시작하면 된다.

반복되는 문제로 인해 생기는 부정적인 결과는 어떻게든 처리할 수 있을 것이다. 하지만 문제를 일으킨 잘못된 시스템을 근본적으로 고치지 않는다면, 같은 문제가 다시 발생할 것은 불을 보듯 뻔하다. 너무나 당연한 진실이다.

언뜻 보기에는 개별적인 문제처럼 보이기도 하지만, 사실은 그렇지 않다는 것을 직관적으로 알고 있는 경영자들도 있다. 하지만 그런 그들도 시스템 관리를 위한 방법을 알고 있는 사람은 많지 않다. 이런 리더들(정부 조직보다는 사기업에서 더 많이 찾아볼 수 있다.)은 문제가 시스템 결함 때문에 발생하며, 결함은 고칠 수 있다고 생각한다. 또한 그들은 문제가 발생하면 그냥 한숨을 쉬면서 넘겨 버리지 않고 경각심을 느낀다. 즉 당장의 부정적인 결과를 처리한 다음에 두 번째 조치를 취하는 것이다. 중요한 것은 바로 이 두 번째 조치다. 문제의 원인을 추적해서 어떤 시스템에 결함이 있는지를 파악하고, 그 시스템을 수정해서 문제가 다시 발생하지 않도록 하는 조치다.

통찰력 있는 리더는 문제가 생기면 하부 시스템을 고쳐야 한다는 것을 안다. 그런 사람은 근본적인 개선을 통해 문제가 발생하기 전보다 전체 시스템의 안정성과 신뢰성을 더 높인다. 문제를 해결한 다음에 문제의 원인을 고치는 두 번째 조치를 취하는 것, 이것이 바로 삶을 통제하는 사람과 통제하지 못하는 사람의 차이점이다. 즉 성공하는 사람과 성공하지 못하는 사람의 차이인 것이다.

이 두 번째 조치를 '시스템 개선'이라 하고, 시스템 개선 내용을 문서로 남기는 것을 '작업 절차'라고 한다. 시스템을 개선할 때마다 문서로 기록을 남겨 두는 것은 매우 중요하다. 시스템을 개선한 후에는 왜 기록으로 남겨야 하는 것일까? 그 이유는 일을 쉽게 하려는 태도, 구식이지만 몸에 익은 방법, 하루하루의 압박, 다양한 성격과 재능이 한데 모인 것에 따르는 혼란 등으로 인해 개선된 시스템의 효율이 다시 떨어질 가능성이 높기 때문이다. 그러나 기록으로 남겨 두면 시스템 개선의 효과를 지속시킬 수 있다. 그러므로 시스템을 개선한 후에는 반드시 기록으로 남겨야 한다. 다시 강조하지만, 이런 방법으로 문제를 해결해 나가면 주 시스템의 효율이 눈에 띄게 높아진다. 마치 시간이 지나면서 뾰쪽한 부분이 다듬어지는 것처럼 말이다.

> **"시스템을 개선하면 시간이 지나면서 상황도 개선된다.**
> **시간이 지나면서 닳아 없어지는 게 아니라,**
> **더욱더 다듬어지는 시스템을 상상해 보라."**

처음에는 시스템을 하나하나 개선하는 작업이 너무 벅차서 엄두가 나지 않을 수도 있다. 또한 잠시 해보고는 의문이 들 수도 있다.

'대체 이 많은 문제들이 언제 없어질까? 나는 언제까지 이렇게 뜯어고치고 문서로 만들어야 하는 걸까?'

당신 앞에 힘든 일이 기다리고 있다는 것을 알면서도 시스템 개선 작업을 계속해야 한다. 그러다 보면 급한 불을 꺼야 하는 상황이 점점 줄어든다는 것을 알게 된다. 당신은 이런 경험을 통해서 비로소 강력한 믿음을 갖게 되고, 그와 동시에 시스템 개선 및 작업 절차를 문서화하는 일에 더욱 박차를 가해야 한다. 그러면 오류는 더욱 줄어들고, 조직 생활과 개인 생활은 더욱 순조로워지면서 효율도 올라간다. 재정 상태가 개선되고, 생활에 활력이 넘치는 것이다. 또한 모든 일을 마음대로 통제할 수 있게 되어 다시는 예전으로 돌아가고 싶지 않을 것이다.

●지속성●　　시스템 작동 방법론을 적용할 때는 그때그때 발생하는 문제들을 처리하면서 하루하루를 힘겹게 보내는 것이 아니다. 시스템을 하나씩 하나씩 개선하는 것에 초점을 맞춰야 한다. 급한 불을 끄느라 급급해하지 말고, 불이 나지 않게 해야 한다. 물론 살다 보면 어쩔 수 없이 급한 불을 꺼야 할 일도 생길 것이다. 하지만 문제 해결의 핵심은 그런 상황을 최소화하는 것이다.

잔물결과 풍랑

센트라텔의 경우, 시스템 작동 방법론을 도입한 뒤에도 시스템 개선 작업을 9년 동안이나 계속했다. 지금은 문제가 거의 발생하지 않기 때문에, 문제가 하나라도 눈에 띨라치면 직원들이 한이라도 맺힌 것처럼 달려들어 해결한다. 이런 회사를 이끈다는 것이 얼마나 만족스러운지는 말로 표현하기 어렵다. 회사에서와 마찬가지로 내 개인 생활도 예기치 못한 기복이 있지만(삶이란 그런 것 아니던가!), 지금은 복원력이 아주 강해졌다. 그래서 갑작스러운 타격을 입어도 버텨낼 내공이 있다. 사과 장수를 생각해 보자. 사과 수레가 통째로 뒤집히는 상황은 재앙이지만, 가끔씩 사과가 하나씩 옆으로 굴러 떨어지는 것은 쉽게 해결할 수 있는 작은 문제다.

갑작스러운 상황 변화나 예기치 못한 사람의 실수로 문제가 발생하는 것은 피하기 어렵다. 하지만 다행스럽게도 조직 생활과 개인 생활에서 명백한 실수나 우연한 오류는 전체 오류 중에서 아주 작은 부분일 뿐이다. 대부분의 문제는 '간과의 오류'로 인한 시스템 관리 소홀에서 비롯된다. 그러나 시스템 작동 방법론을 활용하면 이런 형태의 비효율을 크게 줄일 수 있다. (간과의 오류에 대해서는 '13. 간과의 오류'에서 설명하겠다.)

그렇다면 심한 부상을 입거나 사랑하는 사람을 잃는 등 예기치 못한 풍랑을 만나면 어떻게 해야 할까? 시스템 작동 방법론을 실행하다 보면 그 부산물로서 회복력과 강인함이 생겨난다. 저항력과 복원력이 강해지면 성난 삶의 바다를 항해하기가 더 쉬울 것이다.

3인칭 관찰자 시각으로 시스템 관리하기

잘못된 시스템을 일단 고쳤다면, 시스템 관리자는 시스템 전체를 정기적으로 확인해야 한다. 시스템 작동 방법론에 따르면, 매일 매일 기존의 시스템을 살펴보면서 필요에 따라 개선해야 한다. 그리고 규칙적인 시스템 개선 작업은 삶의 일상적인 한 단면으로 자리 잡아야 한다.

시스템 작동 방법론을 활용하면 '조정', 즉 시스템 개선에 들어가는 시간과 노력은 점점 늘어난다. 그 대신 시스템 설치에 들어가는 시간과 노력은 점점 줄어든다. 이렇게 절약된 시간과 에너지는 다른 하부 시스템을 개선하는 작업에 다시 투자할 수 있다. 이에 따라 주 시스템은 점점 더 강력해지고, 효율성이 높아진다. 한 마디로 '이익의 선순환'이 이루어지는 것이다.

시스템 관리가 무엇인지 감을 잡고 나면 주변에서 일어나는 시스템 관리의 문제점들을 곧바로 알아볼 수 있게 된다. 세상을 바라볼 때도 무엇이 제대로 작동하고, 무엇이 제대로 작동하지 않는지를 구별할 수 있게 된다. 또한 자신을 구성하는 시스템의 구조와 실행의 효율성을 파악할 수 있다. 게다가 다른 사람들이 관리하는 시스템에 관해서도 파악할 수 있게 된다. 항상 3인칭 관찰자의 시각으로 자신은 물론 주변 시스템의 효율성을 감시할 수 있게 되는 것이다.

> **"당신 주변을 시스템적 관점으로 바라보면,
불끄기에 급급한 사람들이 눈에 들어올 것이다."**

사람들이 전화하기로 약속해 놓고 왜 전화를 안 하는지, 식당이나 호텔의 서비스 수준이 왜 낮은지, 서비스 공급자와 소통이 왜 잘 안 되는지 그 이유를 알게 될 것이다. 완성된 결과물이 조잡하거나 기한을 지키지 않거나 약속을 어기거나 태도가 불량하거나 마무리가 허술하면, 곧바로 알아볼 수 있는 능력이 생길 것이다. 사람이 일을 할 때 문제가 발생하는 것은 조직 차원 또는 개인 차원의 시스템 관리가 서툴기 때문이다. 사람이 개입되는 문제는 바닷가의 모래알처럼 많기 때문에, 자꾸 눈에 들어올 수밖에 없다. 시스템 관리 실력이 늘어나면 늘어날수록 비효율은 더욱더 눈에 잘 띈다. 반대로 안정적이고 효율적인 회사나 개인을 즉시 알아볼 수 있다.

> **"성공한 기업(또는 개인)과 힘겹게 생존해 가는 기업(또는 개인)의 차이는 시스템을 관리하느냐와 발생한 문제를
해결하는 데 급급해하느냐에 있다."**

당신이 이용료를 내고 부실한 서비스를 받았다고 할 때, 당신을 상대하는 그 직원의 잘못이 아니다. (실제로 그 직원이 무례하거나 성의가 없다고 하더라도) 그 직원을 제대로 관리하지 못하는 조직의 리더에게 근본적인 문제가 있다는 것을 기억하라. 하지만 그 리더의 입장도 고려해 주자. 대부분의 사람들은 시스템 개선 과정을 이해하지 못할 뿐만 아니라, 심지어 그런 것이 있다는 사실조차 모른다. 최선을 다해서 열심히 하는데도 불구하고, 사방에서 날아드는 강속구를 쳐내느라 겨우 숨만 쉬고 있는 것이다. 나 역시도 그랬다.

이기적인 사람은 어떨까? 이기적인 사람들은 상식적인 기대를 무시하고, 다른 누군가를 고려하지 않으며, 어떻게든 규칙을 피해 가려고 한다. 하지만 여기서 주의해야 할 것이 있다. 즉 누군가의 성격적 결함을 시스템의 결함과 혼동해서는 안 된다는 점이다. 개인적인 시스템 결함은 자신의 인간관계를 세심하게 신경 쓰지 못하는 것을 말한다. 좋은 관계를 만들어 가는 요령 역시 하나의 시스템이고, 신중하게 관계를 쌓으면서 일관성 있게 실행해야 한다. 부주의한 사람들의 근본적인 문제는 성격적 결함이 아니라, 제대로 된 '관계 유지 시스템'이 없다는 점이다.

관계 유지 시스템이 없는 사람들은 전화를 걸기로 해놓고도 걸지 않으며, 생일을 기억하지 못한다거나 초대장을 보내지도 않는다. 이들은 자신의 주변 사람들에게 전혀 관심을 보이지 않는다. 그러다 보니 이들은 긍정적인 관심을 거의 받지 못한다. 이런 사람들은 자신이 거부당한다거나 소외받는다는 느낌을 받게 되고, 본인 또한 상대방을 거부하면서 점점 더 깊은 고독 속으로 빠져든다. 이것은 자신의 잘못일까? 그렇다. 하지만 이들이 원래부터 '나쁜 사람'이라서 그런 것이 아니라, '자기 통제 시스템'을 관리하지 못하기 때문에 일어나는 일인 것이다. 너무 매정한 소리로 들릴지도 모르지만, 그것이 현실이다. 친구를 사귀고 유지하는 데 필요한 기본적인 시스템을 작동시키지 못하고 있는 것이다. 이는 관심이 부족해서 그럴 수도 있고, 그냥 이해를 못해서 그럴 수도 있다.

앞에서 "이 세상은 기계적으로 거의 완벽하다!"라고 말했었다. 하지만 지금 당신 주변을 둘러보면 믿을 수 있고, 일관성 있는 사람은 별로 없다는 사실을 발견하게 될 것이다. 바로 그렇기 때문에 사람들은 이 정도가 보통이라고 생각한다. 사실 보통이라고 생각해야 마땅하다. 실제로도 그렇다. 그런데 당신에게는 잘 된 일이다. 왜냐하면 조금만 노력해도 보통 사람들을 뛰어넘을 수 있기 때문이다.

일단 당신의 삶에 시스템 작동 방법론을 활용하게 되면 주변 사람들은 당신이 작고 사소한 일들도 항상 빠르게 처리하고, 믿을 수 있으며, 말과 행동이 일치하는 사람으로 인식하게 될 것이다. 게다가 무엇보다도 당신의 침착하고 자신만만한 태도에 관심을 가질 것이다. 새로운 고객, 유능한 직원, 믿을 수 있는 친구들이 당신에게 모여들 것이다. 당신이 개인적, 사업적으로 좋은 인간관계를 만들고 유지하는 데 필요한 시스템을 지속적으로 관리하기 때문이다. 즉 주변 사람들이 믿고 의지할 수 있는 사람이 된 것이다.

삶은 골칫거리인가, 순둥이인가?

그렇다면 요점으로 돌아가 보자. 당신은 삶을 어떻게 바라보는가? 삶을 부당하고, 예측 불허이며, 인정사정없는 골칫거리로 보는가? 아니면 질서정연하고, 통제할 수 있으며, 얌전히 당신의 명령을 따르는 순둥이로 보는가? 그러나 이것 역시 긍정적이거나 부정적인 태도의 문제가 아니고, 난해한 이론에 근거해 철학적으로 입장을 정립해야 하는 문제도 아니다. 단순한 구조와 논리의 문제일 뿐이다.

당신은 세상을 어떻게 바라보는가?

어떤 억만장자

나와 아내는 이탈리아 시에나를 여행하던 중이었다. 이곳에 온지 며칠밖에 되지 않아 시차 적응이 되지 않았던 터라, 밤마다 이상한 꿈을 꾸거나 숙면을 취하지 못해 누워 있었다. 아내도 마찬가지였다. 자정쯤 재미있는 꿈을 꾸었고, 새벽 2시에 일어나서 이 글을 썼다.

꿈속에서 어느 유명한 억만장자가 내게 자신이 소유한 다국적 기업의 대표이사를 맡아 달라고 요청했다. 어딘가의 공항 활주로에 마련된 임시 회의실에서 이 거물의 제안을 받고 처음으로 든 생각은 '잘할 수 있다'는 자신감이었다. 작은 농촌 마을 출신이고, 학위도 없으며, 그 외에 필요한 조건을 갖추지도 못했지만 그래도 잘할 수 있을 것 같았다. 오히려 잦은 출장, 회사라면 있을 수밖에 없는 사람 간의 갈등, 그리고 대기업에 소속되어 있다는 사실로 인해 새장 속에 갇힌 느낌이 들 수도 있다는 점(현실 속의 내 회사는 훨씬 작기는 하지만, 적어도 나에게 결정권이 있으니까 갇힌 느낌은 들지 않았다.)을 빼면 별 어려움이 없을 것 같았다.

왜 나는 꿈속에서도 이렇게 자신감이 넘칠 수 있었을까? 왜냐하면 그 직책을 맡더라도 현실에서와 똑같이 인과관계에 따라 단순하고 기계적으로 움직이는 시스템을 관리할 수 있다는 확신을 가지고 있었기 때문이다. 단지 규모만 좀 더 클 뿐이었다. 대기업 조직에서 시스템을 작동하게 되겠지만, 그곳에서도 '1 더하기 1'이 2인 것은 마찬가지다. 규모의 크기가 다를 뿐 내가 하는 일 자체는 지금 하고 있는 일과 다르지 않을 것이기 때문이다.

당신이 나와 똑같은 꿈을 꾼다면 자신 있게 대답할 수 있겠는가? 그 이유는 무엇인가? 현재 하고 있는 일을 보다 큰 규모로 할 수 있겠는가? 철저하게 기계적인 관점에서 보았을 때, 당신의 삶에서 핵심적인 부분을 어떻게 발전시킬 수 있겠는가?

이러한 물음에 대해 생각해 보기 바란다.

7. 감 잡기

"나는 자네 마음을 해방시키려 하고 있지만, 내가 할 수 있는 일은 자네를 문 앞까지 데려다 주는 것뿐일세. 그 문으로 걸어 들어가야 하는 것은 바로 자넬세."

● 모피어스(로렌스 피시번 역), 영화 「매트릭스The Matrix」(1999년)에서

다음과 같은 시나리오를 상상해 보자.

최근에 당신이 근무하는 회사의 관리자가 부서 관리를 제대로 하지 않았다. 그 결과 성과가 떨어지는 등 여러 가지 문제가 발생하여 총체적인 혼란에 빠졌고, 회사에서는 관리자의 책임을 물어 해고했다. 그 관리자가 해고된 것은 안타까운 일이지만, 그 이유는 알만하지 않은가. 이제는 당신이 회사의 해결사가 되어 이 상황을 정리해야 한다.

당신은 회사 건물에서 사무실 하나를 차지하고 있는 그 부서로 간다. 이미 여러 번 와본 적이 있는 곳이다. 사무실 안에는 한 변이 30센치미터에서 2미터에 달하는 다양한 크기의 나무 상자가 여러 개 흩어져 있다. 상자는 경첩이 달린 나무 뚜껑으로 닫혀 있으며, 잠겨 있지는 않다. 당신은 논리적이고 효율적으로 작업할 수 있도록 상자들을 밀어서 정리한다.

당신은 공구함을 가져오고, 의문점이 있을 경우를 대비해서 미리 써 둔 설명서도 가지고 있다. 설명서에 쓰인 유지 보수 절차는 매우 꼼꼼

하고 이해하기도 쉽다. 하지만 지금까지 상자 속의 내용물들이 방치되고 있었기 때문에, 금방 끝낼 수 있는 일이 아니라는 건 이곳에 오기 전부터 알고 있었다. 당신은 소매를 걷어붙이고 일을 하기 시작한다.

첫 번째 상자의 뚜껑을 열자 안에는 기계 장치, 즉 하나의 시스템이 들어 있다. 장치는 기어, 전선, 레버로 이루어져 있다. 당신은 그런 장치의 구조를 이해할 수 있도록 훈련된 기술자라서 구조를 쉽게 파악한다. 사실은 구조가 아주 단순하기 때문에 이 장치가 어떤 기능을 하며, 어떻게 조립되어 있는지 눈에 훤히 들어온다. 상자 안을 들여다보면서 시스템을 관찰했더니, 구조를 조정해야 한다는 것을 알 수 있다. 당신은 조정을 마친다. 작업 도중에 못쓰게 된 부품을 발견하고는 최신형 부품으로 교체한다. (당신은 이런 상황을 대비해서 항상 예비 부품을 가지고 다닌다.)

이런 방식으로 처리하면 장치가 훨씬 더 효율적이고 안정적으로 작동할 것이다. 그리고 나서 부품에 기름을 치고, 기계를 깨끗이 닦는 것으로 작업을 마무리한다. 마지막으로 시스템을 테스트해서 완벽하게 작동하는지를 확인한다. 완벽하다.

그러고는 뚜껑 안쪽에 날짜와 당신의 이름을 쓰고, 어떤 작업을 했는지 간략하게 기록한다. 나중에 다른 사람이 유지 보수를 할 때 누가, 언제, 무슨 작업을 했는지 쉽게 알 수 있도록 하기 위함이다.

당신은 뚜껑을 닫고 다음 상자로 넘어간다. 그 상자 안에 든 시스템에 대해서도 똑같은 방식으로 작업한다. 하나씩 하나씩 모든 상자를 열고, 그 안에 든 각각의 시스템을 완벽하게 손을 본 후 뚜껑을 닫는다.

일을 끝내는 데는 꼬박 하루가 걸렸다. 일을 모두 마친 후 마지막으로 사무실을 한 번 둘러본다. 뚜껑이 닫힌 상자들이 깔끔하게 줄지어 있고, 상자 안에 든 시스템들도 모두 완벽하게 작동할 것이다. 모든 시스템이 완벽하게 작동하게 되었으니 부서의 성과도 매우 좋아질 것이다. 그럴 수밖에 없지 않은가! 이제부터는 시스템 개선에 역점을 두는 신임 관리자가 모든 일을 감독할 것이다. 또한 시스템들이 다시 혼란에 빠지는 일은 발생하지 않을 것이다. 정기적인 유지 보수도 이루어질 것이다. 당신은 사무실을 나서면서 자신이 한 일에 대해, 그리고 자신에 대해 강한 만족감을 느낄 것이다.

시스템 작동 절차란 바로 이런 것이다. 세상을 시스템의 집합체로 보고, 그 시스템들을 하나하나 분리하여 완벽하게 고친 후 지속적으로 관리하면서 보수하고, 업그레이드를 하는 것이다.

너무나 쉬운데도 대부분의 사람들이 깨닫지 못하는 사실이 하나 있다. 하루를 살면서, 그리고 인생을 살면서 우리가 취하는 행동 하나하나는 어떤 목적을 위해 나아가는 순차적인 단계 중의 하나일 뿐이라는 사실이다. 우리가 하는 일 하나하나가 시스템의 부품인 것이다.

우리는 주변 환경에 좌우되어 어디로 튈지 모르는 핀볼 기계 속의 공이 아니다. 1부에서 내가 설명하려고 했던 것은 자신의 삶을 구성하는 다양한 시스템들을 직관적으로 인식할 수 있도록 만들자는 것이다. 그래서 같은 말을 계속 되풀이하는 것이다. 이제는 감이 오는가? 아직까지도 모르겠다면, 내가 시스템 작동 방법론의 구성 요소를 상세히 설명하고, 구체적인 방법을 소개하는 동안 인내심을 가지고 읽어 나가라.

"아하, 바로 이거야!"라는 깨달음의 순간이 곧바로 찾아오지 않더라도 걱정하지 마라. 이해가 될 때까지 그냥 이해하는 척하고 읽다 보면, 그 순간이 찾아올 테니까.

첫 번째 단계 : 시스템이 눈에 보이게 하라

이제는 내가 무슨 말을 하려는지 알 것이다. 확인을 위해 다시 한 번 말하겠다.

첫째, 시스템을 마음대로 볼 수 있어야 한다.

둘째, 시스템을 하나하나 분리해서 관찰해야 한다.

셋째, 시스템을 조정해야 한다.

넷째, 이러한 과정을 문서로 남겨야 한다.

다섯째, 지속적으로 유지 보수를 해야 한다.

자, 이제는 감이 오는가? 제멋대로 뭉쳐 있는 당신의 존재(주변을 둘러싼 각종 사건이 정신없이 소용돌이치며 뒤섞여 있는 당신의 삶)로부터 시스템을 분리해 내라. 그러면 그 시스템을 관찰할 수 있고, 그 구조를 정밀하게 조정할 수 있다. 하지만 그렇게 하기 위해서는 일단 시스템을 볼 수 있어야 한다.

주변의 시스템들을 볼 수 있는 단계에 도달하는 것이 가장 중요한데, 이 과정은 일종의 작은 '득도'라고도 할 수 있다. 깨달음의 순간이 찾아오면 '삶은 시스템으로 구성된다!'는 전제가 정신적, 심리적으로 깊이 자리 잡게 될 것이다. 그리고 그 시스템을 통제하는 일이 가장 기본적인 관리라는 사실을 알게 될 것이다. 그 결과 당신은 당신 앞에 벌어지는 일들을 명료하게 볼 수 있게 될 것이며, 현실 세계에서 이루어지는 각각의 과정들이 논리적으로 연결된 집합체라는 사실을 깨닫게 될 것이다. 아주 작은 것들도 더 생생하게, 더 선명하게 보일 것이다.

하루를 보내는 동안에도 한순간 한순간이 실시간으로, 그리고 시스템의 일부로서 눈에 들어올 것이다. 이 세상이 사람과 물체, 수시로 일어나는 상황들이 제멋대로 뒤섞인 집합체가 아님을 알게 될 것이다. 삶이란 각각의 과정들이 논리적으로 연결된 집합체임을 깨닫게 될 것이다. 복잡하게만 보였던 일들이 갑자기 간단하고 명확하게 보일 것이다.

이처럼 세상일들을 시스템적 사고로 바라보는 새로운 관점에 자신감이 생기면, 급한 불을 끄고 보자는 전략에서 벗어나 시스템을 개선하는 전략으로 바꿔라. 이것이야말로 당신이 해야 할 가장 중요한 일이다.

외부에서 관찰하라

'삶'이라는 기계에서 당신이 어떤 자리를 차지하고 있는지 알고 싶은가? 그렇다면 외부인의 관점으로 당신의 삶을 관찰해야 한다. 당신의 삶 속에서 당신이 어떻게 움직이는지를 보기 위해서는 밖에서 들여다봐야 한다. 이것은 삶의 철학에 관한 이야기가 아니다. 그냥 세상을 바라보는 관점을 바꾸라는 것이다. 그러나 이것은 대부분의 사람들이 취하는 자세와는 다르다는 점도 기억하라. 자기 자신을 주변 환경을 구성하는 내부 요소로 보지 않고, 주변 환경 속에 있는 자기 모습을 조금 위에서 조망해 보는 것이다. 모든 것을 또렷하게 굽어보면서 자신의 모든 움직임을 조종하는 것이다. 마치 작은 액션 피겨action figure를 가지고 노는 아이처럼 당신이 그 아이이며, 그 장난감은 당신의 삶이다.

절대 어렵지 않다. 평소에 주변에서 일어나는 세상일들을 바라보는 것처럼, 당신의 삶을 구성하는 시스템들을 분명하게 볼 수 있어야 한다는 관점을 이해하면 된다. 그렇게만 되면 나머지는 알아서 술술 풀릴 것이다.

다시 한 번 말하겠다. 매일 일어나는 일 하나하나가 논리적인 순서에 따라 배열된 개별적인 요소라고 생각해야 한다. 자신이 살던 세상을 벗어나 위에서 내려다본다는 것이 다소 형이상학적으로 들릴 수도 있다. 하지만 전혀 그렇지 않다. 그냥 '관찰자'가 되어 자신의 삶을 관찰하는 것뿐이다.

당신은 시스템을 작동시키며 하루를 보낸다. 시스템을 하나하나 완벽하게 손보는 작업은 한 번만 하면 된다. 시간이 지나면 혼란이 있던 자리에 '자신감'이 들어선다. 당신의 사업적, 개인적, 기계적 시스템들도 윙윙거리며 잘 돌아간다. 당신은 결과물을 내려다보고 강한 자부심을 느낀다. 자신이 해낸 일이 자랑스럽지 않겠는가!

당신이 관찰자적 사고방식에 눈을 떴다면 '왜 이걸 진작 몰랐지?'라는 생각이 들 것이다. 그러고는 예전의 삶을 되돌아보며 사소한 일에 휩쓸린 나머지 자신의 행동 밑바탕에 존재하는 시스템들을 보지 못했음을 깨닫는다. 눈을 가리고 있던 장막이 걷히면서 삶을 구성하는 각각의 시스템들이 눈에 들어오고, 세상의 원리를 전혀 다른 관점에서 보게 된 그날을 떠올려 본다. 시스템 방법론의 위력을 어렴풋이 깨달았으며, 그 위력을 실제로 목도했다. 금방 눈에 보이는 결과물이 나왔고, 눈을 가린 장막을 걷는데 엄청난 신념이나 노력이 필요하지도 않았다. 그저 차분하게 관찰만 했을 뿐이다.

시스템 작동의 사고방식을 익혔다는 것은 엄청난 변화다. 그 변화의 순간에는 직관의 도약이 일어나므로 기대감을 가지고 기다려도 된다. 그 순간 당신은 대단한 통찰력을 얻게 될 것이며, 모든 것이 변할 것이다. '감을 잡는' 그날을 절대로 잊지 못할 것이다. 나는 그 순간이 아마도 이 책을 다 읽기 전에 당신에게 찾아올 것이라고 예상한다. 어쩌면 바로 지금이 그 순간일지도…….

당신이 지금 당장 해야 할 일

이제 감을 잡았는가? 그렇다면 즉시 행동으로 옮기되, 명심해야 할
것이 몇 가지 있다.

첫째, 중요한 것은 실행이다. 좋은 의도와 긍정적인 사고방식만으
로는 부족하다. 중요한 것은 지금 이 순간 당신이 하는 행동이다.

둘째, 모든 일이 완벽하게 진행되어야 한다는 생각은 버려라. 어차
피 제대로 안 풀리는 부분은 전체의 일부에 지나지 않는다. 비즈니스를
하려면, 외부의 혼란에 대처하려면, 아무리 기를 써도 따라잡을 수 없을
것 같은 세상의 변화를 쫓아가려면, 그리고 이 세상을 살아가려면 그만
한 대가는 치러야 한다. 앞으로 나아가다 보면 마음에 들지 않는 일도 일
어날 수밖에 없다. 그냥 받아들여라. 세 걸음 나아가면 한 걸음 물러서
야 하고, 세상은 원래 그런 것 아니던가.

셋째, 훤히 보이는 실수 때문에 실패하는 사람은 거의 없다. 사람들
이 실패하는 것은 행동하지 않기 때문이다. 당신이 그런 부류의 사람이
라면 삶의 자세를 바꿀 각오를 하라.

세상을 통제하고, 만사를 꿰뚫어보고, 자신의 운명을 스스로 결정
하는 것은 굉장히 좋은 일이다. 시스템 작동 방법론을 받아들이면 즉각
적이고도 강력한 개선 효과를 누릴 수 있으므로, 그 방법론에 대해 강한
믿음을 갖게 된다. 중요한 내용이므로 자세히 설명하겠다.

일단 시스템 작동 방법론을 받아들여 활용하기 시작하면 당신은 전

혀 다른 사람이 될 것이다. 더는 아침부터 불안에 시달리지 않을 것이고, 침대에서 일어나기도 전에 머릿속이 걱정으로 가득 차지도 않을 것이다. 근무 중에 예상치 못한 일이 발생해도 금방 해결할 수 있다. 매일 밤마다 내일은 나아질 것이라는 희망도 없이 서류에 파묻혀 있거나 시체처럼 TV 앞에 늘어져 있지는 않는가?

이제부터는 그러지 않아도 된다. 창의력이 필요한 일회성 프로젝트나 직원, 고객, 친구, 가족과의 생산적인 대화에 몰두하며 하루를 보낼 수 있게 될 것이다. 지난날의 노력이 더 자유롭고, 더 성공적인 오늘을 위한 노력이었다는 것에 만족감을 느낄 것이다. 당신은 더 이상 허황된 '대박'을 꿈꾸지 않는다. 대박을 향해 이미 조금씩, 그리고 한 단계씩 다가가고 있기 때문이다. 당신은 해가 뜰 무렵부터 질 때까지 삶을 통제하면서 확실하고도 올바른 방법으로 자신의 운명을 개척하고 있다는 자신감을 갖게 될 것이다.

또한 가장 중요한 목표를 향해 조금 나아갔을 뿐만 아니라, 소중한 사람들과 함께 시간을 보내고, 즐겁게 할 수 있는 일을 했다. 이제 돈도 충분하고, 영향력의 원도 커지고 있다. 당신은 변화된 자신의 모습에 만족하며, 자신이 더 나은 삶을 살게 된 이유와 삶을 통제할 수 있게 된 이유도 안다. 이 모든 것은 다름 아닌 당신 자신이 해낸 일이다!

시스템 작동 방법론은 눈을 속이는 마술이 아니라 논리다. 그렇기 때문에 자신이 한 행동의 원인과 결과를 분명히 알 수 있다. 시스템 작동 방법론을 활용하기 시작하면, 사소한 것에서부터 개선할 시스템이 없는지 눈에 불을 켜고 찾게 될 것이다. 시스템이 보이기 시작하면 시스템을 개선하는 것은 시간문제다.

사회적 시스템의 위반

아내와 함께 이탈리아를 여행하던 중에 바닷가 마을 몬테로소의 작은 모텔에 묵었을 때의 일이다. 어느 날 아침, 식사를 하기 위해 식당으로 향했고, 식당에서는 다른 여행객들이 여유롭게 식사를 즐기고 있었다. 나는 한쪽에 자리를 잡은 후 주문한 식사를 마치자마자 접시를 옆으로 치우고는 노트북을 꺼내 이 책의 원고를 마무리하기 시작했다. 그런데 모텔 관리인이 내게 다가오더니 어설픈 영어로 물었다.

"아침은 다 드셨습니까?"

내가 그렇다고 대답하자 관리인이 다시 말했다.

"죄송합니다만, 일을 하시려면 아래층 로비로 가 주시죠. 이곳은 식사를 하는 곳입니다."

"이곳은 식사를 하는 곳입니다."라는 말은 완벽했다. 모텔 관리인은 어설픈 영어로 내 행동의 핵심을 찔렀고, 나는 곧바로 알아들었다. 애써 논리를 끌어다 붙이려고 하지도 않았다. 나는 '식사를 하는 곳'에서 일을 하고 있었던 것이다. 그렇다. 내 행동은 잘못된 것이었을 뿐만 아니라, 이탈리아인들은 식사를 신성시하며, 일로써 식사를 더럽혀서는 안 된다고 생각한다는 사실이다. 나는 무신경하게도 수백 년을 이어 온 그들의 시스템을 존중하지 않았던 것이다.

나는 노트북을 들고 그 즉시 아래층 로비로 내려갔다. 유럽인들이 미국인을 무신경하고 거만하다고 생각하는 데는 이유가 있다는 것을 알게 되었다. 또한 이 일은 밖에서, 그리고 조금 위에서 나 자신을 바라보는 계기가 되었다. 더불어 다른 사람들의 시스템도 존중해야 한다는 교훈을 얻을 수 있었다.

사람들과 어울릴 때 뭔가 잘 안 풀린다는 느낌을 받을 때가 있는가? 예를 들어, (두 사람 사이의 가상의 시스템이라고도 할 수 있는) 대화를 본의 아니게 방해한 적은 없는가? 아니면 당신이 전화를 하거나 책을 읽을 때, 뭔가 복잡한 일에 몰두하고 있을 때 방해를 받으면 어떤 기분이 드는가?

시스템을 작동시키기 위해
해야 할 일들

2부

WORK
the
SYSTEM

The Simple Mechanics of Making More and Working

8. 알약 삼키기

"왜 떨쳐 일어나서 무엇이든 하지 않는가? 살아있으면서도 죽은 척하는 사람들은 이미 너무 많지 않은가?"

●작자 미상

절차를 기록으로 남기는 것이 당신의 생각이나 말하는 것만큼이나 중요하다는 점을 기억하라. 여기에서는 시스템을 작동시키기 위한 문서에 대해 설명하고, 센트라텔에서 사용하는 문서를 예로 제시할 것이다. 그대로 써도 좋고, 필요에 따라 수정해서 써도 상관없다.

시스템을 작동시키기 위해서는 '전략 목표 설정서', '종합 운영 원칙', '작업 절차'라는 문서가 필요한데, 이 세 가지 문서는 다음과 같이 표현할 수 있다.

가장 먼저 '전략 목표 설정서'는 더 나은 미래를 선언한 것이기 때문에, 일종의 '독립 선언문'이라고 할 수 있다. 다음으로, '종합 운영 원칙'은 미래의 의사 결정에 지침이 되므로 '헌법' 같은 존재라고 할 수 있다. 다음으로, 시스템 개선을 위한 '작업 절차'는 게임의 규칙을 모아 놓은 '법전'과 같은 역할을 한다.

멋진 비유가 아닌가? 통치 이념을 문서로 기록해 두지 않는 정부를 상상할 수 없는 것처럼, 비즈니스에서든 직장에서든 개인의 삶에서든 문서화 된 도구는 반드시 필요하다.

당신은 먼저 전략 목표를 작성한 다음에 운영 원칙을 작성하게 될 것이다. 이 두 가지 문서는 당신의 진로를 결정짓는 동시에 당신이 똑바로 항해할 수 있게 해준다. 이 작업에는 오랜 시간이 걸리지 않을 것이다. 이 작업이 끝나면 시스템 개선을 위한 작업 절차를 작성하는 일에 대부분의 시간을 쏟아 붓게 될 것이다. 다시 한 번 말하지만 '작업 절차'는 시스템 개선 내용을 문서화한 것이다.

시스템을 작동시키기 위한 시간과 노력

내 머릿속에서 '시스템적 관점'이라는 전구에 불이 들어온 지 얼마 지나지 않은 어느 날, 또 다른 하나를 더 깨달을 수 있었다. 필수적인 문서를 작성하는 일은 멋있을 필요가 전혀 없다는 것이었다. 그렇다 하더라도 문서화하는 과정은 때로는 지루할 것이고, 모든 시스템을 문서화하는 데는 분명 오랜 시간이 걸릴 것이다. 하지만 시스템을 작동시키기 위해서는 반드시 필요한 작업이다.

그 무렵 전화 응답 서비스 업계에는 시스템적 관점으로 자기 회사를 바라보는 경영자가 거의 없다는 것을 알게 되었다. 그들은 내부 구조에 파묻혀 허둥대며 어디서 튀어나올지 모르는 두더지 머리를 때리고 있었다. 이것이 우리 업계만의 문제가 아니라는 것을 금세 알 수 있었다. 회사가 나아갈 방향을 문서화하는 중소기업은 거의 없었고, 업무에 관한 규정이나 절차를 문서화하는 중소기업은 더더욱 없었다.

왜 그럴까? 시스템 방법론이 그렇게나 간단하고 강력한데도 실천하는 회사들이 왜 없는 것일까? 시스템 개선 작업이 너무 어렵기 때문일까? 너무 힘이 들고 노동 집약적이기 때문일까? (사실 모두 그렇긴 하다.) 이런 의문이 들었지만, 내가 생각하기에 시스템 작동을 위한 문서화는 반드시 필요한 작업이라는 점, 그럼에도 다른 회사에서는 실행하지 않는다는 점에서 오히려 그 실용성을 더욱 분명히 알 수 있었다. 이러한 사실을 깨닫자 눈앞에 놓인 문서 작업이 설레는 마음으로 다가오기 시작했다.

어찌 됐든 확실하게 방향과 목표를 설정하고, 모든 절차를 완벽에 가깝게 다듬고 유지하기 위해서는 방향과 절차를 기록하는 것이 너무나 당연했다. 그런 다음에 해야 할 일은 (재미는 없지만 피할 수 없는 작업이다.) 직원들이 문서를 정확히 따르도록 관리하는 것이었다.

문서 작업을 해야 한다는 사실은 분명했다. 하지만 그러려면 회사를 근근이 유지하는데 필요한 시간을 빼앗길 참이었다. 시스템을 개선하고, 관련 문서를 작성하는 동안에도 일상적인 관리에 필요한 일들은 해야 했기 때문이다. 과연 그걸 다 기록할 시간이 있을지 의문스러웠다. 하지만 쓸데없는 걱정이라는 걸 금방 깨달았다. 문서 작업을 하지 않으면 회사가 망할 것이며, (내 생각이지만) 문서 작업을 하면 회사가 살아날 것이었기 때문이다. 따라서 문서 작업은 반드시 해야 할 일이었다.

그래서 재미없는 일(지루한 문서 작업)이었지만, 강력한 의지의 알약이라도 삼킨 사람처럼 전력을 다해 돌진했다.

●**의욕 찾기●**　작업을 시작하기 전에 누르는 순간 모든 일이 개선되는 '버튼' 같은 것은 없다는 점을 알아야 한다. 문서 작성에는 시간과 몰입이 필요하다. 하지만 문서 작업을 하지 않더라도 어차피 긴 시간 동안 뼈가 빠져라 일하

고 있을 텐데, 그에 비하면 별 일도 아니지 않은가? 조금만 더 뼈 빠지게 일하면 된다고 스스로 위로하라.

준비하면 통제할 수 있다

그렇다. 시스템 개선을 위한 문서 작업이 처음에는 힘이 든다. 하지만 제대로만 해두면 해야 할 일이 크게 줄어든다. (내 경우는 주당 근무 시간이 100시간에서 2시간으로 줄어들었다.)

시스템 작동 방법론의 가장 큰 목적은 더 완벽하게 준비할 수 있는 여유 시간을 확보하는 것이다. 준비를 잘하면 해야 할 일을 효과적으로 통제할 수 있고, 그 결과 효율성이 높아진다. 효율성이 높아지면 다른 일을 할 수 있는 여유 시간이 늘어난다. 또한 그 여유 시간을 또 다른 준비에 사용할 수도 있다.

시스템적 관점으로 일하면 수확 체감의 악순환과는 정 반대의 결과를 만들어 낸다. 즉 횟수를 거듭할수록 저절로 발전해서 점점 더 긍정적인 결과물을 만들어 내는 수확 체증의 선순환이 이루어지는 것이다.

완벽한 준비를 하는데 가장 큰 장애가 되는 것은 준비 작업에 시간을 투자하려 들지 않는다는 점이다. 일단 삶의 모든 것이 시스템으로 이루어져 있다는 깨달음을 얻었다고 하더라도, 처음에는 인내심과 자제력을 발휘해야 한다. 성공과 여유가 찾아오기 시작할 때까지 꾹 참고 시스템 작업 절차에 필요한 문서를 만들어야 한다. 그래야만 시스템 작동을 위한 준비가 가치 있는 일이라는 것을 뼛속부터 실감할 수 있기 때문이다. 결과가 눈에 보이기 시작하면 (오래 걸리지도 않을 것이다.) 시스템 문서 작성 작업과 사랑에 빠질 것이다. 개인 생활에서도 안정과 여유를 찾고 싶다면, 시스템화를 위한 문서 작업을 시작하라. 시스템 작동을 위해서 당신이 작성해야 할 문서를 소개하면 다음과 같다.

1. 전략 목표_ 한 페이지짜리 '전략 목표 설정서'는 회사 생활과 개인 생활의 전반적인 방향을 제시한다. 이 문서는 반드시 직접 작성해야 하고, 6~8시간 정도면 완성할 수 있을 것이다. (주의 : 이것은 직원들에게 시킬 수 있는 일이 아니다. 리더인 당신이 직접 해야 한다.) 문서 작성이 끝나면 상사나 동료, 직원들에게 보여주고 의견을 주고받을 수 있다. 시간이 지나면서 필요에 따라 수정할 수 있지만, 몇 년이 지나도 크게 바뀌지는 않을 것이다. ('부록 2'에 센트라텔의 '전략 목표 설정서'가 있으니 참고하기 바란다.) 개인 생활에 대해서도 작성해 보자.

2. 종합 운영 원칙_ 전략 목표 설정서를 완성한 다음에는 '종합 운영 원칙'을 작성해야 한다. 이 문서는 2~3페이지로 압축된 '의사 결정 지침'으로, 대략 10~20시간 정도가 소요된다. 다만 하루 이틀 만에 다 작성하는 것이 아니라 한두 달에 걸쳐 작성해야 하는데, 이는 시스템 분석 과정이 필요하기 때문이다. 그리고 다른 사람의 의견을 들을 수는 있지만, 당신이 직접 작성해야 한다. 일상의 경험으로부터 원칙들을 뽑아낸 다음 시스템적 관점에서 정리하라. 이 원칙들은 당신의 신념에 근거하며, 예상치 못했던 원칙이 새로 나타날 것이다. 그러니 급하게 작성하지 말고, 인내심을 가지고 깊이 고민해서 작성해야 한다. 신중하게 작성하면 이 문서 역시 몇 년이 지나도 크게 바뀌지 않을 것이다. 회사인 경우에는 자세하게 작성해야 하고, 개인 생활의 경우에는 좀 더 가벼운 마음으로 작성해도 된다. (센트라텔의 30가지 원칙은 '부록 3'에 있다.)

3. 작업 절차_ 급한 불을 끄는 게 아니라 애초에 불이 나지 않는 환경을 만드는 작업이다. 앞으로는 작업 절차 문서에 기초해서 일하게 될 것이다. 이 문서는 회사

내의 모든 시스템들이 어떻게 운영될 것인지를 정하는 규칙을 모은 것이다. (개인 생활의 경우에는 작업 절차 문서가 필요하지 않지만, 개념 자체는 언제 어디서든 필요할 것이다.) 당신을 비롯한 핵심 인물(직원, 동료, 상사)들이 짧고 간결하게 작성하면 된다. 절차 중 95%는 '1-2-3… 단계' 형식을 따르고, 나머지 5%는 자유로운 '서술' 형식을 따른다.

시스템을 개선할 때마다 작업 절차 문서로 기록해 두어야 한다. 종합 운영 원칙 문서와 마찬가지로 전략 목표를 완성하자마자 작업 절차를 작성하기 시작한다. 수행하는 사업과 회사 내의 복잡성에 따라 가장 중요하거나 문제가 많은 시스템부터 시작해서 수십 수백 개의 하위 시스템으로 내려가면서 작업하게 될 것이다. 하지만 이 단계에서는 문서 작성에 전적으로 매달리지 않아도 된다. 대신 회사에서 가장 뛰어난 직원들에게 이 작업을 맡기는 것이 좋다. 작업 절차 문서는 일상적인 업무의 근간을 이루지만 환경에 따라 변화하므로, 시스템 작동 방법론에서 비교적 유동적인 부분이다. (센트라텔의 '절차를 위한 절차'를 '부록 4'에서 확인할 수 있다.)

●**생활 방식에 따르는 요건들**● 우리가 특정한 라이프스타일을 선택했다면, 그 생활 방식에는 특정한 요건이 따른다. 즉 반드시 해야 할 일들이 있는 것이다. 이는 '기회가 되면 하는 작업'이나 '기분 내키면 할 일'이 아니라 반드시 해야 한다. 자신이 원하는 대로 살기 위해서는 지금 이 순간의 기분이야 어찌됐든 그 일을 해야 한다. 성공을 위해서는 (그때그때의 기분과 관계없이) 그 일을 반드시 해야 하는 것이다. 이 일이 아무리 귀찮더라도, 또 아무리 하기 싫더라도 일단 해 두기만 하면 그에 대한 보상을 받을 것이다. 즐거운 마음으로 할 필요도

없고, 그냥 하면 된다. 그러나 열 사람 중의 아홉은 이 점을 이해하지 못한다. 그런 사람들은 '지금 하고 있는 일이 재미없다면, 잘못된 일을 하고 있는 거야!'라고 생각한다. 이는 잘못된 생각이다.

당신이 작성하게 될 문서들은 기계적인 참고 문서다. 그러나 이 문서들에는 또 다른 중요한 의미가 함축되어 있다. 그것은 바로 '실체'가 있다는 점이다. 이 문서들을 통해 당신이 하고 있는 일과 지향하는 목표가 현실과 직결된다. 따라서 문서가 갖추어지면 당신은 미래를 위한 일을 시작할 수 있다. 또한 시스템 방법론과 목표를 매일 확인함으로써 올바른 길을 갈 수 있다. 질풍노도와도 같은 생각이나 욕망, 희망 등은 모두 실체가 없는 것이며, 집중하는 데 방해가 될 뿐이라는 점을 항상 기억하라. 그러나 문서는 실체가 있으며, 당신이 목표를 향해 똑바로 나아갈 수 있도록 해준다.

이 문서들은 초안부터 완벽하지 않아도 된다. 맞춤법에 오류가 있어도 되고, 문장 구조가 완벽하지 않아도 되며, 최대한 간략하게 작성해도 된다. 문서를 작성하고, 사용한다는 사실 자체가 중요하다. 정리는 나중에 하면 되니까 일단 시작부터 하라!

슬럼프에 빠졌을 때는 외부로 눈을 돌려라

전략 목표, 종합 운영 원칙, 작업 절차는 자신이 직접 만든 등대와도 같다. 시련의 시기가 찾아오면 어떻게 될까? 이 문서들은 당신 자신이 시스템의 시스템이라는 점, 내부와 외부의 하부 시스템을 조정하는 일은 당신의 몫이라는 점을 상기시켜 줄 것이다. 당신이 의기소침하거나 부정적인 감정에 휩싸여 있을 때 이 지침들은 다시 궤도에 오를 수 있도록 지탱해 줄 것이며, 최소한 당신이 궤도에서 벗어나지 않도록 도와줄 것이다. 세계적인 팝 가수 믹 재거Sir Mick Jagger가 말했듯이 '다시 회복할 수만 있다면 한 번쯤 자제력을 잃어 보는 것도 괜찮다.'

생각이 맑을 때, 삶의 모습이 있는 그대로 보일 때 이들 핵심 문서를 작성하라. 오늘 자신을 채찍질하면서 이 일을 해두면, 당신이 좌절하려고 할 때 용기를 얻게 될 것이다. 예를 들어, 우울해하는 자신의 모습을 외부의 관점으로 바라보고 있다는 것을 깨닫는 순간 한 단계 높은 통제력을 얻게 될 것이다. 이는 인지론적 관점의 자기관리로서, 외부의 관점으로 자신의 생각을 관찰하고 조정할 수 있는 능력을 말한다. 자신의 생각을 자신과는 별개로 존재하는 시스템을 통해 현실을 있는 그대로 바라보는 것이다. 당신이 통제하는 다른 시스템들처럼 말이다.

시스템적 관점은 슬럼프의 이유가 사소한 일 때문이라는 것을 일깨워 준다. 수면 부족, 영양 부족, 과로 또는 과도한 TV 시청, 부정적인 사람들과의 만남, 우울한 환경, 기분 전환을 위한 약물 복용 등이 슬럼프의 이유가 될 수 있다. 이런 여러 가지 영향들에서 벗어나 외부의 관점으로 실체를 바라보라. 슬럼프의 원인이 되는 요소들을 최소화하면 더 이상 자기 통제와 발전을 갉아먹지 못하게 할 수 있다. 즉 더 이상 활력을 잃거나 슬럼프에 빠지는 것을 막을 수 있다.

나는 개인적으로 몸이 피곤하면 다른 어느 때보다도 더 쉽게 슬럼프에 빠진다. 또한 시계로 잰 듯이 매일 오후 1시에서 2시 사이에 신체적, 정신적으로 슬럼프에 빠진다. 그러면 낮잠을 자거나 휴식을 취함으로써 내 육체(그리고 사고력)가 저기압임을 인정하고 조심스럽게 그 시간을 보낸다. 그러다가 오후 4시가 되면 다시 원래 상태로 돌아온다. 이렇게 자신의 생체 주기를 파악해서 대처할 수 있어야 한다.

범죄 심리의 역풍

범죄 심리는 세상 돌아가는 이치를 잘 아는 것으로도 볼 수 있다. 어찌 보면 법을 지키며 살아가는 보통 시민보다 더 잘 알지도 모른다. 범죄자는 '시스템을 이용'한다. 즉 고상해 보이는 겉꺼풀을 벗겨내고 세상의 구조를 있는 그대로 관찰한다. 그런 다음, 다른 사람을 배려하지 않고 자신의 이익을 위해 그 구조를 조작한다. 물론 범죄자가 악의를 품고 세상을 바라보는 건 맞지만, 그 관점 자체는 '밖에서, 그리고 조금 위에서'라는 점을 부인하기 어렵다.

그러나 범죄를 저지르는 것은 전체적인 사회 시스템을 거스르는 것이므로, 절대로 이길 수 없는 게임이다. 사회를 '주 시스템'이라고 한다면 범죄는 결함일 뿐이므로, 주 시스템은 그 결함을 어떻게 해서든 제거하려고 맹렬히 작동한다. '사람이라면 마땅히 이렇게 행동해야 한다.'라고 사회적으로 용인된 관습에 대항하면서 세상 밖을 맴도는 범죄자의 처지를 생각해 보자.

범죄자는 이기적인 이유 때문에 주 시스템(사회)에서 용인된 규칙을 무시하고 개인적인 욕심을 위해 에너지를 사용한다. 그러면서 지름길을 취하고, 시스템 구성 요소를 남용하고, 하찮은 이익을 취한다. (올바른 사회의 보루라 할 수 있는) 공정성과 연민을 무시한 채 시스템을 거스르고 조작하다 보니 '투옥'이라는 인신 구속의 고통을 받거나 심리적 죄의식과 불안감이라는 고통에 시달린다. 그래서 범죄자는 폭풍이 몰아치는 바다에 떠 있는 것이나 마찬가지다. TV 시리즈 「더 소프라노The Sopranos」는 '시스템에 대항'하는 데 따르는 불안감을 완벽하게 보여준다. 이 시리즈에 등장하는 극악무도한 인물들도 고통에 시달리다가 결국은 파멸한다.

그렇다면 '시스템 밖에서' 움직이는 사람은 어떻게 해야 할까? 일반적인 사람이 따르는 절차를 그대로 받아들이면 된다. 즉 정해진 규칙에 따라 게임을 하면 된다. 그렇게 하는 편이 오히려 만사가 순조롭다. 우리가 사는 세상에서는 세상을 거스르지 않고도 비즈니스, 인맥, 인간관계에서 두각을 나타낼 여지가 많다. 규칙을 위반하고 성공하는 것에는 반드시 한계가 따른다. 우주는 시스템의 발전과 효율성 향상에 기여하는 조작은 환영하지만, 혼란을 야기하는 조작에는 맞서서 작동한다.

시스템 작동 원리는 반복하는 것

당신은 마음대로 풀리지 않는 날에 감정의 희생양이 될 것이 아니라, 오히려 블랙홀에 빠진 자신의 감정을 끌어낼 수 있어야 한다. 그리고 밖에서, 약간 위에서 그 모습을 보게 될 것이다. 그러고 나면 똑같은 모습을 다시, 또 다시 보게 될 것이다. 이렇게 자꾸 스스로를 구하다 보면 점점 통제력이 강해지고, 시간이 더 지나면 안정적인 대응을 할 수 있게 된다. 즉 예전처럼 회피함으로써 문제를 해결하려 한다거나 과로, 술, 커

---

* 1999년 1월 10일 부터 2007년 6월 10일까지 HBO 방송에서 방영한 총 6시즌의 86개 에피소드로 구성된 미국 드라마. 미국에 정착한 이탈리아 마피아 가족의 이야기를 다루었다.

피, 약물로써 억지로 슬럼프에서 빠져나오려고 하지 않게 될 것이다. 그런 식으로 하다 보면 당장의 기분은 전환될지 모르지만, 장래에 더 큰 슬럼프가 찾아올 것이 분명하기 때문이다.

이렇게 학습을 반복하다 보면 자신의 세상을 속속들이 파악할 수 있게 된다. 또한 전략 목표, 종합 운영 원칙, 작업 절차 문서 덕분에 당신이 강철 같은 힘을 지닌 몇 안 되는 사람이 되었다는 것도 알게 될 것이다. 감정이 없는 문서가 이 정도의 효과를 낼 수 있다는 것이 믿기지 않을 지도 모른다. 그러나 분명한 사실은 그 문서들이 당신을 변화시켜 줄 것이라는 점이다.

가장 위험한 폭풍

시스템을 관리하는 세 가지 문서는 당신을 향해 불어 닥치는 폭풍에도 흔들리지 않도록 견고하게 잡아 줄 것이다. 그렇다면 당신에게 닥쳐 올 가장 위험한 폭풍은 무엇일까? 당신의 발전을 늦추거나 가로막고, 심지어 되돌리기까지 하는 폭풍은 무엇일까? 그것은 바로 당신의 '감정'이다.

당신이 삶을 통제하는 데 있어서 가장 중요한 것들은 모두 문서 작업을 통해서 마련된다. 즉 목표가 무엇인지, 목표를 어떻게 달성할 것인지, 세상의 작동 원리에 대해 어떤 생각을 가지고 있는지, 가장 중요하게 생각하는 것은 무엇인지, 그리고 어떻게 행동할 것인지 등이다. 따라서 당신이 시스템 관리 문서를 작성해 둔다면 인간으로서 어쩔 수 없이 겪게 될 예기치 못한 감정의 동요를 겪더라도 이겨내고 앞으로 나아갈 수 있다. 시스템 작동 방법론을 내면화하면 부정적인 감정의 영향을 최소화할 수 있다. 그래서 감정의 동요가 일어나도 발전 속도가 조금 느려지기는 하겠지만 발전이 멈추지는 않는다.

어찌 됐든 우리는 인간이기에 가끔씩은 자신이 침체되어 있다는 생각을 할 수밖에 없다. 그럴 때마다 이 문서들은 당신이 침체의 바다에 빠져 익사하기 전에 물 밖으로 꺼내 줄 것이다.

밖에서, 그리고 약간 위에서

센트라텔의 경우, 외부의 관찰자적 관점에서 조치를 취하자 혼란이 사라지고 질서가 찾아왔다. 일단 새로운 방법론을 적용하고 나니 지속하는 것은 더 쉬웠다. 곧바로 긍정적인 결과가 나왔기 때문이다. 시스템 개선과 그에 따른 문서 작업(이것이 바로 시스템 작동이다.)에 투자하면 할수록 더 좋은 결과를 얻을 수 있었다.

지금의 센트라텔은 수익성이 매우 높을 뿐만 아니라, 회사가 알아서 성장하고 있기 때문에 관리하는 데도 거의 시간이 들지 않는다. 나는 프로젝트 엔지니어가 되어 먼발치로 상황을 관찰하면서 이곳저곳을 조금씩 건드려 회사가 전속력으로, 그리고 똑바로 나아갈 수 있게 한다. 센트라텔이 통제되고 있는 것은 내가 사소한 것까지 하나하나 모두 관리하기 때문이 아니다. 센트라텔의 모든 시스템들을 끊임없이 완벽에 가깝게 다듬어 왔기 때문이다. 물론 센트라텔의 성공에 결정적인 역할을 한 것은 직원들이다. 직원들이 시스템 방법론을 정착시키는 데 열정적으로 참여하고 도움을 주었다. 그런 의미에서 직원들 역시 프로젝트 엔지니어라고 할 수 있다.

> **"처음에는 당신이 시스템을 작동시키지만,**
> **그런 다음에는 시스템이 알아서 일을 한다."**

    센트라텔은 성장을 거듭하고 있으며, 모든 면에서 평온하고 효율적이다. 회사의 발전도 발전이지만, 시스템적 관점은 나에게도 면면히 흐르고 있어서 개인 생활에서도 똑같은 수준의 통제와 자유를 누리고 있다. 몇 년 전에는 건강까지 되찾았다. 나를 아는 사람들 중에는 내가 용감했기 때문에 시스템적 관점을 실행에 옮겼다고 말하는 사람도 있다. 하지만 전혀 그렇지 않다. 오히려 심신이 지쳐 있었고 두려웠다. 파멸이 눈앞에 닥치고 나서야 그냥 바라기만 해서는 삶이 내 마음대로 되지 않는다는 사실을 깨달았다.

    왜 마지막 순간이 다가오기 전에는 답이 보이지 않는 것일까? 그 이유는 아마도 내가 몇 년째 계속되는 사투로 인해 죽어 가고 있었음에도, 내 비전과 방법론 자체에 의심을 품기보다는 하루하루의 고통을 감내하며 급한 불을 끄는 편이 더 편했기 때문인지도 모른다. 게다가 교만하기까지 했다. 오히려 급한 불을 끄고는 마치 외부의 엄청난 고난에 맞서 이겨낸 영웅이라도 된 것처럼 행동했다. 그러면서 언젠가는 잘못된 세상이 정신을 차리고 내가 바라는 대로 변할 것이라는 잘못된 믿음에 빠졌다. 그러나 마침내 파국이 다가오자 모든 거품이 사라지면서 내가 삶의 시스템을 제대로 관리하지 못했다는 충격적인 사실을 그대로 받아들여야만 했다.

    그렇다면 당신도 나 같은 경지에 도달하기 위해 극단적인 경험을 해야만 할까? 그렇지 않다! 내 머릿속 전구에 '시스템적 방법론'이라는 불이 켜진 것은 9년 전 어느 날 새벽이었다. 물론 약간의 번거로운 작업이 필요하긴 했지만, 내 비즈니스와 생활을 너무나 손쉽게 개선할 수 있겠다는 사실을 깨달은 것이다. 그로부터 나를 둘러싼 시스템을 파악한 다음 그것을 분리해서 하나씩 고쳐 나가자 모든 것이 해결되었다. 이제 이해할 수 있겠는가? 관점을 바꾸고, 상황을 개선하기 위해 사서 고생할 필요가 전혀 없다는 말이다.

이제 와서 생각해 보면 '밖에서, 그리고 약간 위에서' 바라봐야 한다는 내 깨달음은 살짝 우습기까지 한 측면이 있다. 그 깨달음은 나에게만 주어진 신의 축복이 아니었기 때문이다. 성공한 기업, 성공한 삶을 관리하는 이 세상 사람들의 마음속에는 이미 시스템적 관점이 깊이 각인되어 있다. 하지만 시스템적 관점이 처음부터 몸에 배어 있던 사람들은 그것이 자신이 거둔 성공의 핵심 요인이었음을 깨닫지 못한다. 깨닫기는커녕 그것을 제대로 설명하지도 못한다.

●시스템적 관점의 의문●　　타로 카드가 행복한 미래를 점쳐 주기를 기대하거나 복권에 당첨되어 수억 원이 뚝 떨어지기를 기다리는 것보다는 냉엄한 현실에 냉정하게 대처하는 편이 원하는 것을 얻을 확률이 훨씬 더 높다. 복잡하게 생각하지 말고 기계처럼 움직이자. 스스로가 삶의 고삐를 틀어쥐고도 운명이나 마법, 터무니없는 행운, 아니면 다른 사람의 자비심에 기대어 원하는 것을 얻으려고 하는 자신을 바라본다면 기분이 어떻겠는가? 어떤 상황에서든 스스로 냉엄한 현실을 바라보는 데 도움이 되는 '시스템적 질문'이 몇 가지 있다. '내 의도와 관계없이 지금 무슨 일이 일어나고 있는가?' 어딜 가든 이 질문을 품고 다녀라. 그리고 어떤 행동을 해야 하는지 분명한데도 계속 망설여진다면, 이런 질

문을 던져라. '지금 이 순간, 행동하지 않으려는 마음이 행동하지 않아야 할 충분한 이유가 되는가?'

시스템에 몰입해야 하는 이유

시스템적 관점으로 세상을 바라보는 순간 당신은 이 세상의 수많은 시스템들이 조용히 작동하는 모습을 홀린 듯이 바라보게 될 것이다. 이것이 바로 몰입이 아니면 무엇이겠는가? 당신은 그 광경을 바라보는 것을 즐기게 될 것이고, 자신이 그 시스템들 속의 일부라는 것도 깨닫게 될 것이다. 당신은 다양한 사건으로부터 한 걸음 물러서서 약간 위에서 바라보는(거의 형이상학적이기까지 한) 시스템적 관점으로부터 자신의 존재를 바라보게 될 것이다. 직장 생활과 개인 생활에서 당신이 할 일은 시스템을 하나하나 개선하고 조정함으로써 조금씩 더 효율적으로 만드는 일이다.

이 세상은 99.9%가 효율적으로 작동한다. 헤아릴 수 없는 힘, 질서와 효율에 굶주린 힘을 원동력으로 하는 바꿀 수 없는 물리적 법칙이 존재하기 때문이다. 우리의 삶을 구성하는 시스템은 냉정하게 결과물을 발생시킨다. 즉 우리가 원한다는 이유만으로 우리가 원하는 결과물을 발생시키지는 않는 것이다.

하지만 이 세상이 99.9% 효율적으로 작동하는 시스템이라면, 우리에게는 오히려 더 좋다. 현실이 기계적이면 예측을 할 수 있기 때문이다. 따라서 현실을 믿고 자신의 이익을 위해 활용할 수 있다. 창고에 넣어 둔 삽을 생각해 보자. 삽으로 땅을 팔 수 있다는 사실을 의심한 적이 있는가? 밧줄은 또 어떤가? 마음만 먹으면 밧줄로 뭔가를 묶을 수 있다는 사실은 의심할 여지가 없다. 반대로 밧줄로 흙을 파려고 하겠는가? 당신은 이런 질문들에 대해 자신 있게 대답했을 것이다. 그와 마찬가지로 세상의 더 큰 구조, 기계적인 구조에 대해서도 자신감을 가져야 한다. 시스템적으로 사고하게 되면 세상의 구조가 예측 가능하고, 자신이 의도한 결과를 만들어낼 수 있다는 사실을 알게 될 것이기 때문이다.

'현실'이라는 기계의 신뢰성을 이해하고, 그 기계를 의도한 대로 작동시키면 얼마든지 원하는 결과를 얻을 수 있다.

앞을 향해 세 걸음만 나아가라

회사와 내 건강이 되살아나는 동안, 나는 예기치 못한 큰 어려움을 두 번이나 겪었다. 한 번은 앞에서 언급했던 법정 투쟁이었고, 한 번은 가족을 잃은 것이다. 두 악몽은 동시에 찾아왔다. 법정 투쟁이 해결되는 데는 2년이 걸렸고, 가족을 잃은 슬픔은 최근까지도 계속되었다. 매우 힘들고 어두운 시기였으나 밖에서, 그리고 약간 위에서 사건들을 관찰함으로써 하루하루를 정신적 혼란 없이 효율적으로 보낼 수 있었다.

앞에서 언급했던 몇 가지 사항을 다시 한 번 말하고 싶다. '시스템적' 사고방식은 대부분의 사람들이 매일 취하는 사고방식과는 다르다. '시스템 작동'의 관점은 자기 자신을 정신없이 돌아가는 하루의 사건들 속에 파묻힌 내부적 구성 요소로 바라보는 것이 아니다. 사건들을 '밖에서, 그리고 조금 위에서' 바라보는 것이다. 그렇게 되면 하루의 개별 사건들이 논리 정연하게 연결된 것으로 볼 수 있다. 당신은 만질 수 있는 물체를 보듯이 하루의 이런저런 일들을 내려다보는 관찰자가 되는 것이다. 그 결과 상황은 의외로 간단하고, 이해하기도 쉽다. 어디를 보든 세상의 구조가 한눈에 들어온다. 당신을 둘러싼 시스템들이 끊임없이 작동함에 따라 한 가지 일이 다른 일로 차례차례 이어진다. 당신은 끊임없이 그 시스템들을 작동시킨다. 그리고 하나씩 하나씩 개선한다. 시간이 지나면 복잡성과 혼란은 잦아들고, 그 자리에 질서와 평온, 자신감이 들어선다. 급한 불을 꺼야 하는 상황과 혼란은 점차 사라진다. 당신이 한 일의 결과물을 내려다보면 강한 자긍심이 느껴지고, 자신이 해낸 일이 자랑스러울 것이다.

이제는 내가 말하고자 하는 것을 이해할 수 있겠는가?

일단 '감을 잡으면' 시스템적 사고방식이 전혀 억지스럽지 않고 자연스럽다. 당신은 아침에 일어나자마자 그날의 가장 중요한 일에 집중할 것이며, 모든 일의 목표는 (회사 생활과 개인 생활을 위해 미리 작성한) 전략 목표 문서로 설정해 둔 최종 목표에 다가가는 것이다. 또한 앞으로는 반복되지 않겠지만, 하루를 살다 보면 앞으로 나아가기 위해 어쩔 수 없이 한 걸음 물러서야 할 때가 있다는 사실도 받아들일 것이다. 앞으로 나아가는 게 더 중요하기 때문이다. 그러니 뒤로 한 걸음 물러설 때마다 앞으로 크게 세 걸음을 내딛어야 한다. 만약 어쩔 수 없이 급한 불을 꺼야 하는 상황이 발생하더라도 걱정할 필요는 없다. 당신은 이미 시스템적 사고방식에 의해 충분히 대비할 수 있기 때문이다.

시스템적 관점으로 이 세상을 바라보게 되었을 때, 당신은 중요한 목표를 향해 앞으로 나아가고 있다는 현실에 만족감을 느낄 것이다. 일을 하건 안 하건 당신은 정처 없이 떠돌지 않을 것이며, 급한 불을 끄기 위해 집착하지도 않을 것이다. 그 순간이 바로 시스템을 관리하고, 만들고, 관찰하면서 즐기는 몰입 상태인 것이다.

저절로 작동하는 거대한 공장

이탈리아 북부에 자리 잡은 세계 최대 프린터 제조업체의 공장은 365일 24시간 돌아간다. 생산 기계는 물론 직원들은 평생 동안 고정된 위치에서 일을 한다. 매일 배송 트럭이 와서 자재를 납품하고, 포장된 완제품을 실어 간다. 주차장에 자동차 몇 대만 서 있는 것을 보면, 직원이 몇 명 안 된다는 것을 알 수 있다.

정문을 지키는 경비원에게 출입 허가증을 받으면 이 거대한 공장의 시스템을 들여다볼 수 있다. 공장에 들어서는 순간 방문객조차도 거대한 시스템의 통제 하에 있다는 사실을 금방 알 수 있다. 이 공장의 시스템은 한쪽 끝에서 보면 반대쪽 끝이 안 보일 정도로 엄청나게 큰 기계 장치로 이루어져 있다. 경계선으로 분명하게 구분된 보도에 사람이 접근하면 붉은색 경고등이 번쩍이며 멈추라고 경고하면서 기계 라인이 움직여서 사람이 지나갈 수 있게 길을 터준다. 사람이 지나가고 나면 기계 라인이 다시 맞붙으면서 낭비한 시간을 보충이라도 하려는 듯 좀 더 빠른 속도로 작동을 시작한다.

이 공장에는 비상구가 따로 없기 때문에 심장이 약하거나 폐쇄공포증이 있는 사람에게는 매우 위험한 곳이다. 기계 라인이 사람의 존재를 감지하지 못할 경우, 당신을 도와줄 수 있는 사람도 없다. 물론 나가고 싶으면 언제든 나갈 수 있지만, 시스템 작동에 방해가 되지 않는 속도로만 나갈 수 있다.

이 거대한 시스템은 여러 개의 하부 구성 요소로 이루어져 있고, 생산 라인 끝에서 완제품이 떨어져 내릴 때까지 이들 하부 구성 요소는 서로 협업한다. 테스트까지 끝난 프린터는 포장된 후, 당신이 사는 곳 근처의 소매점으로 배송된다. 아마 이 프린터에 처음으로 손을 대는 사람은 개인 구매자일 것이다.

이것은 '가치 있는 물건의 생산'이라는 분명한 목적을 지닌 시스템의 시스템이다. 사람은 어디에서 이 시스템을 관리할까? 물론 '밖에서, 그리고 조금 위에서' 관리하고, 조정하고, 유지 보수를 한다.

당신의 삶 속에서 스스로 알아서 작동하는 독립된 '거대한 기계(예를 들면, 자동차 또는 집)'를 생각해 보라. 특히 직장에서 당신의 삶을 더 쉽게 만들어 주는 시스템들을 떠올려 보라. 당신에게는 그런 시스템이 있는가?

9. 우리는 프로젝트 엔지니어다

"관리자는 시스템 안에서만 일한다. 하지만 '리더' 는 시스템을 관리한다."

● 스티븐 코비

시스템 작동 방법론의 핵심을 요약하면 다음과 같다.

(지금쯤이면 내가 복습을 얼마나 좋아하는지, 확실하게 설득하는 것을 얼마나 좋아하는지 알게 되었을 것이다.)

1단계 _ 시스템을 개선하는 기본적인 관점, 즉 '밖에서, 그리고 약간 위에서' 바라보는 관점을 몸에 익혀야 한다.

2단계 _ 비즈니스와 직장, 개인 생활에서의 목표를 구체적으로 정한 다음, 문서로 작성한다. 그 목표를 달성하기 위해 활용할 방법을 간략히 정의한다. 이것이 '전략 목표 설정서'다.

3단계 _ 자신만의 '종합 운영 원칙'을 만들고, 그것을 의사 결정의 지침으로 삼는다.

4단계 _ 개선할 수 있는 시스템에 대해 구체적으로 적는다. 이때 이미 존재하는 시스템과 새로 만들어야 할 시스템을 포함시킨다. 그 외의 것들은 버릴 각오를 한다.

5단계 _ 각 시스템을 가장 기본적인 구성 요소로 분해한다. 비즈니스나 직장의 경우에는 각 시스템을 '1-2-3… 단계' 형식으로 문서화한다.

6단계 _ 시스템을 하나하나 살펴보면서 각 단계의 효율성을 높인다. 이때 최대한 단순함을 추구해야 한다. 필요하면 순서를 바꾸고, 단계를 추가하거나 뺀다.

7단계 _ 각 시스템을 '작업 절차서'에 기록하여 비즈니스나 직장에서 시스템을 계속 유지할 수 있도록 한다. (개인 생활의 경우에는 작업 절차가 필요하지 않다.)

8단계 _ 새로운 작업 절차를 추가하고, 정기적으로 관리해야 한다. 필요에 따라 조정할 수도 있다.

시스템 개선을 위한 모형 시스템

1단계에서는 무엇보다도 '시스템을 개선한다는 관점'이 몸에 배어야 한다. 이러한 직관적인 이해가 없으면 당신의 현실 세상에서는 2~8단계가 일어나지 않는다. 새로운 방향으로 나아갈 수 있는 힘은 머리로 배운 내용이 아니라 뼛속 깊이 새겨진 믿음에서 비롯된다는 점을 깊이 인식해야 한다.

시스템 개선의 관점을 진정으로 이해하려면, 개인적으로 의미 있게 받아들일 수 있는 '모형 시스템'을 하나 생각해 두는 것이 좋다. 물론 그 모형 시스템은 '시스템 방법론'을 정확하게 설명해 줄 수 있어야 한다. 자신이 설정한 모형 시스템을 기억하면서 일상을 살아가면, 시스템적 관점과 모든 시스템의 공통적인 특징들을 항상 기억할 수 있다. 자신만의 생생한 모형 시스템이 있으면 정신없이 바쁜 날, 즉 불끄기에 급급해서 시스템 개선 절차에 신경을 쓰기 어려운 날에도 시스템적 관점을 유지할 수 있도록 해준다. 시스템 모형을 이용해서 목표를 향해 똑바로 나아갈 수 있는 것이다.

시스템 모형은 당신이 믿을 수 있는 것이어야 하므로, 당신이 전혀 의심하지 않고 받아들일 수 있는 익숙한 구조에 근거해야 한다. 또한 주변 환경으로부터 떼어내어 상상하기 쉬운 것, 즉 독립적으로 존재할 수 있는 것을 찾아야 한다. 예를 들어 보겠다.

의료계 종사자라면 신체 시스템과 관련된 상상을 여러 가지로 해 볼 수 있다. 신체 기관의 기능, 골격 구조, 부상 회복 과정 등으로부터 예를 끌어낼 수 있다.

자동차 세일즈맨이라면 자동차 공장의 컨베이어 벨트를 생각해 볼 수 있을 것이고, 그 자체가 수많은 하부 시스템으로 이루어진 자동차를 어떻게 관찰하고 조정해야 최고의 효율성을 유지할 수 있는지를 생각해 볼 수도 있다.

소방관이라면 어떤 상황에서든 효율적으로 기능해야 하는 장비와 절차에 대해 생각해 볼 것이다. 비행기 조종사라면 비행 전에 확인해야 할 체크리스트가 있을 것이다. 이것이야말로 기존의 시스템에 결함이 있는지를 관찰하고, 모든 하부 시스템이 최고의 효율로 기능하고 있는지를 확인하는 완벽한 사례가 될 것이다. 따라서 비행기 그 자체 또는 뜨고 내리는 한 번의 비행도 좋은 시스템 모형이 될 수 있다. 조종사는 자동으로 비행 방향을 조정하고, 하부 시스템의 기능을 점검하며, 시스템에 이상이 있을 때는 경고해 주기 때문이다.

당신이 설정한 시스템 모형은 급한 불을 끄는 데 급급한 행동은 당신에게 해가 될 뿐이라는 점을 상기시켜 준다. 따라서 모든 일에 시스템 모형을 적용해 봄으로써, 당신은 시스템 관리에 에너지를 집중할 수 있게 될 것이다. 또한 당신이 끊임없는 위기를 맞아 급한 불을 끄는 소방관이 아니라, 효율적인 시스템을 만들어 내고 유지하는 '프로젝트 엔지니어'라는 점을 상기시켜 줄 것이다. 그런 식으로 유추해 보면 초기에 큰 도움이 된다. 나중에는 가끔씩 떠올려 보면서 자신이 누구이며, 어디에 서 있는지, 그리고 하루를 어떻게 살아가는지를 즐거운 마음으로 생각해 볼 수 있을 것이다.

한 예로 내가 사용하는 시스템 모형을 설명해 보겠다. 읽으면서 당신에게 적합한 시스템 모형은 어떤 것일지를 생각해 보라. 굳이 종이에 적을 필요는 없다.

새로운 서비스 촉진자

시스템적 관점으로 일하는 방식을 바꾸기로 결심하고 나서 생각한 시스템 모형은 '전기'와 관련된 것이다. 나는 전기가 공급되는 과정과 전기 설비 프로젝트 엔지니어로 일할 때의 내 역할을 조합해 보기로 했다.

전기 공급 과정은 내게 시스템 작동 방법론의 원리를 완벽하게 설명해 주었기 때문에, 그것을 폐쇄 시스템의 시스템 모형으로 삼았다. 즉 배전 시스템은 주변 세상의 복잡함을 침해하지 않는 독특한 실체라는 것을 쉽게 떠올릴 수 있었고, 그것은 내게 선형적 시스템의 구조를 설명해 주는 완벽한 사례이기도 했다.

나는 스물여덟 살 때 오리건 중부의 집에서 가까운 전력 회사에 입사했다. 이 회사는 오리건 주 전역을 대상으로 수천 킬로미터의 전력선을 통해 수만에 달하는 주택과 각종 시설에 전력을 공급하고 있었다.

미국의 모든 전력 회사 중에서 내가 입사한 회사의 운영 및 공사 담당자들은 가장 극단적인 환경적, 기상학적, 사회경제적 어려움을 겪어야 했다. 전선 가설공은 산악 지역의 눈보라와 사막의 열기, 깎아지른 산과 긴 강, 주택이 밀집한 도시 지역, 산간벽지를 돌아다니며 작업해야 했기 때문이다. 이 회사에서 일한 7년 중 초기 3년 동안 내가 맡은 직책은 가입자를 모집하는 '가입 촉진자' 였다.

회사에 채용된 4명의 가입 촉진자 중 한 명이었던 나는 주택 건설업체와 토지 소유자들을 만나고 다녔다. 내가 하는 일은 우리 회사의 공사 인부들이 가장 가까운 곳에 있는 기존 전선을 끌어다가 고객의 공사 현장에 전기를 공급할 수 있도록 조치하는 것이었다. 보통 전신주에서 현장까지의 거리는 90미터 미만이었다. 나는 공사 현장을 조사한 후 가장 가까운 곳에 있는 전신주를 찾아낸 다음, 인부들이 공중이나 지하로 지나가는 저전압선을 통해 고객에게 전기를 공급할 수 있도록 설명서와 자재 목록을 작성했다.

이 일은 주 전기 시스템과는 거의 관계가 없었다. 내가 맡은 지역은 북쪽의 컬럼비아 강에서 전기를 생산해 내는 거대한 수력 발전소와 거리가 멀었다. 또한 수천 킬로미터의 고전압선과 지역 전체에 대량으로 전기를 공급하는 복잡한 장비와도 거리가 멀었다. 내가 맡은 일은 신규 고객에게 전기를 공급하기 위한 작은 하부 시스템을 설계하는 것이었다. 이 하부 시스템들은 우리 회사의 대규모 배전망, 즉 주 시스템에 딸린 부차적인 것에 지나지 않았던 것이다.

나는 신규 가입 촉진자로서 3년을 근무한 후에 승진했다. 이때의 승진을 계기로 나는 시스템의 주변부에서 시스템의 핵심으로 이동했고, 주 시스템 자체와 주 시스템의 영향을 받는 많은 고객들에게 훨씬 더 큰 영향을 미칠 수 있게 되었다.

내가 새로 맡은 직책은 '프로젝트 엔지니어' 였다. 새로운 내 역할을 완벽하게 설명하는 단어였다. (당신이 앞으로 맡게 될 역할의 직책이기도 하므로 집중하자!) 나는 한 지역 전체에 전력을 공급하는 대규모의 고전압 배전 공사를 설계하고 감독하는 일, 한 번에 수천 명의 고객에게 영향을 미치는 시스템 개선 프로젝트 관리 업무를 수행했다. 주 전기 시스템의 굵직한 부분을 점검하면서 문제를 찾아내 개선점을 제안하는 것도 내 몫이었다. 전반적인 유지 보수 작업도 해야 했다. 어떤 분야에서든 시간이 지날수록 시스템 구성 요소는 노화되고, 환경은 변화한다. 따라서 이들 변수를 확인하면서 수리와 업그레이드를 제안하는 것이 내 일이었다. 한 마디로 내가 맡은 일은 주 배전 시스템의 부분을 분석하여 개선할 점을 설계한 후 그 설계도를 인부들에게 전달하는 것이었다.

나는 정확한 양식에 맞춰 종이에 설계도를 그렸다. 이때 가장 중요한 것은 꼼꼼하고도 간결하게 그리는 것이었다. 인부들에게 필요한 정보를 넘치지도 모자라지도 않게 제공함으로써, 그들이 공사를 빨리 진행할 수 있도록 도와야 하기 때문이었다.

이렇게 작고 독립된 업무를 취급하다가 더 크고 본질적인 시스템 개선 프로젝트로 이행하게 되는 과정을 어떻게 접근해야 하는지를 주목하기 바란다. 또한 설계 및 문서화 작업에 엄격한 규칙이 있었다는 점도 주목하자.

새로운 세상을 즐겨라

내가 맡았던 예전의 직책과 새로운 직책 사이에는 중요한 공통점이 있었다. 둘 다 출근해서 아침부터 저녁까지 전기 시스템에 집중한다는 점이었다. 일하는 동안 전기 시스템은 나머지 세상과는 별개로 존재했다. 물론 휴식도 취하고, 점심도 먹고, 가끔씩은 개인적인 통화도 했다. 하지만 전반적으로 내 의식 속에서는 '배전 시스템(전신주와 전선으로 이루어진 망)'이 가장 중요했다. 배전 시스템은 내 아이들, 내 경제적 상황, 내 이해 관계로부터 독립된 개체로서 내 마음 속에 존재했다. 일하는 동안에는 다른 것들이 아예 존재하지도 않는 것처럼 배전 시스템에만 완전히 집중했다. 또한 그것은 내 마음 속에서만 별개로 존재하지도 않았다. 현실에서도 독립적인 개체로서, 그리고 세상에 비집고 들어간 주 시스템으로서 수많은 촉수를 뻗어 많은 사람들에게 전기를 공급한다는 단 하나의 목적을 수행하고 있었다.

일이 끝나고 집에 돌아가 내 삶을 구성하는 다른 시스템들에 신경을 써야 할 때면, 나는 스위치라도 누른 듯 관점을 바꿨다. 이런 방식의 전환은 매일 무의식적으로 이루어졌다. 내가 이 책의 바탕이 될 '밖에서, 그리고 약간 위에서' 바라보는 관점을 즐기고 있었다는 사실을 그때는 전혀 깨닫지 못했다.

사실 대부분의 사람들은 무의식적으로 복잡한 것을 분해해서 구성 요소를 하나씩 처리하려는 성향을 가지고 있다. 그런 사람들을 위해 시스템 작동 방법론은 느슨하고 즉흥적인 성향을 확실하고 체계적인 여정으로 바꿔 준다. 따라서 시스템 작동 방법론을 실행에 옮기는 사람들은 자신의 삶을 구성하는 시스템을 직접 작동시키는 즐거움을 누릴 수 있다.

시스템을 개선하는 시스템 관리

전력 회사에서 승진을 함으로써 내 역할은 개별 고객을 위한 작은 하부 시스템을 설계하는 작업에서 수천 명의 고객에게 영향을 주는 주 전기 시스템을 개선하는 작업으로 바뀌었다. 주 시스템에 작은 조각을 덧붙이는 게 아니라, 큰 부분을 관리함으로써 주 시스템이 수 많은 고객들에게 전기를 끊김 없이 공급할 수 있게 하는 것이었다. 나는 주 시스템을 조정하고 관리함으로써 시스템을 안정적이고 효율적으로 유지했다.

내 일은 주 시스템을 강화해 줄 시스템 개선안을 설계하고, 다른 사람들이 그 시스템 개선안을 잘 실천하는지를 감독하는 것이었는데, 이 모든 작업이 바로 '시스템 관리'였다. 나는 무의식적으로 '시스템을 작동시키고' 있었던 것이다. 훗날 내가 이 원리를 이해하게 되면서 이런 관리 절차가 내 삶의 모든 부분으로 비집고 들어오게 되었다.

지난날, 전력 회사에서 맡았던 그때의 역할은 오늘날 내가 그리고 싶은 내 삶의 모습에 대해 아주 적절한 시스템 모형이 되었다. 오래 전 전력 회사의 프로젝트 엔지니어로서 했던 것처럼, 지금의 나는 나를 이루는 모든 시스템을 관찰하고, 조정하고, 유지 보수하고, 업그레이드를 하면서 사소하고 부가적인 일에 휘말리는 일은 피한다. 이제 나는 사소한 것을 다루는 전문가가 아니기 때문이다.

유지 보수와 99.9%의 신뢰성

삶의 어떤 부분에서든 시스템 오류를 방지하면서 최고의 효율을 이끌어내기 위해서는 '정기적인 시스템 유지 보수'가 반드시 필요하다. 세상만사가 시스템이라는 사실을 이해한다면, 인간의 모든 시스템은 유지 보수가 필요하다는 점도 알 수 있을 것이다. 자동차의 엔진 오일 교환, 직원회의, 화초에 물주기, 배우자와 외식하기, 아이들과 놀아주기, 우수 직원 포상, 정기적인 고객 방문, 기록하기, 운동하는 것 등이 그 예다. 그러나 혼란을 수습하느라 여념이 없는 사람들은 이 중요한 '기름 치기' 작업을 간과한다. 급한 불을 끄느라 정신이 없어서, 단순히 게을러서, 그리고 특히 선형적 시스템이 기계적인 현실 세상에서 동작하는 원리를 모르기 때문에 일, 결혼, 우정, 기계, 휴식, 가정, 건강 등 수많은 삶의 측면에서 정기적인 유지 보수 작업을 간과하는 것이다.

전기는 발전 시설에서 생겨나 송전선을 통해 최종 사용자에게 전달된다. 전기 입장에서 보면 수많은 전기 하부 시스템과 험한 지형을 거쳐 가는 참으로 길고도 위험천만한 여정이다. 극단적인 날씨 변화, 전력선 파손, 예기치 않은 발전소의 가동 중단 등이 전기 공급에 장애를 일으킨다. 그러나 흥미롭게도 내가 일했던 전력 회사의 공식 통계를 확인해 보았더니, 지난 7년간 고객이 정전을 겪은 시간은 1년에 평균 73분밖에 되지 않았다. 1년은 525,600분이니까, 73분은 0.00014%에 불과하다. 따라서 고객은 1년의 99.9% 이상은 정전 없이 안정적으로 전기를 공급받았다는 것이다. 놀랍지 않은가?

전력 회사의 전선이 거칠고 험한 환경을 뚫고 수백 킬로미터를 지나간다는 점, 고전압 전기가 그 자체로 휘발성이 강하기 때문에 틈만 나면 전선과 변압기 밖으로 빠져나가려고 한다는 점을 고려해 보라. 그러면 전력 회사 관리자와 직원들은 어떻게 해서 이처럼 놀라운 신뢰성을 확보할 수 있었을까? 이는 그들이 전력망을 문제가 생겼을 때만 신경 쓰면 되는 전신주와 전선, 장비의 집합체로 보는 것이 아니라, 끊임없이 관리해야 할 하나의 시스템으로 보았기 때문이다. 전기 공사를 하는 사람들은 안정적인 전기 시스템을 설계하고 설치하는 작업에서 출발하지만, 설치가 끝난 다음에도 끊임없이 시스템을 관리해야 한다.

시스템 모형 적용하기

요약하자면, 대규모 전기 공급 시스템의 프로젝트 엔지니어로서 내가 수행했던 역할은 전기 공급 시스템을 분리해낸 후 밖에서, 그리고 약간 위에서 바라보는 것이었다. 그렇게 함으로써 시스템 개선안을 설계하고, 쓸모없는 하부 시스템을 제거함과 동시에 새로운 하부 시스템을 만들어 내며, 기존의 시스템을 관리하면서 변화하는 혹독한 환경에서 안정적으로 기능하도록 하는 것이었다.

시스템 프로젝트 엔지니어로서, 그리고 시스템을 작동시키기 위해 당신이 생각해 낸 시스템 모형은 무엇인가? 자동차인가, 인체인가, 비행기인가, 배인가? 시스템 모형을 이용해서 세상을 시스템적 관점으로 바라봐야 한다는 점을 기억하라. 당신의 시스템 모형이 얼마나 완벽한 것인지를 확인해 보고 어떤 상황에 처하든 그것을 적용하라. 당신이 그렇게 할 수 있는 이유는 이 세상의 모든 시스템들이 정확히 같은 방식으로 작동하기 때문이다. 이것은 이론적인 것도 아니고, 신비로울 것도 없는 기계적인 현실일 뿐이다.

멀리서 바라보기

내가 전력 공급 시스템을 내 삶에 대한 시스템 모형으로 인용하는 것은 하부 시스템을 담당하는 실무자가 되어서는 안 되고, 주 시스템을 관장하는 프로젝트 엔지니어가 되어야 한다는 점을 상기시켜 주기 위함이다. 비즈니스에서나 회사의 관리자로서 당신의 역할에 자신만의 시스템 모형을 적용하기 시작하면, 하부 시스템의 실무는 담당자들에게 위임하게 될 것이다. 그 대신 당신은 새로운 시스템을 만들고, 기존 시스템에 대한 개선안을 설계하고, 실무자들을 관리할 수 있게 될 것이다. 물론 당신이 예술가이거나 다른 사람을 위해 일하는 사람이라면, 이 말이 100% 맞는 이야기가 아닐지도 모른다. 하지만 당신의 역할이 무엇이든 간에 시스템 작동 방법론을 활용할 여지는 충분하다. 그리고 그렇게 하면 당신의 상황은 (어떤 상황이든 간에) 나아질 수밖에 없다고 확신한다. (직장과 일에 대해서는 '19. 프라임 타임'에서 자세히 다룬다.)

자신에게 맞는 시스템 모형을 고려할 때는 '프로젝트 엔지니어'라는 새로운 자신의 역할에 대해 '밖에서, 그리고 약간 높은 곳에서' 자신을 조망해 보라. 이렇게 한 마리의 새처럼 외부에서, 그리고 약간 높은 곳에서 당신의 세계를 바라보는 시간을 갖게 되면 더욱 확고한 목표를 알 수 있게 될 것이다. 당신이 조직의 리더가 아니더라도 상관없다. 시스템적 관점은 조직을 통해 당신을 위로 끌어올려 줄 것이다.

자기만의 시스템 모형을 생각해냈고, 프로젝트 엔지니어로서의 자세도 배웠다. 그러니 이제 당신은 먼발치에서, 즉 '밖에서, 그리고 약간 위에서' 상황을 관찰할 수 있게 되었을 것이다. 이와 같이 당신의 세상을 조망해 보면 목표를 점점 더 빨리 달성할 수 있게 되고, 점점 더 많은 시간을 '밖에서, 그리고 약간 위에서' 관찰할 수 있게 될 것이다. 당신이 조직의 리더가 아니더라도 문제는 없다. 시스템적 관점을 받아들이면 승진도 시간문제이기 때문이다.

사실 이처럼 간단한 일도 없다. 실무의 노예가 되지 마라. 그 대신 밖으로 나와 아래를 내려다보고, 개별 시스템을 분석한 다음 '1-2-3…' 단계의 형식에 맞춰 종이에 써 보라. 그런 다음에는 시스템 전체가 달성하려는 목표를 설정하고, 시스템의 결함과 함께 외부의 변화하는 환경을 파악하라. 그리고 나서 시스템을 개선하고, 개선한 것들을 문서화하라. 이 시스템들은 당신이 사사건건 간섭하지 않아도 작동되도록 설계되었을 것이다. 그러므로 모든 작업이 끝난 다음에는 뒤로 물러나 가끔씩만 (그러나 정기적으로) 상황을 관찰하고 관리하기만 하면 된다.

나는 개인적인 생활에서도 모든 시스템을 프로젝트 엔지니어의 관점에서 바라본다. 건강을 유지하기 위한 시스템, 사람들과 관계를 유지하기 위한 시스템, 돈을 투자하기 위한 시스템, 컴퓨터를 유지 보수하기 위한 시스템 등 생활의 모든 부분을 시스템적으로 바라보고 관리한다. 그중에서도 특히 만족스러운 시스템은 하루에 30분씩 시간을 내어 '시스템을 정리하며 보내는 시간'이다. 이는 내 시스템 중에서 가장 쉬운 것으로, 아주 구체적인 목표에 매일 일정 시간을 할당할 뿐이다.

'시스템 정리에 30분만 투자하라.' 이 시간은 회사 일을 정리하거나 옷장, 책장, 창고 등 여러 가지를 정리하며 보내는 자유로운 시간이다. 때로는 집밖으로 나가 정원수를 돌보기도 한다. 이 시간은 내 삶의 모든 것을 정리하는 시간일 뿐만 아니라, 복잡한 몸과 마음에 해독제가 되어준다.

시스템 지향적인 삶을 살기 시작하고 얼마 되지 않았을 때, 나는 전기 시스템에 대한 시스템 모형과 그 모형에서 배운 교훈, 즉 프로젝트 엔지니어가 되어야 한다는 사실을 끊임없이 떠올렸다. 지금은 시스템적 사고방식이 몸에 배어 있기 때문에 시스템 모형을 자주 떠올리지는 않는다. 그렇기 때문에 어떤 시스템 모형을 선택하느냐가 중요하다. 그리고 시스템 모형에 맞춰 살려고 노력하면, 당신이 매일 하는 행동의 효율성과 생산성도 높아질 것이다. 그러다 보면 머지않아 삶의 여유와 일의 성과가 조금씩 눈에 보이기 시작할 것이다.

화장지 걸기

화장실에 걸려 있는 휴지는 다음 두 가지 사항을 잘 설명해 주기 때문에, 화장지를 사용하는 행동이 시스템적 사고의 유용한 예가 될 수 있다.

첫째, 시스템적 관점은 일반적이지 않다.

둘째, 그 원리를 이해하기만 하면 시스템적 관점이 몸에 밴다.

우리에게 화장지는 없어서는 안 될 물건이다. 우리가 평생토록 매일 사용하는 유일한 물건인지도 모른다. 화장지야말로 어디에나 존재하는 시스템을 보여주기에 완벽한 사례다. 화장지를 화장지 걸이에 거는 행동 역시 하나의 시스템이다. 목표가 달성될 때까지 선형적으로 진행되는 시스템인 것이다. 이제부터 화장지와 시스템에 대해 이야기해 보겠다.

1단계 : 화장실 수납장으로 다가간다.

2단계 : 수납장 문을 연다.

3단계 : 수납장에서 화장지 하나를 꺼낸다.

4단계 : 화장지의 종이 포장을 벗긴다.

5단계 : 화장지를 화장지 걸이에 건다.

지금 당신 집 화장실에 화장지가 걸려 있는 모습을 떠올려 보라.

화장지 끝이 두루마리 위로 올라와 있어서 쉽게 잡을 수 있는가? 아니면 화장지 끝이 두루마리 아래에 있거나 벽 쪽으로 말려들어가 있어서 손을 불편하게 뻗어야 잡을 수 있는가?

이렇게 사소한 일에 대해 굳이 생각하는 사람은 별로 없다. 이게 중요한 일일까? 물론 그렇지 않다. 하지만 여기서 문제가 되는 것은 그런 것이 아니다. 중요한 점은 이 사례가 대부분의 사람들이 시스템적 사고를 하지 않는다는 사실을 증명해 준다는 점이다.

화장지 끝이 두루마리 위에 오도록 걸면 화장지를 사용하기가 더 쉬운데, 왜 모든 사람이 매번 그렇게 화장지를 걸지 않는가? 화장지를 앞쪽으로 거는 것이 벽 쪽으로 거는 것보다 더 어려운가? 전혀 그렇지 않다. 그렇지만 항상 앞쪽으로 걸겠다는 결정이 이루어지기 위해서는 그 행위의 목표와 절차를 분석해 봐야 한다. (이 경우에는 몇 초만 투자하면 된다). 우리들 대부분은 이처럼 손해 볼 것 없는 일에서도 절차를 생각하는 데 시간을 투자하지 않는다.

물론 화장지 사례는 우스운 예지만, 진지하게 생각하려고 노력해 보자. 화장지를 거는 방향에 대해 생각해 본다는 것은 화장지를 거는 행위를 '밖에서, 그리고 위에서' 바라보는 관점이다. 이는 미래에 그 절차가 이행될 때마다 조금 더 나은 결과를 낼 수 있도록 그 절차를 의식적으로 관리할 수 있게 되는 것이다.

여기에는 또 하나의 보다 직관적인 교훈이 있다. 알고 나면 당했다 싶을지도 모르겠다. 이제 당신은 화장지 문제에 대해 생각하게 되었으므로, 이제부터는 화장지를 걸 때 신경을 쓰거나 아니면 일부러 신경을 안 쓸지도 모른다. 둘 중 어느 쪽이든 지금부터는 화장지를 걸 때마다 그 절차에 대해 생각할 것이라고 장담한다. 좋든 싫든 이 사례를 통해 시스템 방법론의 작은 조각이 당신의 사고방식에 각인된 것이다.

참고로, 내가 직원회의에서 관리자들에게 집에서 화장지를 거는 방향에 대해 설문 조사를 했더니 모든 직원이 이렇게 대답했다.

"왜, 이러세요! 당연히 위쪽으로 걸죠!"

센트라텔 직원들은 아무리 일상적인 일을 하더라도 본능적으로 '밖에서, 그리고 약간 위에서' 바라보는 시스템적 사고를 취한다. 그동안 시스템 방법론의 원리를 연구해 왔기 때문에, 그 방법론이 몸에 배어 있는 것이다.

시스템적 사고방식을 취하면 작지만 쉽게 실행할 수 있는 시스템 개선은 없는지 눈에 불을 켜고 찾게 된다. 당신은 개선할 여지가 있는 시스템이 보이는가?

10. 전략 목표와 종합 운영 원칙

"나는 환경의 부산물이 되고 싶지 않다. 환경이 내 부산물이 되도록 만들 것이다."

● 영화배우 잭 니콜슨(프랭크 코스텔로 역), 영화 「디파티드The Departed」에서

시스템적 관점을 갖기 전까지는 정신적으로 육체적으로 엄청난 압박을 받는 상태였기 때문에, 시스템 작동 원리에 대한 통찰력을 얻을 수 있었다. 그날 밤 깨달음을 얻기 전까지의 내 전략은 여기저기서 마구 튀어나오는 두더지를 때리면서 나 잘난 맛에 사는 것이었다. 이는 교만과 무지가 뒤섞인 해로운 조합이었다. 아마도 인간의 부정적인 특성이 이룰 수 있는 조합 중에서도 가장 해로울 것이다. 혼란이 요동치며 솟아나더니 내가 완전히 무너지려는 찰나에 순간적인 통찰과 함께 나는 살아날 수 있었다. 나는 막무가내였던 태도를 버리고 '밖에서, 그리고 위에서' 바라보는 시스템적 관점을 취함으로써 자신감을 되찾을 수 있었다. 그리고 어떻게 해야 하는지를 명확하게 깨달았다. 그 결과 스스로 만든 감옥으로부터 탈출할 수 있었다.

다음 세 가지는 혼란에 빠진 회사를 살리기 위해 찾아낸 방법을 그 자리에서 메모한 것이다.

첫째, '전략 목표 설정서'를 작성할 것.

초안을 작성하는 데는 몇 시간, 완성하는 데까지는 약 이틀 정도 더 걸릴 것이다. 물론 문서 작성 자체는 한 번이면 끝나는 작업이지만, 환경의 변화에 따라 나중에 조금씩 수정해야 된다는 점을 염두에 두자.

둘째, 전략 목표 설정서 초안을 작성한 후에는 '종합 운영 원칙'을 문서로 작성할 것.

이 문서의 내용은 몇 주에 걸쳐 조금씩 수집하고 다듬어야 한다. 그래도 투자하는 시간을 다 합쳐 봐야 그렇게 길지는 않을 것이다. 이 문서 역시 일단 완성하고 나면 몇 년 동안 거의 수정하지 않아도 된다.

셋째, 사업에서든 직장에서든 '작업 절차'를 문서로 작성하여 보관할 것.

작업 절차는 그 자체가 이미 정형적인 시스템이다. 작업 절차는 시스템 개선의 결과물로서 특정 작업의 절차를 실행하기 위한 정확한 지침이 된다.

('작업 절차' 문서의 작성 요령은 '11. 당신의 작업 절차는 어떤가?'에서 자세히 설명할 것이다.)

장기적으로 당신과 직원들은 새로운 작업 절차를 만들고, 기존의 절차를 수정하느라 문서 작성에 많은 시간을 투자하게 될 것이다. 전략 목표와 종합 운영 원칙은 거의 수정할 일이 없지만, 두 문서를 통해 정의된 원칙이 작업 절차를 만드는 데 있어서 (개인 생활의 경우, 하루를 살아가는 데 있어서) 매우 중요한 역할을 한다. 어찌됐든 회사 생활을 할 때는 이 세 가지 문서를 늘 염두에 두고 있어야 한다.

세 가지 문서를 작성하는 데 노력과 시간을 투자하면 최소한 100배의 개인 시간과 경제적 자유로 보상받게 된다. 이는 절대로 과장이 아니다.

전략 목표 설정하기

1984년에 망해 가는 '프라이데이' 전화 응답 서비스 회사를 매입했을 때였다. 그 당시의 내 목표는 이 회사를 업계 최고의 회사로 만드는 것이었다. 그러나 7명의 직원과 함께 급한 불끄기에 급급하던 와중에 내 목표는 금세 사라지고 말았다. 그 이후로 15년 동안 링거에 의지해 목숨을 연명하는 중환자처럼 힘겹게 버텼다. 그러다가 16년째 되던 해에 힘들게 시스템화 작업을 진행하면서 즉각적인 품질 향상을 목격하게 되자, 그동안 숨어 있었던 미국 최고의 기업으로 만들겠다는 목표가 다시 튀어나와 무대 위로 오를 수 있었다. 나와 센트라텔은 단순히 살아남는 것에 그치지 않을 것이다. 우리는 2천여 개에 달하는 경쟁사를 제치고 업계 최고의 기업이 될 것이다.

"성공하는 리더가 해야 할 일은 시스템의 톱니바퀴가 엄청난 효율로, 그리고 전속력으로 돌아가도록 만드는 것이다."

내가 처음으로 '밖에서, 그리고 약간 위에서' 내 사업을 관찰하면서 센트라텔은 목표를 가지고 있는지, 목표를 달성하기 위한 계획이 있는지를 자문해 보았다. 그리고는 곧바로 우리의 현실적인 목표와 전략을 1페이지짜리 문서로 정리했다.

전략 목표는 센트라텔을 관리하기 위한 세 가지 문서 중에서도 맨 처음에 (가장 중요했기 때문에) 작성했고, 이 문서는 센트라텔이 나아갈 방향을 제시하는 동시에 나와 직원들이 서로 다른 방향으로 흩어지지 않도록 해 준다. 이 문서는 종합 운영 원칙과 작업 절차의 바탕이 되므로 반드시 가장 먼저 작성해야 한다.

전략 목표를 설정하고 나자 우리는 전반적인 사업 목표에 도움이 되지 않는 일을 하느라 시간과 에너지를 낭비하지 않게 되었다. 센트라텔의 경우, 전략 목표의 궁극적인 목표는 아주 직접적으로 기술되어 있다. 그 점은 첫 줄에 현재 시제를 쓴 것에서도 알 수 있다.

"우리 회사는 미국에서 가장 질 좋은 전화 응답 서비스 회사이다."

(센트라텔의 전략 목표 전문은 '부록 2'를 참고하라.)

크고 작은 의사 결정은 모두 이 문장에서 출발한다. 우리의 에너지는 마지막 한 방울까지 이 핵심 목표를 실현하는 데 사용된다. 전략 목표는 과장된 희망을 근거로 보기 좋으라고 만든 사훈 따위와는 다르다. 경영자나 관리자가 스스로 만족하려고 만든 것도 아니다. 주주나 직원들에게 감명을 주기 위해 만든 것도 아니다. 그것은 우리가 매일매일 살아가는 현실을 헛된 욕심 없이 시스템적으로 인정하자는 간략한 청사진이다. 감상적인 포장 없이 회사가 무슨 일을 하고, 어디를 향하고 있으며, 경영자와 직원들이 어떻게 그곳에 도달할 것인지를 간략하게 설명하는 문서다.

여기서 한 가지 흥미로운 점은 대부분의 경영자들이 성공하기 위해서는 어떻게 해야 할 것인지를 알고 있지만, 급한 불을 끄는 데 급급한 나머지 목표를 설정하거나 전략을 세울 여력을 가지고 있지 않다는 점이다. 어떻게 시작해야 하는지를 모르는 것이다.

자신을 채찍질해서 전략 목표를 작성할 수 있다면, 이 한 장의 문서를 손에 드는 순간 전에 없던 힘이 솟아날 것이다. 나아갈 방향이 생겼기 때문이다! 그리고 자신이 누구이며, 어디로 가고 있으며, 그곳에 어떻게 갈 것인지를 강력하고도 현실적으로 기술한 문서가 있으면, 현실이 기분 나쁠 정도로 그 문서에 맞게 돌아간다는 것을 보고 또 놀라게 될 것이다. 이 책에 쓰인 글을 뛰어넘어 현실에서 기계적이고, 물리적인 한 발자국을 떼는 순간 (그 첫 발자국이 바로 전략 목표를 작성하는 것이다.) 전략 목표의 중요성을 저절로 알게 될 것이다.

개인 생활에 대한 전략 목표도 작성해야 할까? 물론 그렇다.

종합 운영 원칙 작성하기

나는 전략 목표의 초안을 완성하고 나서 두 번째 핵심 문서인 '종합 운영 원칙'을 작성하기 시작했다. 종합 운영 원칙은 전략 목표의 기본 정신과 내용을 계승하면서 의사 결정의 기본적인 지침이 되어 준다. 작성하고 나니 종합 운영 원칙이 30개가 되었기 때문에, 나는 이것을 '30가지 원칙'이라고 불렀다. 당신도 의사 결정에 지침이 되어 줄 원칙을 가지고 있을 것이다.

센트라텔의 '30가지 원칙' 역시 그 자체로 하나의 시스템이다. (단, 이것은 비선형적 시스템이다. 반드시 직접 연관되어 있지 않은 여러 항목이 모여 있지만, 각 항목은 의사 결정이 일어날 수 있는 넓은 폭에 걸쳐 고려되어야 한다.) 30가지 원칙은 이미 실험을 거쳤기 때문에 확실하고 논리적이며, 이해하기 쉽고 기억하기도 쉽다. 전혀 화려하지 않다. 대부분의 원칙은 우리가 평소에 하는 일들의 바탕에 조용히 존재할 뿐이다. 환경이 변해도 이들 원칙은 거의 변하지 않는다. 시간의 흐름에 따라 조금씩 수정되기는 했다. 하지만 전반적으로 변하지 않는다는 사실 자체가 이 원칙이 매우 건실하다는 것을 증명해 준다.

종합 운영 원칙은 비즈니스나 직장에서 의사 결정의 지침이 되어 주는 문서라고 생각하면 된다. 개인 생활에 관해서도 작성해 두면 도움이 된다. 개인 생활의 운영 원칙을 작성하고 보면 업무상의 원칙과 비슷해질 것이다. 이 원칙에는 당신의 성격과 세상의 이치에 대한 관점이 반영되기 때문이다. 업무상의 원칙이든 개인 생활의 원칙이든 종합 운영 원칙은 삶의 모든 측면에 똑같이 적용할 수 있다. 이 원칙이 어떤 효과를 발휘하는지 예를 들어 설명하겠다.

센트라텔의 8번 원칙은 '진정으로 열정을 가지고 이행해야 할 2~3가지의 서비스'이다. 7년 전에 우리는 이 원칙에 근거해서 부가 서비스로 운영하던 핸드폰 판매 사업을 중단했다. 우리가 판매하는 휴대전화 제조사의 서비스 품질을 신뢰할 수 없었기 때문이다. 이 결정으로 인해 우리는 더 큰 통제력을 발휘할 수 있었고, 우리가 보유하고 있던 모든 서비스의 질을 보장할 수 있었다. 물론 일이 더 간단해지기도 했다. 이 원칙을 지키지 않았더라면, 아직도 핸드폰을 판매하면서 경영 전반에 손실을 입고 있었을 것이다.

> **"성장하는 회사들은 예외 없이 '자신들만의 시스템'을 작동시킨다. 반면에 체계적인 시스템과 전략 목표가 없는 회사들은 오직 살아남기 위해 사투를 벌인다."**

종합 운영 원칙의 정신은 전략 목표의 구성 요소와 마찬가지로 우리가 늘 한 방향으로 움직일 수 있게 해준다. 행동하기를 꺼려하는 경향이 있다거나 순간적으로 성급하게 행동하려는 경향이 있는 경우도 마찬가지다. 센트라텔은 엄격하게 원칙을 준수한다. 전략 목표와 마찬가지로 개인과 회사의 모든 결정이 30가지 원칙에 근거해서 이루어진다.

또 한 가지 예는 30번째 원칙이다.

'우리 회사는 진지하고 조용하면서도 쾌적하고, 평온하고, 밝고, 친근한 분위기를 추구한다.'

센트라텔의 모든 사무실은 이 원칙에 따르고 있다. 이 원칙은 모든 결정이 통과해야 할 관문 같은 역할을 한다. 그래서 실내 관상용 식물의 배치, 특수한 조명 설치, 효율적인 사무실 배치 등에 관한 정책과 지침이 센트라텔을 일하기 좋은 곳으로 만들어 준다.

종합 운영 원칙을 한 번에 완성하려고 해서는 안 된다. 내 경우 '여기서 2분', '저기서 5분' 하는 식으로 작성하다 보니 대강의 목록을 만들고, 적당한 것을 골라서 다듬는 데 한 달이 걸렸다. 우선은 이미 머릿속에 있는 원칙을 몇 가지 쓰는 것부터 시작하고, 그런 다음에 새로운 원칙이 생각날 때마다 기록하라. 목록을 작성할 때는 반드시 다른 사람들의 의견도 들어보도록 하라. (센트라텔의 종합 운영 원칙은 '부록 3'을 참고하기 바란다.)

왜 직원을 뽑을 수 없는 걸까?

이것이야말로 우리의 가장 큰 어려움이다. 센트라텔은 급여와 복리 후생이 매우 좋은 편임에도 불구하고, 아무리 적극적으로 채용 공고를 내도 지원자가 많지 않다. 입사 자격을 갖춘 사람을 찾는 것이 쉽지 않기 때문인데, 인사이동이 잦지 않다는 것은 그나마 다행스러운 일이다. 센트라텔에서는 직원을 뽑기도 어렵지만, 그런 동시에 직원이 자주 바뀌지 않는다는 사실이다. 여기에는 그럴 만한 이유가 있는데, 우리 회사에서는 약물 검사 정책을 실시하고 있기 때문이다.

우리가 약물 검사를 제도화하기 전까지는 지원자가 많았고, 이직도 잦았다. 게다가 금지 약물을 복용하는 직원은 무책임하기 때문에, 경험을 쌓아서 전문성을 높이는 것도 쉽지 않았다. 그렇다 보니 서비스업에 지원하는 사람들 중에 약물을 복용하지 않는 사람은 극히 일부라는 것이 우리의 냉정한 판단이다. 믿기 어려운 결론이지만 통계가 증명해 주기 때문에, 우리는 그 결론을 바탕으로 움직인다. 지원자들은 이런 선택을 할지도 모른다.

"마약을 끊고 센트라텔에 입사하여 복리 후생을 누리면서 최저 임금의 2배를 받느니, 차라리 마약을 하면서 복리 후생 없이 최저 임금을 받겠어!"

경영자들은 이런 사실을 알기 때문에 약물 검사를 하지 않는다. 약물 검사를 하더라도 큰 결심을 하고 해야 한다. 전 직원을 대상으로 즉석 약물 검사를 실시하고 나서 문을 닫아야 했던 중소기업도 있다. 직원 중에 절반 이상을 해고해야 했기 때문이다. 또 다른 중소기업에서는 새로운 팀을 만들면서 20명의 직원을 뽑았는데, 그중 16명이 약물 검사를 통과하지 못했다.

약물 검사를 하겠다는 센트라텔의 결정이 '밖에서, 그리고 약간 위에서' 바라보았기 때문에 이루어진 결정일까? 당연히 그렇다. 우리는 전략 목표에 근거해서 우리 회사를 내려다보았고, 안정적인 인력이 필요하다는 결론을 내렸다. 우리는 잦은 이직으로 인한 혼란 대신, 마약을 하지 않고 안정적으로 일할 수 있는 사람을 골라내는 어려움을 감수하기로 결정했다. 물론 약물 검사 정책의 도입은 신중하게 결정해야 하고, 관련 규정과 지침이 문서로써 뒷받침되어야 한다.

직원들로 인해 반복적으로 발생하는 부정적인 상황들 중에서 문서를 통해 명확하게 규정하는 것 이상으로 논란을 방지할 수 있는 확실한 수단은 없다.

11. 당신의 작업 절차는 효율적인가?

"길에서 눈을 떼지 마. 손은 핸들을 꼭 잡고 있어야 해……."

● 「로드하우스 블루스Roadhouse Blues」 가사 중에서, 도어즈The Doors 자작곡

계획을 매일 반복적으로 실행한다 하더라도 시간에 따라, 날씨에 따라, 또는 기분에 따라 달라질 수 있다. 이는 회사의 구성원이나 일반인 모두에게 해당된다. 직장에서의 도전과 문제 해결은 우리를 둘러싸고 산재되어 있는 유기적인 (또는 인간적인) 절차를 기계적인 것으로, 또는 믿을 수 있는 견고한 것으로 만들기 위함이다.

센트라텔에서는 하나하나의 시스템을 분석하고, 그 내용을 문서화한다. 또한 되풀이되는 문제나 비효율의 원인을 찾아내서 제거하거나 해결할 수 있는 개선책을 만든다. 그런 다음에는 개선책을 실행하는 데모델이 될 '작업 절차서'를 만든다. 작성한 작업 절차서는 실제로 작업을 하면서 검증한다. 그 후 수정된 작업 절차에 따라 정확하게 이행할 수 있도록 설명해 준다. 이렇게 해서 만들어진 작업 절차서는 신뢰할 수 있고, 센트라텔의 직원들도 문서에 적힌 내용 그대로 따른다. 이게 전부다!

시스템을 개선하기 위해서는 작업 절차서가 반드시 필요한데, 그 이유는 작업 절차서가 시스템을 시각화해서 보여주기 때문이다. 즉 작

업 절차서는 시스템을 눈으로 볼 수 있게 해 주고, 손으로 만질 수 있게 해 주며, 시스템을 이해할 수 있게 해 준다. 또한 완벽하게 이행할 수 있게 하고, 공유할 수 있기 때문에 매번 똑같은 방법으로 실행할 수 있다. 기억하라. '매번 똑같이 실행할 수 있는 방법'은 독심술이나 일회성의 대화, 혹은 회의나 토론으로 실현할 수 있는 것이 아니다.

> **"작업 절차가 효과를 발휘하려면 방법과 절차를 문서로 만들어 배포함으로써 구체화해야 한다."**

만약 당신이 경영자라면 직원들을 위해 작업 절차서를 만드는 일이 (회사를 효율적으로 운영하는 방법일 뿐만 아니라) 자신의 책임이라는 것을 알아야 한다. 나는 주변 사람들에게 '직원들이 제대로 일할 수 있도록 효율적인 방법을 제공하는 것'은 내 의무라고 말하곤 한다. 직원들이 상사의 마음을 알아서 스스로 일해 줄 것이라고 기대하는 것은 매우 어리석고 그릇된 생각이다. 나는 그런 기대를 하지 않는다. 대신 직접 말로 표현한다.

작업 절차서 작성하기

시스템 작동 방법론을 적용하기 전까지는 센트라텔에서도 비효율적인 문제들이 반복적으로 발생했다. 그 결과 수익은 고사하고 현상 유지조차 어려운 상황이 계속되었다. 말 그대로 나는 죽어 가고 있었다. 반복적으로 문제가 발생하는 업무 절차를 문서화하지 않았고, 그로 인해 통제하지 못함으로써 일어나는 당연한 결과였다. 그러나 지금은 시스템 개선 과정의 결과물인 작업 절차서에 회사의 시스템을 완벽하게 활용할 수 있는 올바른 방향이 명확하게 제시되어 있다. 이렇게 함으로써 반복적으로 발생하던 골칫거리들을 해결할 수 있었다.

일상적으로 운영되는 우리 회사의 시스템을 좀 더 세밀하게 '하위 시스템 단위'로 나누었다. 그러고 나서 시간에 따라 절차를 순차적으로 정리했다. (예를 들어 '1. 어떤 문제가 발생했다. → 2. 또 다른 문제가 발생했다. → 3. ……' 이런 식으로 혹은 필요에 따라 서술 형식으로 설명하거나 글머리 기호를 붙이는 등 다양한 형태로 작성해도 된다.)

반복적으로 사용하는 절차서를 작성하고 나면, 그 내용을 다시 꼼꼼하게 검토해야 한다. 이 과정을 통해 효율적으로 수정, 보완할 수 있다. 그리고 최종적으로 완성된 절차를 문서화한다. 이제 실행할 차례다. 직원들은 새로 작성된 절차서의 내용을 그대로 따르기만 하면 된다. 이렇게 절차가 완벽해질 때까지 계속해서 수정하는 것이다. 우리는 시스템을 지속적으로 개선하여 시스템 하나하나가 완벽하게 작동할 수 있도록 만들었다.

완성된 절차서는 '작업 절차서' 또는 간단하게 '절차서'라고 부른다. 센트라텔에는 300여 가지의 작업 절차서가 있다. 작업에 따라 짧게 두 문장으로 작성된 간단한 작업 절차서에서 A4 용지 여섯 장에 빽빽하게 채워진 작업 절차서까지 다양하다.

●**바람에 나는 깃털**● 기억하라. 작업 절차에 관한 지시 사항들을 문서화하지 않는 한 '작업 절차서'라고 할 수 없다. 문서로 작성되지 않은 절차는 바람에 날리는 깃털과 같다. 이렇게 생각해 보자. 대학 졸업장이 없다면 '대학 졸

업자'라고 할 수 없으며, 졸업장 없이는 학위를 땄다고 말할 수 없다. 예외란 없다. 대학 졸업자이거나 아니면 대학을 졸업하지 못한 사람이거나 둘 중 하나일 수밖에 없는 것이다. 작업 절차도 마찬가지다. 실체가 없으면 존재하지 않는 것이다.

작업 절차서를 작성할 때 기억해야 할 세 가지

작업 절차서의 계획과 작성, 그리고 그것을 실행하기 위해서는 다음과 같은 세 가지를 기억해야 한다.

첫 번째, 반복적으로 일어나는 문제나 과정을 다룰 수 있는 '최선의 해결책'이 필요하다. 센트라텔에서는 다양한 상황에서 가장 효과적인 결과를 얻을 수 있는 해결책을 선택한다. 이때 구체적인 작업 절차를 계획한 후에 문서화한다. 그런 다음에는 작성된 내용을 항상 그대로 따른다. 결국 누가 일을 하던 매번 똑같이 '최선의 해결책'을 적용하게 되므로 항상 '최선의 결과'를 얻게 된다.

그렇다면, 작업 절차서는 항상 완벽한 해결책을 제시할까? 꼭 그런 것은 아니다. 그러나 대부분의 상황에서 99.9% 완벽하게 들어맞는다. 또한 상황에 따라 무계획적으로 달라지는 다른 해결책보다 훨씬 더 좋은 결과를 얻는다. 시간이 지나면서 '최선의 해결책'에 따른 '최선의 결과들'이 쌓이고 쌓이면 결과적으로 '엄청난 최선의 결과'를 얻을 수 있게 된다.

두 번째, 작업 절차서를 작성할 때는 문제가 된 부분에만 국한되어서는 안 된다. 절차서의 작성은 내부의 모든 업무 절차에 적용할 수 있어야 한다. 결점이 없어 보이는 절차도 문서로 작성해 보면 사소한 결점들이 드러나기도 한다. 모든 업무에 대해 작업 절차서를 작성하다 보면 시간이 걸릴 수도 있다. 하지만 이런 노력을 통해 업무의 효율성은 점점 더 향상될 것이다. 만약 시스템이 90% 이상의 효율을 발휘하고 있다면, 98% 수준을 목표로 개선해 나가면 된다. 이 얼마나 좋은 일인가! 하나의 주 시스템을 위해, 그리고 하부 시스템을 개선하는 데 시간을 사용하는 것보다 더 좋은 일이 있을까?

세 번째, 현장에서 근무하지 않는 사람들도 단번에 알 수 있는 작업 절차서를 만들어야 한다. 즉 당신 회사에서 일하지 않는 사람들도 작업 절차서를 보고 업무를 수행할 수 있는 정도가 되어야 한다는 것이다. 이 점에 대해서는 나중에 더 자세히 설명하도록 하겠다.

요즘 센트라텔에는 일이 잘못되어 문제를 일으키는 경우가 거의 없다. 설령 일이 잘못되어 문제를 일으키더라도 즉각 수정된다. 급한 불을 꺼야 하는 상황들은 줄어들었고, 각각의 업무들을 자동화하거나 다른 사람에게 위임할 수 있게 되어 시간적인 여유도 많아졌다. 덕분에 센트라텔의 관리자들은 주당 40시간 이상 일하는 법이 없다. CEO인 나 또한 주당 2시간 정도만 일해도 된다. 또한 이런 전사적 효율 덕분에 요즘은 과거 1년 동안 벌어들이던 수입보다 한 달에 벌어들이는 수입이 훨씬 더 많다.

●**시간의 시련**● '전략 목표'와 '종합 운영 원칙'에 있어서 이것들의 생존을 지탱해 주는 '시간의 시련'이라는 것을 알아 둘 필요가 있다. 이것들이

여러 달 또는 여러 해 동안 꾸준히 활용되고, 내용도 거의 바뀌지 않고 지속된다면 그 내용이 견실하다는 뜻이다. 다른 한편으로 작업 절차서는 계속 다듬어져야 하고, 그것이 보장될 때 강력한 효과를 발휘한다.

효율적으로 작동하기 시작하다

시범적으로 예금 절차와 전화 응답 절차에 관한 작업 절차서를 작성하고 나서 몇 개월이 지난 후, 우리는 곧바로 다른 반복적인 업무들에 관해 분석하면서 효율적인 방법을 구상하기 시작했다. 직원들의 업무 스케줄 관리 방법, 요금 징수 방법, 대금 납부 방법 등이 이에 해당되었다. 또한 매달 고객에게 요금을 청구하는 방법 등을 포함하여 회사의 다양한 업무들을 규칙적으로 실행하는 방법, 가장 효과적인 판매 기획안을 작성하는 방법 등에 관한 작업 절차서를 만들었다.

업무 중에는 문서로 남기지 않은 과정도 일부 있었다. 하지만 이 경우는 시스템 개선 분석을 통해 작업 절차서가 필요하지 않다고 판단되었기 때문이다. 우리는 일을 하는 것이 오히려 시간낭비라고 판단될 때, 그런 결정을 내렸다. 고객 연락처 서류를 폐기한 것이 그중의 한 예다. 업무 과정을 분석하던 중 여러 해 동안 모든 고객과의 거래 동향을 프린트해서 모아 두었지만, 아무도 그 정보를 열람하기 위해 파일을 열어 보지 않는다는 사실을 발견한 것이다. 그래서 그 서류는 폐기하기로 결정했다.

우리는 이런 고리타분한 업무가 발견될 때마다 가차 없이 폐기했다. 다른 업무들도 그다지 효율적이지 않다 싶으면 방식을 적극적으로 수정해서 처음과는 완전히 다른 방식으로 바꾸기도 했다. 절차를 완전히 바꿔버린 것이다. 시스템을 개선하거나 제거하다 보면 생각하지 못했던 부분에서 많은 것을 생략하거나 대체하는 일이 생긴다.

작업 절차서를 만들어 실행하자 회사 전체가 효율적으로 작동하기 시작했다. 그것도 아주 빠른 속도로. 우리는 시스템 하나하나를 개선할 때마다 기록으로 남겼다. 흥미로운 사실은 새로 만들거나 수정한 작업 절차서 간에는 연관성이 거의 없었다는 점이다. 각 작업 분야를 개별적으로 다루면서 그 안에서 우선순위를 정해 개선하였고, 가장 중요한 문제를 최우선적으로 해결해 나갔다.

새로운 작업 절차서를 구상하고, 그것을 공식적으로 공개하면서부터 내가 담당하던 업무들은 점점 다른 직원들에게 위임되었다. 나는 작업 절차서가 완성될 때마다 적임자를 찾아서 넘겨주었다. 그리고 그 업무에서 손을 뗐다. 덕분에 문제가 있는 다른 부분을 해결하기 위해 더 많은 시간을 투자할 수 있었다. 위임받은 담당자도 상황은 마찬가지였다. 그들 또한 조직 체계에 따라 각자에게 적합한 업무를 위임했다. 그리고 업무상의 문제 발생 비율은 점점 줄어들었다.

대규모 작업(한 번의 방대한 작업을 통해 회사의 모든 작업 절차를 문서화했다.)을 마치고 여러 해가 지났지만, 지금까지도 시스템 개선 작업은 수시로 이루어지고 있다. 그 결과 효율적인 시스템을 운용하게 되었고, 급한 불을 꺼야 하는 상황은 더 이상 발생하지 않는다.

일단 작성해 보라

당신은 시스템 개선과 작업 절차서를 작성하기 위해 고민할 시간이 없다고 투덜거릴지도 모른다. 하지만 그런 생각은 매우 잘못된 것이다. 작업 절차서 작성이 여유 있을 때나 하는 일이라면, 위기가 닥친 후에야 비로소 그 일에 착수하게 될 것이다. 그리고 언제까지나 급한 불끄기에 매달려야 할 것이다.

작업 절차서를 작성한다는 것은 당신의 우선순위 목록에서 첫 번째 자리에 위치해야 한다. 그렇지 않으면 시스템 개선 작업은 아예 시작하지도 못하거나 1~2주 만에 수포로 돌아갈 것이며, 결국에는 실패하고 말 것이다. 사업에서든 직장에서든 작업 절차서 작성을 가장 중요하게 생각하라. 심지어 눈앞에 닥친 급한 불끄기보다도 말이다. 여유로운 시간은 잊어버려라.

"회사에서의 일이든, 개인적인 일이든 여유로운 시간이란 존재하지 않는다."

이 말을 기억하고 지금 당장 시작하라. 새로운 작업 절차서를 작성하는 데 어느 정도 시간이 걸린다고 하더라도 실행해야 한다. 작업 절차서 대로 실행하면 그때부터 여유 시간을 얼마든지 확보할 수 있기 때문이다. 그렇게 되면 작업 절차를 문서화하는 일에 더 많은 시간을 투자하고 싶어질 것이다. 하지만 절차서와 상관없는 일반 문서를 작성하는 데 혈안이 되면 시간낭비에 좌절감만 느끼게 될 것이다.

기억하라! 리트머스 실험 같은 절차는 누구나 할 수 있는 간단한 일이다. 하지만 여러 가지 비즈니스나 업무와 관련된 절차서는 좀 더 구체적으로 작성해야 한다. 예를 들어 전기 기사의 작업 절차서를 일반인에 맞춰 작성했다면, 적절하지 않을 것이다. 그러나 전기 기사에 맞춰 작성했다면, 이것은 매우 합리적이라고 볼 수 있다.

작업 절차서를 활용하면 직원들을 교육할 때도 시간을 절약할 수 있다. 완전한 효율성을 거머쥐는 것이다. 어떤 직원이 어떻게 일을 처리해야 할지 모른다고 치자. 그럴 때 작업 절차서가 있다면, 읽어 보기만 해도 다른 사람의 도움 없이 일을 처리할 수 있게 된다. 부딪쳐보면서 서서히 익히는 식의 일하는 방법은 더 이상 통하지 않는다. 이런 방법은 실수를 저지르기도 쉽고, 바보 같을 짓일 뿐이다.

(작업 절차를 완벽하게 다듬는 데 있어서 절차서를 처음 접하는 사람들이 가장 좋은 정보 제공자임을 기억하라. 그들에게 작업 절차서를 검토하게 한 후 현장에서 근무하지 않는 사람들이 쉽게 알 수 있도록 작업 절차서를 만들려면 어떻게 개선해야 하는지를 물어보라. 절차서를 처음 접하는 사람은 참신한 관점에서 절차서를 바라보기 때문에, 기존에 접해 본 직원들처럼 '나무는 보되 숲은 보지 못하는' 좁은 시각에 갇혀 있지 않을 것이다.)

작업 절차서를 통해 확보된 시간은 시스템 체계를 향상시키는 데 더 많이 사용할 수 있다. 이것이 바로 '수익을 높이는 순환 작업'이다. 그리고 장점 하나가 더 있다. 문서화 된 작업 절차를 실행하면 그 일은 훨씬 더 전문성을 갖게 된다. 직원들이 이런 사실을 인식하게 되면 자신과 회사에 대해 기대치가 높아질 것이고, 그들의 자부심과 열정은 고스란히 고객에게 전달될 것이다.

과제를 이행하도록 만드는 도구

센트라텔에서는 즉각적인 내부 커뮤니케이션을 위해 마이크로소프트 아웃룩Microsoft Outlook을 활용한다. 아웃룩에 포함된 캘린더와 업무 목록, 연락처 관리 기능을 이용해서 체계적으로 과제를 이행하는 것이다.

관리자가 소프트웨어를 접할 때 가장 중요하게 살펴보는 것이 바로 '업무 기능'이다. 리더들이 이런 기능을 활용하면 지시 사항을 짧은 시간 안에 통보할 수 있고, 해야 할 업무에 대해 정확한 방향을 제시할 수 있다. 이와 더불어 마감일 등도 공지할 수 있다. 공지된 과제는 끝마칠 때까지 직원들과 관리자의 업무 목록에 남는다. 과제가 진행되는 동안에는 소프트웨어에 규칙적으로 업데이트를 해 주어야 한다. 그래야만 과제가 누락된다거나 하는 오류가 발생하지 않는다. 우리는 반복적인 업무가 제시간 안에 문제없이 이행될 수 있도록 이러한 체계를 계속 활용한다. 아웃룩의 또 다른 특징은 개인의 과제를 추적하기에도 안성맞춤이라는 점이다.

일일 계획표나 벽걸이 업무 게시판과 같은 다른 기계적인 방법들도 있을 것이다. 하지만 컴퓨터를 활용하는 것이 훨씬 더 편리하다. 빠르기도 하고, 쉽게 공유할 수 있기 때문이다. 현재 다양한 업무용 소프트웨어들이 출시되어 있으며, 회사 (또는 개인) 환경에 맞춰 직접 만들어 사용해도 된다.

작업 절차서 작성을 위한 절차는 단호하면서도 유연하게

센트라텔을 위해 처음으로 작업 절차서를 만들었을 때, 다른 문서들도 내가 직접 다 작성해야 할 것 같다는 생각이 들었다. 하지만 시간이 지나면서 그럴 필요가 없다는 것을 알게 되었다. 당신도 나와 같은 함정에 빠지지 않기를 바란다.

모든 일에는 시스템이 존재한다. 그렇기 때문에 절차서를 만드는 과정을 관리할 수 있는 시스템도 분명히 존재한다. 그러나 이 시스템은 당신 이외의 다른 사람에게 필요한 시스템이다. 이것이 바로 '작업 절차서를 작성하기 위한 절차'이다. 이 문서는 직원들이 일상적인 업무 절차를 문서화하는 과정에서 사용할 수 있도록 형식과 방향을 제시할 수 있어야 한다. 이 문서를 완성하고 나면 그것을 어떻게 활용할 것인지를 관리자들에 알려 주어야 한다. (센트라텔에서 사용하는 '작업 절차서 작성을 위한 절차'는 '부록 4'를 참고하기 바란다.)

이때 교육의 핵심 내용은 작업 절차서를 만들기 위한 절차 그 자체이다. 그리고 여기서 '교육'이라고 했는데, 이것 역시 말 그대로 '교육'이다. 모든 관리자가 이를 숙지하고 있어야 하기 때문이다. 당신은 교사가 되고, 관리자들은 학생이 되어 지속적으로 교육시켜야 한다. 직원들이 이 책으로 공부할 수 있도록 하라. (이 책의 기본적인 원리를 이해했는지 확인할 수 있는 퀴즈를 준비해 두었다. 'workthesystem.com/quiz'를 참고하라.)

직원들에게 직접 작업 절차서를 작성하게 하면 또 다른 이득이 있다. 즉 이 과정을 통해 직원들의 참여도를 높일 수 있기 때문이다. 그리고 자신들이 직접 이루어낸 일들에 보람을 느끼게 될 것이다. 처음부터 끝까지 말이다. 그러나 이들이 작성한 내용을 확인할 때는 정확해야 한다. 그렇게 해 두면 결과는 기대해도 좋다.

리더의 역할은 직원들이 하는 모든 일에 정확한 가이드라인을 제시하는 것이고, 직원의 역할은 리더의 지시를 따르는 것이다. 직원들은 첫 번째로 작성된 작업 절차서를 그대로 이행해야 한다. 나는 이 점에 대해서 매우 완고한 편이다. 여기에 예외란 있을 수 없다. 엄격히 지켜야 할 뿐이다. 그렇다면 우리 회사 직원들은 그렇게 하고 있을까? 물론 그렇다. 다음과 같은 네 가지 이유 때문이다.

첫 번째, 이행하기가 쉽고 논리적이다. 이 때문에 작업 절차서 방법론은 100%의 참여를 이끌어낸다.

두 번째, 지금 언급한 것처럼 직원들이 거의 모든 절차서의 작성에 참여하고, 동의하기 때문에 이 절차들에 힘이 실린다. (사실 센트라텔의 직원들이 98%에 달하는 작업 절차서를 직접 작성했고, 내가 작성한 나머지 2%에 대해서도 참여했다.)

세 번째, 작업 절차서 개선을 위해 직원들이 좋은 아이디어를 제시하면 즉각적으로 반영한다. 우리는 관료주의적인 체계에 전혀 집착하지 않는다. 그래서 시스템 개선이나 작업 절차서 개선 과정에 대해 "왜 이렇게 복잡해!"라고 투덜대는 사람이 없다.

네 번째, 절차서에 따라 업무를 이행했음에도 불구하고 문제가 발생했다면, 이는 직원의 책임이 아니다. 문제가 있다면 그것은 절차서 때문이다.

위의 세 번째 이유는 충분히 지속할 만한 가치가 있다. 일단 직원들이 작업 절차서를 그대로 따르도록 해야 하지만, 효율을 위해 절차가 바뀌어야 한다면 적절한 동의하에 즉각 수정할 수 있어야 한다. 즉 절차를 고집하는 것과 수정의 필요성이 적절하게 균형을 이루어야 한다는 것이다. 관리자들이 변화의 필요성에 동의하기 전까지는 절차서 그 차제는 견고하고 유동성이 없다. 그래서 센트라텔에서는 자주 회의를 열어 당장 수정해야 할 절차에 대해 협의하고, 이를 통해 작업 절차서를 수정한다. 수정한 절차서는 즉시 모든 관계 부서에 통보한다. 정체된 관료 체제는 우리의 적이다. 다른 회사에서는 의사 결정이 더디게 이루어진다는 진실을 접할 때마다 우리 회사의 운영 방식은 매우 유연할 뿐만 아니라, 효율적이고 더 강력하다는 사실을 느끼곤 한다.

시스템, 시스템, 시스템이다!

전화 응답 서비스 관련 회사들이 모여서 만든 협회에 참여한 적이 있었다. 나는 협회 두 곳의 회장을 맡았고, 다른 두 곳에서는 이사회의 일원으로 참여했다. 그때 나는 우리 업계의 정책과 관련된 지식을 얻을 수 있었고, 협회 동료들과 많은 대화를 나눌 수 있었다. 이들 단체에서의 활동이 끝나갈 즈음, 라스베이거스에서 전화 응답 서비스 회사를 경영하는 60여 명의 경영자들 앞에서 발표할 기회가 있었다. 주제는 '작업 절차서의 중요성'에 관한 것이었다. 회의가 시작되기 직전, 나는 회원들에게 이렇게 물어보았다.

"여기 계신 분들 중에 '운영을 위한 절차서'를 작성하시는 분이 계십니까?"

그런데 아무도 손을 들지 않았다! 그날을 떠올리면 아직도 충격이 가시질 않는다. 중소 규모의 거의 모든 회사들이 가이드라인도 작성해 두지 않은 채 회사를 경영하고 있었던 것이다.

대부분의 중소기업 경영자들은 회사 경영에 관해 정밀한 분석을 해본 경험이 없다. 그래서 결국 잘못된 곳에서 해답을 찾아내려고 한다. 또한 이들은 회사 내부의 효율이 떨어지고 있다는 사실을 애써 외면하려고 한다. 이들은 지금 당장 자극제가 될 만한 굵직한 해결책을 찾으려고 한다. 물론 어떤 회사는 단숨에 모든 상황을 반전시키기도 한다. 마법의 약처럼 말이다. 그리고 이들은 신입사원을 신의 능력에 범접하는 마법의 약을 가진 것처럼 생각하기도 한다. 즉 상사의 마음을 읽을 줄 알고, 미래를 예측하며, 가르쳐 주지 않아도 회사를 잘 관리하여 성장하도록 만드는 비상한 능력의 소유자 말이다. 물론 우리가 살고 있는 이 세상에 그런 사람은 존재하지 않는다.

중소기업의 경영자들이 깨닫지 못하는 또 다른 흥미로운 사실이 있다. 사실 훌륭한 직원들은 많다. 하지만 업무 절차를 문서화해 두지 않은 회사에서는 아무리 유능한 직원이라도 자신의 잠재력을 충분히 발휘하지 못한다. 독심술이나 미래를 내다보는 일은 사람이 할 수 있는 일이 아니기 때문이다. 아이큐(IQ)가 얼마나 높은지, 집안에 똑똑한 사람이 얼마나 많은가는 중요하지 않다. ('부록 1'에서 문서 작성과 직원에 관한 내용을 참고하기 바란다.)

조금 건방져 보일 수도 있겠지만, 우리 회사 직원들은 정확히 무엇을 해야 하는지, 어떤 방식으로 일해야 하는지를 잘 알고 있다. 직원들이 끊임없이 수정해서 만든 완벽한 시스템을 기반으로 해서 가장 효율적인 방법으로 일을 처리하기 때문이다. 그래서 문제가 발생하는 일도 거의 없다. 혹시 문제가 발생한다면, 그 문제는 더 나은 시스템을 만들어 내도록 우리를 자극하는 존재일 뿐이다. 우리는 시스템을 방치해 둠으로써 발생한 문제 때문에 시간을 낭비하지 않는다. 오직 문제가 발생하지 않도록 시스템을 개선하는 데 시간을 쓴다!

조직 각 분야에 문제가 없다면, 전체 조직에도 문제가 거의 없을 것이다. 그리고 이는 수익이나 자산의 증가, 고객 불만 사례의 감소, 충성고객의 증가, 직원들의 장기근속, 명성 등이 증명해 줄 것이다. 그런 점에서 보면 센트라텔의 관리자들은 집요하리만큼 시스템 작동 방법론을 적용한다. 이들은 시스템에 비효율적인 문제가 있는지를 적극적으로 살

펀다. 또한 시스템을 개선하는 것에 초점을 맞추고, 시스템의 효율성을 지속시키기 위해 열정적으로 작업 절차서를 만든다. 덕분에 합리적인 업무 시간, 창조적인 아이디어를 만들어낼 수 있는 개인의 자유 공간, 자신이 한 일과 회사에 대한 자긍심을 보상으로 받는다. 물론 보수도 높다.

효율적인 시스템은 직원들에게 최상의 만족을, 고객에게는 최고의 품질을, 협력사들과 나 자신에게는 견실한 수익을 안겨 주었다. 우리 회사의 효율에 관해 좀 더 실제적인 증거를 제시하겠다. 이 책을 출간하기 전에 1년 동안의 전화 상담 서비스 품질에 대해 통계를 내보았다. 통계에 따르면, 고객의 불만은 9,990건의 메시지 중 단 1건이었다. 게다가 '케슬린'이라는 상담원은 혼자서 6만 건 이상의 메시지를 처리했는데, 오류는 단 1건밖에 없었다.

그렇다면, 서비스 요금은 어떨까? 센트라텔이 경쟁사들보다 높은 편이지만 차이가 크지는 않다. 왜냐하면 시스템을 작동시키면 경쟁사와 비교할 수 없을 정도로 높은 서비스 품질을 유지할 수 있기 때문이다. 게다가 쓸데없는 낭비를 줄일 수 있어서 엄청난 비용 절감 효과를 가져다준다.

센트라텔의 고객은 어떨까? 이들은 우리 덕분에 자신들의 회사가 성공적으로 운영되고 있다는 것을 잘 안다. 또한 우리 고객들의 평균 거래 기간이 7년 이상이라는 것을 알고서 우리와 거래하게 된 것을 흡족하게 생각한다. (기억하라! 신생 기업들은 설립 5년 안에 80%가 문을 닫는다.)

당신의 회사는 어떤가? 직장에서 당신의 위치는 어떤가? 시스템 작동에 관한 통찰력을 얻는 것과 함께 지금부터라도 작업 절차서를 만드는 데 온 힘을 기울여라. 당신이 그 일을 시작하는 날로부터 회사는 다른 98%의 경쟁사들보다 훨씬 더 앞서 가게 될 것이다. 당신이 관리자 또는 직원으로 일하고 있다면, 다른 동료들과의 경쟁에서 앞서가게 될 것이다.

그러나 기억하라! 개인 생활을 위해 작업 절차서를 만들 필요는 없다. 왜냐고?

첫째, 자동차를 어떻게 관리할 것인지, 결혼 생활을 어떻게 할 것인지, 몸매를 어떻게 관리할 것인지, 공과금은 어떻게 납부할 것인지, 또는 친구들과 관계를 유지하기 위해 어떻게 할 것인지에 대해 일일이 적는 것은 어리석은 짓이다. 이런 일들은 머릿속에 그림을 그려 두었다면 굳이 문서로 작성하지 않아도 된다.

둘째, 작업 절차서를 작성하는 주된 이유는 당신의 지시를 받는 사람들이 정확한 방식으로 문제를 처리할 수 있게 하기 위함이다. 개인 생활은 개인의 것이기에 자기 머릿속에 기억해 두기만 해도 충분하다. 그렇다면 예외는 없을까? 여행 계획 또는 쇼핑 목록, 해야 할 일, 기술적으로 복잡한 일 등은 예외가 될 수 있다.

작업 절차서 작성 요령

1. 업무에서 반복되는 과정은 반드시 작업 절차서가 필요하다. 이것은 어떻게 행동해야 할지, 상황을 어떻게 다루어야 할지, 또는 어떻게 하면 질문에 대한 적절한 대답을 이끌어낼 것인지에 관한 방법을 명확하게 정의해야 한다.

2. 문제가 발생했는가? 그런데 직원이 문제에 대해 작업 절차서를 만들거나 수정해야 한다는 신호로 받아들인다면, 그 문제는 긍정적인 것이다. 그러나 합리적으로 행동하라. 무작위로 발생하거나 거의 발생하지 않는 문제(다시 말해, 다시 일어날 확률이 거의 없는 문제)를 위해 절차서를 만들 필요는 없다. 이는 꼼짝달싹 않는 관료 체제를 만들어낼 우려가 있기 때문이다. 사용하지 않는 방대한 정보는 오히려 일을 복잡하게 만들뿐이다. 자주 발생하지 않는 문제들은 '전략 목

표' 와 '종합 운영 원칙' 을 토대로 한 약간의 상식만 가지고도 충분히 해결할 수 있다.

3. 직원들을 새로운 작업 절차서를 만드는 일에 참여시킨다. 참여 정도로 끝내지 말고 아예 위임하면 더 좋다.

4. 작업 절차서의 세부 내용에 대해 프레젠테이션 시간을 가져라. 스타일이나 분위기가 다양해서 혼동하지 않도록 주의를 기울이고, 각각의 지시 사항들은 큰 소리로 명확히 설명하라. 바로 이때가 당신이 리더로 나서야 할 때다. 제대로 되느냐 마느냐는 당신에게 달려 있다.

5. 예외를 두지 말고 새로 마련한 절차서 모두를 시험해 보라. 절차서를 공개하기 전에 단계별 내용을 꼼꼼히 확인하고, 문제를 이해할 수 있는 직원에게 작성한 문서를 보여줘라. 이때 새롭게 작성한 작업 절차서나 수정한 절차서에도 결점은 있기 마련이라는 자세를 취하는 것이 좋다.

6. 리더로서 당신의 절차서를 승인하라. 작업 절차서가 당신의 전반적인 관점과 일치하는지 확인하라. 또한 당신의 '전략 목표', '종합 운영 원칙'과 '작업 절차' 가 일치되도록 하라. 이것이 바로 당신이 해야 할 일이다.

프랭크 자파의 시스템 개선 전략

만약 당신의 회사나 비즈니스는 '또 다른 문제'라서 여기에서 말하는 시스템 작동 원리를 적용하기 어렵다고 생각되면, 이 이야기를 곰곰이 생각해 보기 바란다.

프랭크 자파(1940~1993)는 1970~1980년대를 풍미한 가장 탁월한 아방가르드 록 아티스트 중 한 사람이었다. 그는 모든 노래 속의 선율에 점수를 매기면서 밴드 멤버들에게 100% 완벽한 연주를 요구했다. 그 시절 대부분의 가수들은 콘서트가 끝나면 뒤풀이 파티를 즐겼지만, 그는 밴드 멤버들을 모두 불러서 평가하는 시간을 가졌다.

공연 내용을 분석하면서 연주자들에게 음이 하나 틀릴 때마다 50달러씩 벌금을 부과했다. 새롭게 영입된 멤버들은 프랭크가 매긴 점수와 자신의 연주 실력에 대해 즉각 반발했다. 기존의 멤버들은 신입 멤버들처럼 반발하지는 않았다. 그는 멤버들의 실수를 쉽게 판별할 수 있는 방법을 사용했는데, 콘서트 현장에서 녹음한 음향 파일을 확인하는 것이었다. 이 방법은 프랭크가 알고 있던 것이 정답이고, 따라서 벌금도 그가 말한 대로라는 것을 입증해 주었다. 벌금을 내게 된 멤버들은 다음 공연에서 자신이 담당할 부분을 완벽하게 연습해야만 했다. 그 결과 공연의 완성도는 높아졌고, 결국 프랭크는 록 음악의 전설로 남게 되었다.

이런 노력이 까다롭다고 생각되는가? 당신이 직면한 과제는 이와 같은 집중력을 필요로 한다. 당신은 이 정도의 노력을 감수해야 한다. 그렇게 함으로써 당신의 업무량은 줄어들고, 다른 곳에 투자할 시간은 점점 많아질 것이다. 물론 수익도 증가할 것이다.

직장에서 수행하는 업무 중에서 누가 하느냐에 따라 매번 결과가 달라지는 일이 있는가? 이런 문제를 정확하게 평가하기 위한 방법이 문서로 만들어져 있는가? 당신은 조직의 리더로서 직원들에게 어느 정도의 책임을 부여하고 있는가? 그들이 무엇을 기대하는지 알고 있는가?

우리가 놓치고 있는 것들

3부

W🚀RK
the
The Simple Mechanics of Making More and Working
SYSTEM

12. 적당히 좋은 것

"지금 강력하게 실행하는 계획이 다음 주에 실행할 완벽한 계획보다 훨씬 더 낫다."

●조지 패튼George S. Patton, 2차 세계대전 당시 미국 육군 장성

당신이 경영자라면 당신의 임무는 열심히 일하되 오래 일하지 않으면서 주당 업무 시간을 확연히 줄이고, 원하는 것보다 더 많은 수익을 얻는 것일 것이다. 당신이 직원이라면 당신의 목표는 한 주에 할당된 시간 동안 탁월한 성과를 가능한 한 더 많이 만들어 내는 것이다. 좀 더 빨리 관리자의 대열에 올라 더 많은 수입과 의사결정권을 갖기 위해서 말이다.

먼저 이런 말을 해야겠다.

상황이 어떻든 간에 일을 하려고 계획을 세웠다면, 지금 당장 시작하라! 일과 관계없는 것들은 책상 위에서 치워라. 동료들과 의미 없는 수다로 시간을 보내는 것도 멈춰라. 시작하라. 일에 몰두하라.

꽃을 정성껏 돌봐야 할 시기라면 향기는 나중에 맡아라. 일과 휴식을 동시에 얻으려고 하면 두 영역 모두에서 좌절하게 될 것이다. 즉 일에 있어서는 오랜 시간 동안 불만족스럽고 어중간한 상태에서 이런저런 일을 하느라 혼란만 가중될 것이고, 휴식에 있어서는 개인적으로 늘 불안

정한 상태로 있게 될 것이다.

덜 완벽한 것이 좋다?

시스템 작동 방법론을 적용하려고 할 때 한 가지 유념해야 할 것이 있는데, 지나치게 완벽하려고 하는 것은 비생산적이고 근시안적인 행동이라는 점이다. 나는 경험을 통해 '적당히 좋은 것'에 대한 개념과 적당히 좋은 것 이상을 위해 일하는 것은 시간낭비, 돈 낭비일 경우가 많다는 현실을 깨달았다.

나는 스물네 살이 되던 해에 기술학교에서 토지 조사에 대해 공부하고 있었다. 그해 초에 기술 과목 강사가 앞으로 진행하게 될 수업과 관련된 에피소드를 들려주었다.

이야기는 1970년대 초를 배경으로 하고 있었다. 그 당시의 측량 팀은 현장에서 측량 업무를 감독하는 책임자와 3명의 조사원으로 구성되어 있었다. 책임자가 프로젝트를 맡게 되면, 조사원들을 현장으로 데리고 가서 측량 작업을 실시한다. 그런 다음에 보고서를 작성하여 회사에 제출하고, 해당 토지에 대한 지도를 작성할 수 있도록 했다. (당시만 해도 거의 남자들이 이 일을 했었다.) 토지 측량 프로젝트를 의뢰한 토지 소유자는 작성된 보고서와 지도를 참고해 토지의 면적, 경계선, 개발 가능성 등에 관한 궁금증을 해결할 수 있었다.

측량 업무는 선형적이고, 요약하는 과정이다. (그렇다. 이 또한 시스템이다.) 또한 측량 회사의 경영자가 책임자에게 지시하면, 그 즉시 프로젝트가 시작된다.

"여기 새로운 프로젝트가 있네. 잘 해낼 수 있을 거야. 여기 제시된 세부 항목을 신속하고 정확하게 측량해 오게. 측량을 끝내면 보고서를 작성해서 제출해 주게. 지도를 작성해야 하니까. 그 후에 토지 주인이 측량 비용을 지불할 걸세."

정확도에 집착한 시간낭비

이 이야기는 토지 측량 회사와 이 회사에서 고용한 두 측량 팀에 관한 이야기다. 각 팀의 책임자와 조사원들은 토지 소유자가 의뢰한 두 구역의 경계를 조사하는 일을 맡았다. 토지 소유자가 토지의 경계를 확인하기 위해 측량을 의뢰했고, 측량 회사의 경영자는 한 구역은 '벤'이라는 책임자에게, 다른 한 구역은 '존'이라는 책임자에게 맡겼다.

측량 회사의 경영자는 벤과 존에게 요구 사항을 구두로 상세하게 설명해 주었다. 측량 팀은 신속하고, 효율적이고, 정확하게 토지 경계의 거리와 각도를 측정해야 한다. 측량은 목적에 따라 정확도가 달라진다. 당연한 이야기지만, 정확도가 높아야 하는 측량 작업은 시간이 더 오래 걸린다. 그래서 비용도 더 비싸다.

측량 팀은 토지 위를 걸어 다니며 경계 부분을 표시한 후 책임자에게 거리와 각도를 기록할 수 있도록 수치를 알려 주었다. 동시에 속도와 정확성을 적절하게 유지하면서 작업해 나갔다.

회사 경영자의 입장에서 가장 중요한 것은 시간이다. 직원들에게 시간당 임금을 지불해야 하는데, 정작 고객에게 받는 돈은 일정하기 때문이다. 그러나 여기서는 시간이 갖는 의미가 더 크다. 토지 소유자가 마감일을 정해 주기 때문이다. 측량 팀은 즉시 일에 착수한 다음 신속하게 두 구역에 대한 측량을 마쳐야 한다.

작업도 쉽지 만은 않다. 그 구역에는 나무도 많고, 지면이 울퉁불퉁하기 때문이다. 경계선도 고르지 않다. 두 구역의 크기도 엇비슷하다. 둘레가 몇 킬로미터쯤 된다. 측량 팀의 두 책임자는 회사에서 설명해 준 내용을 토대로 어느 정도의 정확도로 측량할 것인지를 결정해야 한다.

다음날, 두 측량 팀은 자기 팀에 필요한 자재와 장비를 챙겨 해당 지역으로 가서 각각 토지를 측량했다.

벤은 밀리미터 값까지 측정하기로 결정했다. 즉 이들의 정확도는 높은 편이다. 벤이 이끄는 측량 팀은 정확한 거리를 측정하기 위해 '경위의(각도를 정확하게 측정하기 위해 사용하는 정교한 측정 도구)'라는 장비와 '축쇄(거리 측정기)'를 사용한다. 이들은 천천히, 그리고 체계적으로 측량을 실시한다. 토지 경계 지점을 꼼꼼하게 표시하고, 정확한 거리와 각도를 측정한 다음 확인하고 또 확인한다. 벤은 책임자로서 수첩에 조사한 내용을 꼼꼼하게 기록하였고, 조사원들은 업무를 정확히 이행하기 위해 집중력을 발휘하여 측량해 나갔다.

이들은 4일 만에 측량을 마쳤고, 회사에서 지불해야 할 인건비는 800달러였다. 작업도 완벽했다. 제출한 보고서는 깔끔하고 간결하게 작성되어 있었다. 벤이 하루를 더 검토했기 때문이다.

반면에 존은 30센티미터 단위로 측정해서 조사원들이 작업을 좀 더 빨리 마무리하기로 결정했다. 이들은 벤의 팀이 사용한 것과 똑같은 장비를 사용했지만, 정확한 수치를 재기 위해 많은 시간을 사용하지 않았다. 대략적인 경계 지점을 표시한 후 신속하게 각도와 거리를 측정했다. 존은 신속하게 수치를 기록하였고, 기록한 내용을 다시 한 번 확인했다.

이들은 하루 만에 작업을 마쳤다. 존은 보고서를 제출하면서 보고서가 대략적인 수치로 작성되었다고 덧붙였다. 제출한 보고서는 얼룩덜룩하고 구겨져 있었다. 측량 팀이 작업을 빠르게 진행하느라 보고서는 크게 신경 쓰지 않았음을 알 수 있다. 이 팀에 소요된 작업 비용은 총 200달러였다.

측량 회사의 경영자는 두 팀의 책임자가 작성한 보고서를 검토했다. 그러고는 벤을 해고했다! 벤은 꼼꼼하게 작업하여 정확한 수치를 보고한 사람이 아니던가? 그런데 왜 해고를 당했을까?

토지 측량 기사들이 쓰는 전문 용어로 말하자면 벤은 '터무니없는 실수'를 저질렀다. 이 프로젝트는 밀리미터 단위로 측정하지 않아도 되는 것이고, 그렇기 때문에 높은 수준의 정확도를 얻기 위해 투자했던 시간들은 완전히 시간낭비였던 것이다. 경영자는 작업을 맡기기 전에 책임자들에게 브리핑을 하면서 토지 소유자가 토지 경계선과 경계 지점의 위치에 대해 대략적으로 알기를 원한다고 설명했었다. 그런데 벤은 이 말을 주의 깊게 듣지 않았던 것이다. 밀리미터까지 정확하게 측정할 수 있다며 자신의 능력을 뽐내려는 생각에 흠뻑 젖어서 말이다. 정확도에 대한 집착으로 인해 벤은 엄청난 양의 쓸모없는 정보를 수집하느라 3일의 시간과 600달러를 낭비하고 말았던 것이다.

이런 실수는 자만과 좁은 식견 때문에 일어난다. 굳이 필요하지 않음에도 불구하고 정확도에 집착하는 이유는 바로 여기에서 나온다.

98%의 정확도 : 적당히 좋은 것을 선택하라

낭비한 시간과 돈은 되돌릴 수 없다. 시간과 돈을 낭비했다는 것은 다른 긍정적인 결과를 얻을 수 있었지만, 그러지 못했다는 것을 의미한다.

'적당히 좋은 것을 선택하는' 법칙은 특히 작업 절차서에도 응용할 수 있다. 100% 완벽한 문서를 작성하려면 상당한 시간이 걸릴 것이다. 뿐만 아니라 그 안에서도 의도하지 않은 결점이 발견되기 마련이다. 완벽한 걸작을 만들기 위해서는 끝도 없는 시간이 필요하다. 완성작이라고 할지라도 흠집은 있기 마련이고, 그래서 그것이 결코 완벽하다고 할 수 없는 딜레마에 빠지게 된다.

그러므로 작업 절차서는 상세하게 작성하되, 지나치지 않게 작성해야 한다. 원하는 결과를 계속 얻을 수 있을 정도로만 말이다. 그래서 현장을 모르는 일반인이 보고도 처리할 수 있는 수준이면 된다. 즉 적당히 좋은 정도로만 작성하는 것이다. 그 이상은 필요하지 않다. 신속하게 작업 절차서를 완성한다는 것은 당신이 완벽함에 가까워지고 있다는 것을 의미한다. 불필요한 낭비 없이 유용한 결과물을 만들어 내는 완벽함인 것이다. 앞에서 "절차서가 완벽해지도록 수정하라!"라고 말했던 것을 기억하는가? 내가 정의하는 완벽함은 100%가 아닌 98%인 이유를 조금은 이해했을 것으로 믿는다.

그렇다면 시스템 작동 방법론의 과정 중에서 이 법칙이 제외되는 부분이 있을까? 그렇다. 두 가지가 있다. '전략 목표'와 '종합 운영 원칙'이 바로 그것이다. 이것들을 완성하는 데는 시간이 많이 걸리더라도 가능한 한 100% 완벽하게 만들어야 한다. 이 문서들은 당신의 오늘과 내일을 인도할 빛이기 때문이다. 또 이 두 문서는 당신과 직원들이 계속 읽을 것이므로 간결해야 한다. 결점이 있으면 메시지가 흐려질 수 있다. 전략 목표와 운영 원칙은 당신의 모든 것을 표현한 것이며, 어떻게 일을 추진할 것인지에 대한 간결한 요약이다. 그러므로 전략 목표와 운영 원칙을 만들 때는 좀 더 많은 시간을 투자해야 한다.

● 쓸모없는 정보와 푸념에 주의하라 ●

당신의 의식을 통제하고, 초점이 흐트러지지 않도록 하라. 쓸모없는 정보를 찾거나 어찌할 수 없는 일에 대해 푸념하면서 시간을 낭비하지 마라. 당신의 의식 저변에 중요하지 않은 미디어나 광고에서 영향을 받은 사소한 것들이 자리 잡고 있다면, 쓸모없는 정보의 쓰레기 더미에 단호하게 던져 버려라. 영양가 없는 문제들이 삶의 중요한 부분 속에 침투하지 않게 하라. 아무리 끈질기게 당신을 따라다니더라도 말이다. 세상의 불합리함에 사로잡혀 옴짝달싹하지 못하고 있는가? 그 불합리를 해결할 만한 실제적인 방법을 찾지 못한다면, 계속 시간낭비를 하게 될 것이다. 당신은 어떻게 하겠는가?

시계 따위의 문제가 아니다

아주 오래전에 송전선 연결 작업을 하는 설치 기사들과 함께 일한 적이 있다. 그들은 설계도에 따라 거대한 크레인 트럭을 이용해서 20~25미터나 되는 큰 나무 전신주를 지면에 박은 다음 굵은 전선을 그 전신주 사이로 연결하는 일을 했다. 그들 중에는 산전수전을 다 겪은 사람들도 있었다. 하지만 그들은 막 파견 나온 듯한 벌목꾼이나 석유 채굴꾼들처럼 퉁명스러운 표정으로 일하고 있었다. 기꺼이 이 일을 감당하겠노라는 마음이 없어 보였다.

오리건 주 동부 지역의 악천후 속에서 그들과 함께 일하던 중 작업한 전신주에 문제가 있다는 것을 발견했다. 그들은 6개의 전신주 사이로 1킬로미터나 되는 전선을 연결하고 있었는데, 전신주 하나가 60~90센티미터 가량 배열에서 벗어나 있었던 것이다.

나는 이 문제를 퉁명스러운 표정을 하고 있던 감독관에게 말했다. 문제를 해결하려면 기사들에게 중장비를 다시 가져오라고 해서 잘못 설치된 전신주를 뽑아내고, 그 자리를 메운 다음 구멍을 새로 파서 배열에 맞춰 전신주를 다시 설치해야 했다. 그는 달가워하지 않았다. 같은 작업을 두 번 하고 싶어 하는 사람은 없을 것이고, 더군다나 수치심을 느낄 때라면 말이다.

나는 그때 감독관이 했던 말을 잊을 수가 없다. 그는 우거지상을 하고서는 거만한 태도로 대학생이었던 나를 향해 불만을 토로했다.

"시계탑을 쌓는 것도 아니고, 송전선 하나 깔자는데 뭐가 이렇게 힘들어!"

결국 그들은 기둥을 뽑아낸 후 다시 제 위치에 기둥을 설치했다. 그런데 그것보다 그가 말했던 '송전선 시계탑 비유'가 오랫동안 내 머릿속에서 떠나질 않았다. 그 짤막한 한 마디는 비록 그 상황에서는 적절하지 않은 비유였지만 요구되는 결과 이상으로 지나치게 업무의 질을 추구하지 말아야 한다는 점을 상기시켜 준다.

　현실적인 문제로 돌아가 보자. 당신은 불필요한 업무, 불필요한 정보에 집착하여 너무 많은 시간을 낭비하고 있지 않는가? 쓸모없는 세부적인 내용에 집중하고 있지 않는가?

13. 간과의 오류

내 삶에 가장 큰 영향을 미친 다섯 가지 실수는 무엇일까?

과거를 돌아보면서 이렇게 자문해 보는 것은 흥미로운 훈련이 된다. 가까운 사람들에게 이렇게 말하면 과거의 일이나 부정적인 기억에서 빠져나오지 못한다는 핀잔을 들을 수도 있다. 그렇다. 그들의 기분을 이해할 수 있다. 그러나 잠시 위의 질문에 대해 생각해 보자. 이때 객관적으로 자신의 삶을 돌아봐야 한다. 중요한 것은 시간을 들여 곰곰이 생각해 보고, 그 내용을 종이에 적어 보는 것이다. 당신의 실수 목록은 오랫동안 바뀌지 않을 것이다. 적어도 나는 그랬다. 내가 저지른 5대 실수는 17년 동안 바뀌지 않았다.

내 실수 목록을 살펴보면, (당신도 마찬가지일 것이라고 장담한다.) 가장 큰 실수들은 공공연한 실수가 아니었다. 내 문제들은 필요한 단계를 거치지 않아서 생긴 실수들이었다. 즉 '간과의 오류'였다. 간과의 오류는 그 자체만으로도 끔찍하다. 그러나 간과의 오류는 사소한 것들이라도 모이면 끔찍한 결과를 초래할 수 있다.

그렇다면 간과의 오류가 발생하는 주된 이유는 무엇일까? 이런 문제의 대부분은 꾸물거리는 행동 패턴 때문에 일어나거나 내가 말하는 '조용한 용기'가 부족하기 때문에 일어난다. ('조용한 용기'에 대해서는 뒤에서 다루겠다.)

상습적인 문제, 드러나지 않은 문제, 나도 모르게 발생하는 문제

내 인생의 5대 실수 중에는 대학을 졸업하지 않은 것, 정지 신호를 대수롭지 않게 여겨 교통사고를 낸 것, 10대 시절부터 적금 계좌를 개설하지 않은 것 등을 들 수 있다. 그밖에도 중대한 순간에 입을 꾹 다물지 못했다거나 작은 노력으로도 결혼 생활을 회복시킬 수 있었지만 그렇게 하지 못한 것, 적절한 시점에서 사과하지 못한 것, 충분히 숙면을 취하지 못한 것, 깜빡하고 자동차 문을 잠그지 않은 것, 그리고 마감일까지 세금 신고를 못했던 것 등이 있다. 즉 간과의 오류는 '행동하지 않은 것이 물리적으로 드러나는 것'이다.

'간과의 오류'는 매우 단순한 개념이지만 이런저런 삶의 요구에 가려 감춰져 있거나 묻혀 있어서 잘 드러나지 않는다. 모든 것이 그렇듯 인식을 했다면 90%는 해결한 것이나 마찬가지다. 고통스러운 삶을 '외부에서, 그리고 약간 위에서' 객관적인 관점으로 바라보면 더 깊게 볼 수 있다. 간과의 오류 역시 좀 더 좋은 위치에서 바라보면 자연스럽게 문제들을 찾아낼 수 있고, 문제들을 해결해 나갈 수 있다.

그렇다면 지속적으로 주의해야 할 간과의 오류에는 어떤 것들이 있을까? 우리의 삶 속에서 찾아볼 수 있는 문제들에 대해 생각해 보자.

- 운동을 하지 않아 활력이 없고 몸과 마음이 허약해진다.

- 생일이나 기념일 등을 까먹어서 좋았던 관계가 무관심한 관계로 변한다.

- 요금을 납부하지 못해 연체료가 부과된다.

- 수면을 충분히 취하지 못해 다음날 업무의 생산성이 떨어진다.

- 전화를 하지 않고, 세일즈를 완료하지 못하고, 오해를 풀려고 노력하지 않고, 도움을 요청하지 않아서 결과가 좋지 못하다.

- 정리 정돈을 하지 않아서 마음이 어수선해진다.

- 직원들을 위해 작업 절차서를 작성해 두지 않아 실수가 반복된다.

- 실수를 인정하거나 사과하지 않아서 관계가 끝난다.

- 일상적인 일 때문에 비즈니스 및 인맥 구축을 위한 계획을 세우지 않아 침체 일로를 걸을 뿐 변하는 것도 없고 나아지는 것도 없다.

간과의 오류를 줄이는 원리는 다음 말과 일맥상통한다.

"당신이 무슨 말을 하건, 무슨 생각을 하건 상관없어! 중요한 건 '무엇을 하느냐' 이지."

나이키의 광고 '그렇게 해 봐!Just Do It' 라는 카피는 달랑 세 단어로 이루어져 있지만 간과의 오류를 가장 잘 표현해 준다. (이 문구는 '격언' 이라고 불리는 구절들만큼이나 형이상학적이고 심오하다.)

행동하지 않는 것도 행동이다

문맥 속에서 '간과', '누락' 이라는 단어는 무언가 빠뜨린 일, 하지 않은 것을 의미한다. 여기서 생각해 볼 것은 '간과' 란 무언가 해야 할 일을 하지 않기로 선택하는 것이다. 게으름도 꾸물거림도 모두 선택의 문제다. 즉 행동을 취하지 않는 것 역시 선택의 문제인 것이다! 무엇을 하든 않든 우리는 늘 선택하는 과정에 놓인다.

소파에 앉아 근육을 움직이지 않는 사람은 그렇게 하기로 선택한 것이다. 이런 선택을 한 사람은 자리를 차지하고 앉아 자신의 재능을 썩힌 채 인생을 낭비하게 된다. 하지만 이렇게 아무 일도 하지 않고 있어도 우리는 계속해서 주변에 영향을 미치기 때문에 당장 소파를 차지하고 있는 몸을 일으켜 건설적인 일을 시작해야 한다. 당신이 모든 상황에서 선택을 해야 한다면, 보다 활동적인 것을 선택하고 활동적이지 않은 것은 줄여라.

당신의 신체 상태는 주의가 필요한 시스템인가? 그렇다면 다루기 쉬운 하위 시스템으로 분리한 후 시스템 개선을 위한 조치를 취하라. 이때 한 번에 한 가지씩만 하라. 어수선한 집안에 대해서도 관심이 필요한가? 집안이 어질러져 있다는 것을 인식하고 정돈을 시작하라. 한 번에 방 하나씩만 정리하라.

단, 그냥 앉아 있지는 마라!

그렇다면 이 문제 해결의 원리를 일상생활과 비즈니스, 업무에 활용하려면 어떻게 시작할 수 있을까? 간과의 오류를 저지름으로써 당신의 일상에 일어나는 일을 주시하라. 그리고 문제가 일어났다면, 자신에게 이렇게 물어보라.

'이 일을 하지 않고 있는 것이 옳은가?'

'사랑하는 사람을 위해 작은 선물이라도 사야 하나?'

'1시간이라도 운동할 수 있는 방법을 찾아야 하나?'

'요즘 마음 둘 곳이 없어 보이는 동료에게 말을 건네야 하나?'

'두 달 전에 사둔 책을 지금 당장 꺼내 읽어야 하나?'

'업무를 통제하기 위해 오늘 당장 전략 목표 초안을 작성해야 하나?'

정전되던 날

더욱 신뢰할 수 있는 주 시스템을 구축하기 위해 두 가지의 개별 하부 시스템 사이에 새로운 하부 시스템을 만드는 예를 살펴보자. 이 이야기는 문제에 직면해서 문제를 경고 신호로 받아들여 그 상황에 대처함으로써 문제를 개선한 사례다.

2006년 7월 3일 늦은 오후, 오리건 주 벤드 지역이 벼락으로 정전이 되었다. 벼락 때문에 마을 변두리에 있던 변전소의 주 변압기가 작동을 멈춘 것이다. 아내 린다와 나는 그 시각 북쪽으로 250킬로미터 가량 떨어진 포틀랜드에서 독립기념일(7월 4일)을 맞아 가족 모임을 갖고 있었다. 그때 회사에서 연락이 왔다. 마을의 절반이 정전되었고, 센트라텔도 상황은 마찬가지였다.

정전이 드문 일이긴 하지만, 그렇다고 해서 즉각적으로 문제될 건 없었다. 센트라텔 내부에는 보조 전원 시스템, 즉 발전기가 구축되어 있었기 때문이다. 보조 전원이 자동으로 작동을 시작하면 정전이 되더라도 전화 응답 서비스용 컴퓨터 시스템 전체를 계속 작동시킬 수 있었다.

그런데 보조 전원 시스템의 작동 시간은 3시간이라서 정전 동안은 마음을 졸이면서 상황을 지켜봐야만 했다. 전력 회사에서 빠른 시간 내에 해결하기를 바라면서 말이다. 다행히 2시간이 조금 지나자 주 변압기가 복구되었다. 그때까지 정전이 간헐적으로 발생하기는 했지만 시간은 매우 짧았다. 이번 경우도 정전 시간이 평소보다 오래 지속되기는 했지만, 회사 내의 보조 전원 시스템이 문제를 완벽하게 보완해 주었다. 상담원들은 정전 시간 동안에도 아무런 문제없이 계속해서 상담 전화를 처리할 수 있었다.

그러나 우리가 문서화해 둔 시스템 관리 방식 때문에 이야기는 여기서 끝나지 않는다. 문서화되어 있는 30가지 원칙 중에서 7번에 이런 내용이 있기 때문이다.

'문제 발생은 우리에게 행동을 취하게 만드는 선물이다. 문제는 시스템이나 절차를 새로 만들거나 개선하도록 우리를 촉구한다. 우리는 실패를 원하지 않는다. 그러나 실패를 경험했을 때, 문제가 경각심을 일깨워 준 것에 대해 감사하게 생각한다. 그리고 다시는 그런 문제가 일어나지 않도록 시스템 개선을 위한 조치를 취한다.'

그렇다. 내부 보조 전원 시스템은 아무런 문제없이 작동했다. 그러나 이 원칙에 따라 우리는 정전 상황에서 안도의 숨을 내쉬거나 그냥 지나쳐버리지 않았다. 그 대신 이런 질문을 던졌다.

'보조 전원 시스템은 3시간 밖에 작동하지 않는다. 만약 최악의 문제가 발생하면 어떻게 해야 할까? 3시간 이상 정전이 지속된다면? 하루 종일 혹은 그 이상 정전이 지속된다면?'

지난 40년 동안 그런 일은 일어나지 않았다. 이 지역은 태풍이나 지진 같은 치명적인 자연재해가 거의 없다. 오랫동안 이 지역에 살아왔기 때문에 그 사실은 자명하다. 그럼에도 불구하고, 만약 외부 시스템(전력 회사는 우리가 전혀 통제할 수 없는 외부에 위치해 있다.)에 3시간 이상의 같은 문제가 발생했을 때는 어떻게 해야 할까?

우리는 이런 문제가 실제로 일어날 수 있다는 결론에 도달했다. 그래서 고객의 편의를 위해, 그리고 회사 자체의 생존 능력을 강화하기 위해 최악의 상황을 상정하고 대비하기로 했다. 우리는 그때의 정전 사건을 경고 신호로 받아들였고, 더 이상 전력 회사에 100% 의존하지 않기로 결정했다. 전력 회사의 개입 없이도 고객의 전화를 처리할 수 있어야만 했다. 외부로부터 전력이 공급되지 않더라도 말이다.

그렇다면 시스템적 해결책은 무엇일까? 우리는 내부에서 가동할 수 있는 발전기를 구입했다. 설치하는 데 시간이 오래 걸리고, 비용도 많이 들었다. 그 외에 구조적인 문제도 있었고, 관공서의 인가도 받아야 했으며, 설치 작업을 진행할 전문가도 찾아야 하는 등 여러모로 복잡한 일이었다. 그러나 새롭게 설치한 발전기는 천연 가스나 프로판 가스를 연료로 사용하기 때문에 최악의 정전 사태가 발생하더라도 무제한으로 전력을 공급할 수 있었다. (일반적으로 통신 회사는 개별적으로 발전기를 보유하고 있기 때문에, 정전이 되더라도 전화 서비스를 제공하는 데는 문제가 없다.)

또한 관리자 중 한 명에게 아웃룩 일정을 참고해서 한 달에 한 번씩 발전기를 시험 가동하도록 했다. 직원들이 발전기 작동 과정에 대해 단계별로 '담당자가 아니어도 이해할 수 있을 정도로' 쉽게 작성해 두었다. 이 때문에 시험 운행할 때마다 늘 문서를 보고 가동한다. 흥미로운 점은 매달 시험 가동을 할 때마다 계속 작업 절차가 개선되었다는 점이다. '정전시의 작업 절차서'는 살아 있는 생명체와도 같다. 급변하는 환경과 시험 가동 관리자의 개선안에 따라 계속 바뀌기 때문이다.

보조 전원 설치 작업은 시스템 작동 방법론에서 말하는 '외부에서, 그리고 약간 위에서' 바라보는 객관적 관점에 얼마나 부합될까? 완벽히 들어맞는다. 우리는 전력 회사와 센트라텔 사이에 발전기를 설치했다. 외부 송전망과 상관없이 독자적으로 전력을 공급하기로 선택한 것이다. 이제 우리는 전력 회사의 외부에서, 그리고 약간 위에 있게 되었다. 이처럼 더 이상 통제할 수 없는 시스템에 의존하지 않기로 했다.

당신은 지금까지도 시간과 비용이 소모되는 외부 시스템에 좌우되고 있지 않은가? 그런 상황을 개선하거나 대체할 다른 방법은 있는가? 그 시스템을 완전히 제거할 수 있는가?

14. 조용한 용기

"믿음은 증명의 범위를 초월하는 마음속에 있는 지식이다."

●칼릴 지브란Kahlil Gibran, 철학자, 화가, 소설가로 활동한 레바논의 대표 작가

실수의 원인이 기술적인 문제 때문일 경우도 많다. 그러나 나는 사람들이 '조용한 용기'가 부족해서 실수하는 것을 자주 보았다. 그렇다면 '조용한 용기'란 무엇일까? '조용한 용기'는 있는 그대로의 행동을 의미하며, 꾸물거리는 행동과는 정반대의 개념이다. 그래서 조용한 용기가 부족하면 간과의 오류를 저지르게 된다. 하지만 조용한 용기가 내면의 깊은 곳에 자리 잡고 있으면 어떻게 될까? 뭔가 해야 할 일이 있을 때, 자신이 원하건 원하지 않건 그 일을 즉시 하게 된다. 그리고 조용한 용기는 내면의 꿋꿋함을 토대로 한 자기 단련을 통해서 발휘된다. 그런데 '조용한 용기'라는 개념을 이해하려면 좀 더 깊이 생각해 봐야 한다. 다음은 조용한 용기가 발휘되는 상황들이다.

• 부모가 자신의 기분이나 컨디션에 영향을 받지 않고 일관된 태도로 자녀를 훈육하는 것(자녀에 대해 공정하게, 그리고 존중하는 태도로)

• 극도로 피곤하여 일하러 가기 싫지만, 일터로 나가는 것

- 궁지에 몰렸을 때도 침착하게 상황을 파악하여 조치를 취하는 것

- 게으름을 피우지 않고 규칙적으로 운동하는 것

- 시간이 오래 걸리고, 좌절감을 느낄 수 있는 과제를 맡았음에도 불구하고 끝까지 수행하는 것

- 의견 대립이 있는 사람과의 언쟁을 피하는 것

- 핑계를 대거나 회피하는 것이 더 편할 수 있음에도 불구하고 계약서 내용대로 이행하는 것

- 바쁜 시간에도 직원 교육을 위해 시간을 투자하는 것

- 모든 사람이 현상 유지를 원할 때, 변화를 시도하는 것

- 일련의 작업 절차서를 작성하고, 전략 목표와 종합 운영 원칙을 마련하기 위해 시간을 투자하는 것

이처럼 조용한 용기는 즉각적으로 주목을 받게 되는 '드러나는 용기'와는 상반된다. 드러나는 용기에는 민감한 사안에 대해 상사에게 이의를 제기하는 것, 합리적이지만 적극적인 어조로 이웃에게 불만을 토로하는 것, 잘못을 저지른 아들을 집 밖으로 내보내는 것 등을 들 수 있다.

오해하지는 마라. 나는 드러나는 용기를 적극적으로 지지한다. 그런 용기는 많을수록 좋기 때문이다. 그러나 고질적이고 레이더망에도 잘 포착되지 않는 문제, 즉 회피하거나 꾸물거림으로 인해 발생하는 손실은 절대로 과소평가하면 안 된다.

조용함과 겸손, 그리고 꾸준한 용기가 단계적인 시스템 개선 방식과 결합하면 당신이 원하는 것은 무엇이든 성취할 수 있다.

일어나지도 않은 부정적 사건을 평가할 수는 없다

절대로 일어나지 않을 문제들은 당신의 시간과 에너지를 좀먹지 않는다. 그런 문제들은 당신을 주춤하게 만들 수도 없다. 그러므로 결코 일어나지 않을 문제에 대해 고민할 필요가 없다. 그렇다면 우리는 일어나지 않을 문제들, 혹은 현실로 나타나기 전에 방지하려는 문제들을 어떻게 평가해야 할까? 그 답은 결코 평가될 수 없다는 것이다.

평가를 통해 완전한 객관성을 유지하는 것은 중요하다. 그러나 평가가 불가능하다고 해서 자원을 투자하는 노력을 멈추어서는 안 된다. 다만, 이런 상황에서는 '배짱'과 '상식'이란 것이 필요하다. 예측할 수 없는 상황에도 불구하고 그런 상황을 상정해서 행동을 취한 사례를 들어보겠다.

센트라텔에서는 직원들의 임금 수준이 경쟁사보다 100% 이상 더 높다. 이렇게 높은 보수를 지급하는 것이 현명한지 아닌지를 판단할 수 있을까? 판단할 수 없는 문제이기 때문에 판단하려는 시도를 하지 않는다는 게 정답이다. 변수나 주관적인 요인이 많아지면 분석은 불가능해진다. 우리는 높은 임금이 추가 지출 경비보다 더 가치 있다고 판단할 배짱과 상식이 있었다. 그래서 직원들에게 월급을 많이 줄 수 있었다.

처음에는 경쟁사보다 더 많은 급여를 지급하는 지극히 주관적인 조치를 취하기가 쉽지 않았다. 처음에는 객관적인 수치(2주마다 지급하는 급여의 총액)를 확인할 때마다 급여를 낮춰야겠다는 생각이 가시질 않았다. 급여를 높임으로써 나타나는 변화를 측정하기는 쉽다. 하지만 비용을 추가 지출함으로써 얻을 수 있는 혜택은 명확한 수치로 파악하기 힘들다.

예를 들어, 급여를 많이 받는 직원들은 이직률이 낮다. 따라서 새로 고용하거나 교육시켜야 할 부담이 줄어든다. 지출하지도 않은 '교육비'라는 기회비용을 어떻게 돈으로 환산할 수 있겠는가? 또한 탁월하고 수준 높은 직원들 덕분에 문제가 자주 발생하지도 않는다. 이 부분은 또 어떻게 계산할 수 있단 말인가? 품질이 나빠지면 고객은 떠나기 마련이다. 그러나 고객이 떠나지도 않았는데, 어떻게 그 기회비용을 계산할 수 있겠는가? 품질이 나빴다면, 우리 회사를 떠났을 고객의 수를 파악할 수 있다고 생각하는가?

우리 회사는 예측하기 어려운 부정적인 효과들(일어나지도 않은 문제들)을 예방하고, 동시에 예측하기 어려운 긍정적인 효과(곧 일어날 일들)를 높이기 위해 시간과 돈을 투자한다. 이것이 바로 조용한 용기다. 그렇다. 예측할 수 있고, 그것이 합리적이면 조치를 취해야 한다. 그러나 이 말이 미래의 상황을 예측하기 어렵다고 넋 놓고 있으라는 뜻은 아니다.

꾸물거리는 게 독이 될 수 있다

센트라텔에서나 가정에서나 나에게 있어서 조용한 용기를 실천하는 것은 그리 어렵지 않다. 이는 시스템 작동 방법론이라는 철학 속에 내포된 다른 원리들과 일맥상통하기 때문이다. 나는 파블로프Ivan Petrovich Pavlov*의 긍정적 강화 원리를 통해 이 습관을 몸에 익힐 수 있었다. 무엇보다 효과가 있다는 것을 알기에 그렇게 했다.

센트라텔도 무너지기 바로 직전까지 갔었다. 그 당시에 나는 드러

---

* 러시아의 생리학자. 개가 주인의 발자국 소리만 들어도 침을 분비한다는 조건 반사 이론을 발견하여 대뇌 생리학의 길을 열었다.

나는 용기, 조용한 용기 할 것 없이 모든 수단을 동원했다. 이런 수단이 큰 문제가 될 것도 없었다. 누군가 내 머리에 총을 겨누고 있는 것 같은 상황이었으니까 말이다. 모든 것이 눈앞에서 사라져 갔고, 벼랑 끝으로 내몰릴 때나 나올 법한 본능적인 보호 본능이 내 안에서 튀어나왔다. 헨리 포드가 "가장 큰 자극은 절망에서 비롯된다."라고 말하지 않았던가!

그러나 극한의 상황이 아니고 변명의 여지가 많을 때는 조용한 용기의 최대 적인 '꾸물거림'이 고개를 내민다. 이에 대한 해독제는 POS(판매 시점의 사고방식, Point of sales) 처리 방식, 즉 '즉시성의 자세'이다. (자세한 내용은 뒤에서 다루겠다.)

조용한 용기와 꾸물거림이 격렬하게 싸울 때, 두 가지 인지적 전략을 취해 보자.

첫 번째 전략은 문제가 되는 상황에서 초연해지는 것이다. 그리고 게으름의 원인이 되는 것을 찾아보자. 분명 외부적으로 드러나는 게으름의 형태가 보일 것이다. 이 과정을 통해 게으름을 인식할 수 있게 되면 (대부분의 게으름은 순간적인 것으로 "지금 너무 바빠요." 또는 "너무 피곤해요."라는 식의 궁색한 변명으로 포장된다.) 게으름의 유혹을 즉시 뿌리칠 수 있을 것이다. 두 번 세 번 생각할 필요도 없다.

두 번째 전략은 이제껏 숱하게 만든 변명거리를 모두 떠올려 보면서 '나는 왜 이 순간 용기를 내지 못할까? 나는 왜 이렇게 겁쟁이처럼 굴까?'라고 자문하는 것이다. 이 방법은 얽히고설키는 심리전으로 다소 과격해지거나 격앙된 반응을 일으킬 수도 있다. 인간이 저지르는 실수 중에서도 가장 흉한 것 중의 하나는 미리 겁을 먹는 것이다. 만약 당신이 겁을 먹고 주저한다면 '꾸물거림'이라는 게으름이 당신의 인생을 망칠 것이다.

지금 시작하라

지금 즉시 적용할 수 있는 '외부에서, 그리고 약간 위에서'라는 객관적 관점을 갖기 위한 방법을 설명하겠다. 이 얘기는 지금 당장 일어나고 있는 일에 대한 것이기도 하다.

책을 읽는 것이 그다지 어려운 일은 아니다. 그러나 새로운 방향으로 나아가려면 용기 있는 행동이 필요하다. 당신도 이 책을 읽으면서 '삶의 경로를 바꾸기 위해 시스템 작동 방법론을 실행하는 것이 어떨까?'라고 생각할지 모른다.

이 문제를 여유가 생길 때까지 미루지 않고 당장 시작할 수 있는 방법은 없을까? 지금 당장 그 방법을 알려 주겠다.

지금 당장, 이 순간 우선 책을 덮어라. 지금 당장 해야 한다. 그런 다음 종이를 꺼내 가장 윗부분에 '전략 목표'라고 써라. 전략 목표를 썼다면 잘 보이는 곳에 종이를 붙여 두자.

축하한다! 당신은 마침내 긴 여정의 스타트를 끊었다. 그리고 곧 그 종이에 작업을 하게 될 것이다. 확신한다. 왜냐고? 당신이 이미 그 여정을 시작했기 때문이다. 가장 어려운 것은 시작이 아니던가.

15. POS 처리 방식을 적용하라

"왜냐고? 엄마니까 그렇게 말하는 거야!"

●어느 엄마가

지금 당장 시작하라. 그리고 다음 일이 무엇이건 헤쳐가 보자!

'판매 시점point-of-sale'이란 용어는 금전등록기 업계에서 사용하는 말로, 구매가 이루어진 장소에서 행해지는 행위를 말한다.

즉시 재고를 갱신하고, 새로운 상품을 발주하는 최신 금전등록기를 생각해 보자. 고객이 자리를 떠나기도 전에 고객이 구매한 제품은 주문이 끝나고, 내부에서 회계 처리도 끝난다. 이 개념은 센트라텔의 종합 운영원칙 14번인 '지금 당장 실행하라'에 제시된 것처럼 시스템 방법론의 핵심 요소이기도 하다. 거기에는 이런 내용이 있다.

'지금 당장 실행하라. 모든 행동은 POS(판매 시점)의 처리 방식을 기반으로 이루어진다. 지금 즉시 할 수 있는 일을 미루지 마라. 대형 소매점과 마찬가지로 거래가 이루어진 바로 그 장소에서 즉시 재고와 데이터베이스를 갱신하라.'

거래가 이루어진 후 사무실 여기저기로 서류가 돌아다녀서는 안 된다. 우리는 항상 이렇게 자문한다.

'어떻게 하면 일을 나중으로 미루지 않고 지금 당장 처리할 수 있을까?'

POS 처리 방식은 상황에 따라 미묘한 차이가 있을 수 있지만, 하나의 목적을 가지고 있다. 이 개념을 실행에 옮긴다는 것은 급한 불끄기와는 정반대의 행동을 말한다. 즉 공세적인 자세로 눈을 크게 뜨고 무슨 일이 일어나든 거기에 대처할 수 있도록 대비하는 것이다. 방어적인 자세로 뒤를 돌아보면서 지난 일들을 정리하느라 소중한 시간을 허비하는 것과는 전혀 다르다.

다른 시스템 전략들이 과거의 일들을 다룬다면, 이 개념은 비즈니스 활동이나 개인 생활에 있어서 당면한 과제에 초점을 맞추도록 한다. 'POS 처리 방식'이라는 개념의 슬로건을 당신 몸에 입혀라. 그러면 (압도당하는 것과는 반대로) 강인한 자신감을 얻게 될 것이다. 또한 "시간이 없어!"라든가 "너무 바빠!" 같은 변명은 당신의 삶에서 영원히 사라질 것이다. 당신의 삶을 단순하게 정돈시켜 줄 두 가지의 POS 처리 방식을 정리하면 다음과 같다.

첫 번째, 꾸물대지 마라. 지금 당장 실행해서 일을 마무리하라. 그 일을 직접 하건 다른 사람에게 위임하건, 아니면 내던져 버리건 일단 실행하라. 무슨 일이 생겼을 때 곧바로 실행하는 것을 목표로 삼아라!

두 번째, 일을 자동화하고 체계화해서 개인적으로 해야 할 일을 줄여라. 자동적으로 이루어질 수 있게 해두면 큰 노력을 하지 않더라도 지금 당장 실행하겠다는 목표를 성취할 수 있다. 다른 이점도 있다. 민감하고 자신감에 넘치는 태도를 갖게 됨으로써 삶을 살아가면서 불가피하게 겪게 될 고난에 미리 대비할 수 있게 된다.

●콩가 춤의 리더십●   POS 전략은 콩가 춤(콩가 춤은 쿠바에서 처음 시작된 라틴 아메리카 풍의 카니발 행진 댄스이며, 일렬로 서서 리더의 지휘에 따라 춤을 춘다.)에서 맨 앞에 서서 리드하는 사람에 비유할 수 있다. 맨 앞에 선 사람은 뒤따르는 사람들의 움직임과 속도를 결정한다. 뒤를 따라오는 수십 명은 리더가 움직이는 대로 따를 뿐이다. 또한 춤을 추는 사람들은 뒷사람의 모습, 크기, 기교의 차이와는 상관없이 맨 앞 사람이 원하는 곳으로 가야 한다. 리더로서 당신은 맨 앞에 서서 뒤를 따르는 사람들이 안정적으로 따라올 수 있도록 앞으로 나아갈 길을 개척해야 한다. 콩가 춤을 추는 일원들이 지켜야 할 '시스템적 원칙'은 간단하다. 앞사람 엉덩이에 손을 얹어 놓고 그 사람과 보조를 맞추면서 맨 앞사람의 리드를 따르는 것이다.

우리 회사에서는 그렇게 한다

센트라텔에 새로 입사한 사원들이 이렇게 묻곤 한다.

"지금 해야 하나요? 나중에 하면 안 되나요?"

아직 훈련받지 않은 사람들은 마음속으로 이렇게 생각할 지도 모른다.

'지금 하나 나중에 하나 뭐가 다를까? 지금 당장 하고 싶지 않아. 나중에 하고 싶어질 때 할 거야!'

'나는 압박감을 느낄 때 일을 더 잘할 수 있어. 마감일이 코앞에 다가와야 집중해서 일할 수 있거든. 이번 일도 마감일이 다가오면 그때 할 거야!'

혹시 그때가 되면 그 일이 감쪽같이 없어질 지도 모르는데 말이다. 당신도 이런 생각을 하고 있는 것은 아닌가? 우리는 신입사원들에게 오리엔테이션을 하는 기간 내내 그런 생각을 바꾸라고 강조하면서 이렇게 말한다.

"지금 당장 그 일을 하겠어! 그게 센트라텔의 업무 방식이니까."

우리 회사의 노련한 관리자들은 '지금 당장 실행하자!'를 업무 수행의 원칙으로 삼고 있는데, 이는 아주 강력한 효과를 발휘한다. 단지 우리의 방침이기 때문이 아니라, 실제로도 효과가 있기 때문이다! 마음속으로 '이럴까, 저럴까?'를 계속 생각해 봐야 되는 것은 아무 것도 없다. 우리에게 필요한 마음자세는 바로 이것이다.

지금 당장 시작하자! 지금 당장 일을 실행에 옮기자!

그렇다. '내가 말하는 방식에 따르라!'는 요구가 직원들의 기분을 상하게 할지도 모른다. 특히나 독립과 자유를 당연한 것으로 받아들이는 오늘날의 젊은이들에게는 말이다. 우리는 다른 사람이 강요하는 독단적인 규칙을 좋아하지 않는다. 그러나 기업이라는 배경 속에서 회사의 규칙이 합리적이지 않다고 생각되면, 우리는 언제든지 회사를 그만둘 자유가 있다. 우리가 사는 자유로운 세상에서는 누구든 다른 직장으로 옮기기 위해 사표를 던질 수 있고, 새로운 비즈니스를 시작할 수 있다. 또는 소파에 앉아서 아무 것도 하지 않을 수도 있다.

그러나 새로 입사한 신입 사원들에게 이런 개념을 물었더니 성과가 있다는 것을 인정할 수 있다면, 더 이상 생각할 필요가 없다는 대답이 돌아왔다. 그게 바로 이 세상의 이치다. 따라서 지속적이고 탁월한 성과는 그 방법이 옳은 방법임을 정당화해 줄 것이다.

POS 전략은 개인 생활에서 무언가를 결정해야 할 때도 적용할 수 있다. 극단적인 예를 들어 보자면 이렇다.

'나는 쇼핑 중이다. 내일 먹을거리를 사기 위해 나온 김에 한 군데

를 더 들려야 하나?'

이에 대한 대답은 물론 '당연하지!'이다.

● **멀티태스킹은 기계의 몫이다** ●　　　POS 전략의 목표는 가장 효율적인 주 시스템을 구축하는 것이다. 하지만 POS 처리 방식의 현금 등록기 사례처럼 모든 일이 자동적으로 이루어지는 것처럼 되어야 한다. 이것을 기억해야 한다. 멀티태스킹 또는 동시에 여러 개의 시스템이 기능하도록 만드는 것은 컴퓨터를 완벽하게 응용하는 것이지 사람이 하는 것이 아니다. 멀티태스킹은 컴퓨터에 맡겨라. 실제로 센트라텔의 철학은 '직원은 멀티태스킹 작업을 하지 않는다'는 것이다. 그 대신 직원들은 '눈앞에 놓인 세부적인 문제들에 초점을 맞춘다(센트라텔 종합 운영 원칙 27번).'

주당 업무 시간은 40시간

시스템 작동 방법론이 제공하는 여러 가지 시스템 전략은 시간을 절약할 수 있게 해 준다. 또한 POS 처리 방식이 관리자들의 근무 시간을 합리적으로 조절할 수 있도록 해 준다는 것에도 의문의 여지가 없다. 우리는 직원들에게 이렇게 말한다.

"이렇게 합시다. 당신이 100%를 보여준다면 우리도 그에 따른 보상을 하겠소."

그렇다. 이 약속에는 제한이 없다. 직원들이 열심히 일해서 성과를 낸다면 우리는 높은 보수와 훌륭한 혜택, 합리적인 업무 시간을 보장해 준다.

절차 주도적인 방법, 그리고 POS 처리 방식 때문에 센트라텔에서는 다른 회사들처럼 주당 50~60시간을 (혹은 그 이상) 일하지 않아도 된다. 그렇다면 왜 직원들에게 높은 급여를 지급하면서도 주당 40시간 이상 일을 시키지 않는 것일까? 그 이유는 이렇다.

첫 번째, 사원들이 회사 밖에서의 삶도 즐기기를 원하기 때문이다.

두 번째, 여가를 활용하고 긴장을 푼 다음 업무 현장으로 돌아왔을 때, 맑은 정신과 열정적인 자세로 자신의 능력을 100% 발휘할 수 있기 때문이다.

습관의 강화 : 창조적인 아이디어, 그리고 정말로 중요한 것

개인의 커뮤니케이션 전략 중에서도 가장 중요한 것이 POS 처리 방식이다. 좋은 아이디어는 포착하려고 해서 되는 것이 아니다. 생각하는 과정에서 갑자기 떠오를 수 있다. 운전 도중에, 동료와 대화하는 도중에, 침대에 누워 있는 동안에, 자전거를 타는 동안에, 혹은 전국을 여행하는 도중에 뜻밖의 훌륭한 아이디어가 떠오를 수 있다. 하지만 그러다가는 금방 잊어버릴 수 있다. 그래서 나는 디지털 녹음기를 항상 들고 다닌다. 창조적인 아이디어들은 의외의 순간에 갑자기 찾아오기 때문이다.

●**진짜 중요한 것이 무엇인지 냉정하게 생각하라**● 비즈니스와 업무에서, 혹은 일상생활에서 정말로 중요한 일을 하고 있는가? 이는 무언가 대답을 유도하려고 던지는 질문이 아니라, 매우 실제적인 생각일 뿐이다. 냉정한 자세로 당신의 상황을 살펴보라. 그리고 가치 없는 생각과 정보들, 편견을 날려버

려라. 그 대신 가치 있는 정보는 주의 깊게 살펴보고 그 정보에 대해 고민할 가치가 있는지 확인하라. 사용할 일이 없거나 쓸모없는 것이라고 판단된다면 정보의 특성에 따라 '시간낭비', '에너지 낭비', '재정 낭비'로 분류해서 판단하라. 그런 다음 자기 삶에서 완전히 제거하라. 이렇게 해서 절약한 시간으로 무엇을 할 것인가? 당신에게 정말로 중요한 일을 위해 시간을 쓸 수 있게 될 것이다.

꾸물거리는 태도는 침체기에 나타난다. 즉 스트레스나 과로, 해결할 수 없는 문제들, 혼란 때문에 개인의 의지력이 약해지면 꾸물거리는 행동이 나타나게 되는 것이다. 그러다가 POS 처리 방식에 따른 사고를 하지 못하면 첫 번째 재앙이 찾아온다. 당신은 이렇게 말할지 모른다.

"나 역시 POS 처리 방식이 훌륭한 개념이라는 건 알고 있어. 하지만 지금은 너무 피곤해. 우리에겐 항상 내일이란 게 있잖아!"

당신 말이 옳을 수도 있다. 내일 시작해도 되는 일이 있을 수 있다. (그런 경우가 전혀 없는 것은 아니니까.) 그러나 문제는 당장 실행하는 습관과 타협하거나 굽히면 POS 처리 방식의 습관은 점점 힘을 잃게 된다. 만약 꾸물거리고 싶어짐에도 불구하고 해야 할 일을 실행한다면 '지금 당장 실행하는' 습관은 점점 더 강해질 것이다.

무언가 일을 할 때마다 당장 눈앞에 보이는 유혹을 뛰어넘어서 생각하라. 또한 문서화해 둔 계획을 실행하라. 그 문서 덕분에 당신은 침체에 빠지지 않을 것이다. 그 문서는 당신이 목표를 향해 거침없이 행동하도록 만들 것이다!

POS 처리 방식에 근거한 행동, 즉 지금 당장 실행한다는 것은 자기단련일 뿐만 아니라 불편한 영역으로 나아가려고 하는 의지력에 관한 것이다. 이외에 다른 어떤 방법을 통해 상황을 호전시킬 수 있겠는가?

정리할 시간이 필요하다

너무 많은 사람들이 혼란 속에서 살아간다. 사람들이 혼란을 겪는 이유는 목표를 설정하기 위해 시간을 충분히 사용하지 않았거나 목표에 도달하기 위한 명백한 전략을 설정하지 못했기 때문이다. 또한 비효율이 발생했을 때 시스템을 개선하지 못하여 문제가 되풀이됨으로써 혼란스러울 수도 있다.

그렇다. 핵심은 '천천히'이다. 예상하건대 당신은 이 책을 읽는 지금 이 순간에도 '천천히'라는 문제와 싸우고 있을 것이다. 물론 처음에는 이것이 옳지 않다고 생각하는 게 당연한 반응이다. 하지만 당신만의 시스템을 작동시킬 때까지 인내할 수 있다면, 가장 빠르고 효율적인 작업 절차를 얻게 될 것이다.

나는 고교 시절 스키 팀에서 활동할 당시에 이 강력한 사고방식을 배울 수 있었다. 그 당시에 나는 슬라롬slalom(회전 기술) 훈련을 받고 있었는데, 이는 예측과 빠른 반사 신경, 힘, 그리고 균형을 잡는 능력을 키우는 훈련이었다. 훈련을 받는 동안, 나는 기문(회전 경기에서 코스를 유도하기 위해 설치하는 깃발로 표시된 문)을 제멋대로 통과하곤 했다. 내 팔과 다리는 마구 흔들렸고, 전력을 다해 움직였지만 균형을 잃는 바람에 코스에서 벗어날 것처럼 위태로워 보였다. 혼신의 힘을 다했지만 성적은 그리 좋지 않았다. 저돌적인 힘과 무모한 도전정신이 오히려 잦은 실수와 비효율적인 움직임을 만든 것이다. 사소한 실수가 너무 자주 발생하다 보니 당연히 속도도 떨어졌다. 나는 그저 과격하게 내려오기만 하고 코스를 완주하지 못할 때도 있었다.

그러던 어느 날, 슬라롬 게이트를 향해 질주하고 있는 나에게 코치가 다가와서는 이렇게 소리쳤다.

"힘으로 하지 말고, 긴장을 푼 다음 천천히 부드럽게 해!"

처음에는 '천천히, 부드럽게' 한다는 것이 열심히 하지 말라는 말처럼 느껴져서 약간 혼란스럽기도 했다. 그러나 한 발 물러서서 천천히, 그리고 부드럽게 스키를 타기 시작했다. 결과는 획기적으로 좋아졌다. 그때부터 (그리고 대학에서 2년 동안) 나는 거의 모든 대회에 참가할 수 있었고, 꾸준하게 좋은 성적을 낼 수 있었다. 그리고 '천천히 부드럽게'라는 교훈을 삶의 다른 영역에도 적용하기 시작했다.

하지만 그런 일을 경험했음에도 불구하고 아직까지도 천천히, 부드럽게 행동하기 힘들 때가 있다. 이전의 습관으로 돌아가려는 관성 때문이다.

건강에도 시스템 전략이 필요하다

9년 전, 우리 회사가 한창 혼란 속에서 허덕일 때 나 또한 몸과 마음이 아프고 지쳐 있었다. 낮 시간에는 정신이 오락가락하고, 밤에는 수면을 취할 수도 없었다. 의사가 처음에는 항우울제, 다음에는 리탈린(ADHD 처방제)을 처방해 주면서 우울증이 심각하다고 진단해 주었다. 매주 100시간씩 일하는 내가 우울증이라니!

그러나 내 비즈니스의 시스템에 대해 작게나마 깨달음을 얻은 후, 나는 내 몸 또한 시스템의 집합체라는 것을 알 수 있었다. 나는 '내 몸의 시스템은 무엇으로 구성되어 있을까?'라고 자문해 보았다. 답은 분명했다. 인체는 화학적 요소로 구성되어 있다. 그래서 나는 의사에게 여러 종류의 혈액 검사를 해 달라고 요청했다. 내가 우울증에 걸렸다고 확신한 의사는 처음에는 주저하더니 결국 마지못한 척하면서 내 요청을 들어주었다.

혈액 검사 결과, 부신 기능이 제 기능을 하지 못해 'DHEA'라는 중요한 호르몬이 정상적으로 분비되지 않고 있다는 사실이 밝혀졌다. 반면에 스트레스성 호르몬인 코르티솔은 최고조에 이르고 있었다. 다른 중요한 호르몬은 결핍된 상태였고, 만성적인 탈수 증상도 있었다. 이 사실을 알고 나서 내가 해야 할 일은 내 몸의 시스템을 하나하나씩 정상으로 되돌려 놓는 것이었다. 제 기능을 못하는 4개의 시스템을 다시 효율적으로 작동할 수 있도록 복구하면, 균형이 잡힌 신체와 맑은 정신력을 회복할 수 있을 것 같았다. (솔직히 이외에 다른 방법이 없었다.)

그 후 2년 동안 반복해서 혈액 검사를 받았다. 그 사이에 꾸준히 치료제를 복용하고, 생활 습관을 바꿔 가면서 내 몸속의 여러 가지 화학적 시스템이 균형을 이루도록 노력했다. 그로부터 2년이 지나자 내 몸은 건강을 회복했고, 생각도 맑아졌다. 이것이 쉬운 일이었을까? (당신도 알다시피 결코 쉬운 일은 아니었다.) 그렇지만 건강으로 향하는 길, 즉 무엇을 해야 할 것인지가 명백했다. 한편으로 해야 할 일을 할 수 있을 만큼 나 자신을 충분히 단련하는 일도 쉽지만은 않았다. 때론 휘청거릴 때도 있었지만 결과적으로 내 건강은 매우 좋아졌다.

당신은 어떤가? 당신의 몸을 이루는 화학적 요소들은 모두 정상을 유지하고 있는가? 그렇지 않다면, 지금 당장 병원으로 달려가 필요한 검사를 요청하고, 건강을 회복하기 위해 필요한 조치를 취하라. 당신 몸속의 화학적 요소가 정상적으로 작용하고 있는가? 만약 그렇지 않다면, 지금 당신에게 필요한 것은 규칙적인 운동과 잘 먹는 습관, 숙면을 취할 시간을 확보해야 한다.

마지막으로 만약 당신이 무언가에 중독되어 있다면, 어떤 식으로든 신체의 불균형이 생기기 마련이다. 알코올과 니코틴은 당신의 삶을 혼란스럽게 만든다. 먼저 술과 담배를 끊고 금단 증상에 정면으로 맞서라. 이것은 당신의 삶을 바꿀 수 있는 출발점이 될 수 있다. 그리고 신체의 불균형으로 인한 혼란에서 벗어나게 되면 최고의 직장에 굳건히 뿌리를 내릴 것이다.

당신에게 발생한 문제를 바로잡으려고 할 때, 건강만큼 시작하기 좋은 것도 없다. 시스템 전략을 활용해서 건강(몸은 의식을 유지하고 전달하는 기관이다.)을 살피는 일도 '외부에서, 그리고 약간 위에서' 바라보는 객관적 관점에 가장 잘 부합된다.

이 시점에서 질문을 던지겠다. 진지하게 생각해 보라.

당신은 너무 급하게 움직이고 있지 않은가? 만약 그렇다면, 삶의 속도를 늦추기 위해 어떤 방법을 취할 수 있는가? 당신이 중독되어 있는 것은 무엇인가? 그것이 앞으로 나아가는 데 걸림돌이 되고 있지 않은가?

16. 위대한 사람들의 특별한 시스템

"대부분의 사람들, 그중에서도 성공한 사람들은 열심히 노력한다. 이들은 자신과 관계된 일에 관여하기를 원하며, 자신의 일을 잘 해내기를 원한다."

● 애니 레이보비츠Annie Leibovitz, 미국의 사진작가

지금까지 효율적이고 문서화 된 시스템을 구축하는 것이 얼마나 중요한지에 대해 이야기했다. 그러나 정작 가장 큰 장점에 대해서는 충분히 다루지 못한 것 같아서 지금부터 설명하려고 한다. 즉 당신을 위한 최상의 시스템이란 당신이나 나처럼 평범한 사람들, 다시 말해 대단할 게 없는 사람들을 위한 것이다. 사람들은 이렇게 말하곤 한다.

"당신이 성공한 이유는 운 좋게도 당신을 위해 일해 주는 훌륭한 사람들을 찾았기 때문일 테죠."

그들의 표현을 굳이 해석하자면 이런 뜻이 아닐까?

'당신을 받들어 모시고, 당신의 모든 생각을 알고, 당신의 모든 소원을 이루어 줄 사람들을 용케도 찾아냈군. 운 좋은 사람!'

적절한 사람을 찾아야 한다는 생각은 파급력은 강하지만 오해에 불과하다. 물론 그들의 말이 틀렸다는 것은 아니다. 단지 순서가 바뀌었을 뿐이다. 말단 사원에서부터 고급 관리자에 이르기까지 센트라텔의 모든 직원들은 유능하다. 하지만 이는 내가 경영자로서 운을 타고났다거나

수완이 좋아서가 아니다. 좋은 업무 환경을 제공하기 때문에 유능한 직원들의 마음을 사로잡을 수 있었고, 붙들어 둘 수 있는 것이다. 즉 훌륭한 사람들보다 훌륭한 환경이 우선인 것이다.

부지런하고, 단련되고, 정직한 사람들은 수도 없이 많다. 이들은 충분한 보상이 이루어지기만 하면 목숨을 걸고 자신의 능력을 보여 줄 회사를 은밀히 찾고 있다. 또한 좋은 성과를 거두었을 때 거기에 걸맞은 보상을 원한다. 당신은 이런 사람들을 채용해서 흑백이 분명하도록 업무 지시를 내리고, 급여를 많이 주면서 밝은 미래도 보장해 주어야 한다. 늘 그렇듯이 방법은 단순하다.

모든 문제를 해결할 수 있는 완벽한 직원을 찾는 것(위로부터 시작되는 해결책)은 시스템 중심의 해결책과는 상반된다. '시스템을 작동시켜야 하는' 비즈니스 현장에서 리더로서 당신이 해야 할 일은 부지런하고, 충성스럽고, 오랫동안 일하고 싶어 하는 직원들의 마음을 끌어당길 탁월한 비즈니스 시스템을 제공하는 것(아래로부터 시작되는 해결책)이다.

이런 방식을 통해 유능한 사람들이 유능한 직원이 된다. 당신이 이들에게 높은 동기를 부여하고, 타고난 재능을 발휘할 수 있는 환경을 제공한다면 그들은 자신의 능력을 마음껏 발휘할 수 있을 것이다. 즉 기회를 주고 자유롭게 풀어 주는 것이다.

● **적극적으로 지침을 적용하라** ● 　의사 결정 과정에서 찬반 논쟁의 수렁에 빠지지는 상황을 피해야 한다. 이를 위해 세 가지 핵심 문서의 지침을 적극적으로 활용하라. 나는 신입 사원이 '전략 목표', '30가지 원칙' 혹은 특정한 '작업 절차서'의 지침을 따르고 있다고 말해 주면 행복해진다. 또한 직원들이 자발적으로 작업 절차서의 수정을 요구하는 것도 긍정적인 신호라고 생각한다. 그것

은 직원이 시스템 활용법을 이해하고 있다는 확실한 증거이기 때문이다.

당신은 최선을 다할 의무가 있다

당신은 당신의 방식을 신뢰하는 똑똑하고, 정직하고, 청렴하고, 열정적인 사람을 원할 것이다. 또한 당신 개인의 관점에 호기심을 갖는 동시에 당신과 함께 미래를 열어 가려는 사람을 원할 것이다. (적어도 한동안은) 이런 탁월한 사람들은 당신의 미래를 위한 튼튼한 기반이 된다. 당신에게 최선을 다하는 사람들에게는 그 최선의 중심에 (당신이 제공하는) 꼼꼼하게 잘 짜인 시스템 기반 환경이 있다. 당신의 회사와 함께 성장하고, 당신이 잘 가르친 직원이 나중에 스스로 독립해서 자기 회사를 꾸리게 된다면 그것은 당신에게 있어서 큰 찬사가 될 것이다. 반면에 그들이 오랫동안 당신과 함께하려고 한다면 그것이야말로 최고의 찬사이다.

● 상품에 초점을 맞추는가? 아니면 시스템에 초점을 맞추는가? ●

관리자의 모든 노력은 상품이나 서비스 그 자체에 초점이 맞춰져야 한다는 말이 논리적일 수 있다. 이 말대로라면 관리자는 업무 처리와 고객 창출, 수익 증대를 위해 자신의 모든 에너지를 쏟아 부어야 한다. 그러나 바로 이게 문제다! 시스템 개선을 위한 전반적인 전략 없이 이런 일에만 몰두하다 보면 곧바로 문제가 드러날 것이다. 15년 동안 생존할 수 있는 기업은 100개 기업 중에서 한 곳뿐이라고 하는데, 가장 큰 이유는 '외부에서, 그리고 약간 위에서' 바라보는 객관적 관점을 수용하지 못하는 데에 있다. 그러나 좋은 소식도 있다. 그 1%에 속하는 기업들은 실제로 아주 잘 돌아간다. 기분 좋은 이야기이긴 하지만, 더 좋은 소식은 당신의 새로운 경쟁자 중에서 거의 대부분은 망할 운명을 가지고 있다는 것이다. 성공적인 기업들이 어떤 공통점을 가지고 있는지 생각해 보자. 리더는 상품이나 서비스를 생산해내는 사람이 아니다. 리더는 상품이나 서비스를 생산하거나 판매하는 데 필요한 시스템을 관리하고 수정하는 일을 한다. 이를 위해 리더는 관리자들에게 목표와 원칙, 작업 절차서를 작성하게 한다. 그리고 직원들이 작성된 문서에 따르도록 최선을 다한다.

직원 평가는 냉정해야 한다

당신의 팀은 업무나 상황을 당신이 바라보는 방식대로 바라봐야 한다. 당신이 시스템 작동 방법론을 적용하는 관리자라면 당신의 관점으로 일하지 않거나 그럴 마음이 없는 직원은 내보내야 한다. 새로운 직원을 뽑을 때는 당신의 시스템 중심적 관점을 공유할 수 있는 사람으로 뽑아야 한다.

센트라텔은 시스템 지향적인 인력을 채용하기 위해 다음과 같은 기준을 적용하고 있다. 기억하라. 빠른 이해력과 자기 단련은 시스템 중심적 관점을 갖기 위한 필수 조건이다.

1. 지원자가 면접 시간에 맞춰 도착했는가?
2. 적성 검사에서 커트라인을 넘겼는가?
3. 지원자가 우리 회사에 대해 알고 있는가? 이 직종에 지원하기 전에 인터넷 홈페이지를 찾아보았는가? 지원자는 우리 회사가 어떻게 돌아가는지에 대해 질문하는가? 아니면 그냥 아무 일이나 찾고 있는 사람인가? 지원자는 발전을 중시

하는가?

4. 지원자가 밝은 얼굴인가? 행복해 보이는가? 지원자가 자기 단련에 강한 사람인
가?

5. 지원자가 귀 기울여 듣는가? 아니면 대충 흘려 넘긴 채 자신의 식견을 뽐내기
위해 다음 기회를 엿보고 있는가?

6. 지원자가 대화를 이성적으로 이어 가는가? 말할 때 면접관의 눈을 쳐다보는가?

7. 외모로 봤을 때, 지원자는 자신을 잘 가꾸는 사람인가? 자신을 가꾸는 것에 게
으른 사람은 자기 단련에도 미흡한 사람이다.

8. 지원자는 이전에 이곳저곳으로 직장을 자주 옮겼는가?

9. 약물 테스트에 통과했는가?

10. 지원자는 자연스럽게 규칙을 따르는가?

우리는 주관적인 인터뷰 과정을 작은 요소로 나눠 객관적이고 흑백
이 분명한 방법으로 평가한다. 그렇다. 직관이 중요할 수 있다. 그러나
직관이 지침보다 더 크게 작용해서는 안 된다. 감성과 이성, 주관과 객관
을 혼동해서는 안 되는 것이다. 측은한 마음으로 '이 사람은 배려해야
해!'라고 생각하는 것은 잘못된 판단일 경우가 많다. 그런 감정은 채용
상황보다는 해고 상황에서 활용하라. (이것은 어디에서나 적용할 수 있는
유용한 법칙이다.)

센트라텔에 입사하려는 지원자는 앞서 언급한 모든 기준에서 합격
판정을 받아야 한다. 한 가지 항목이라도 불합격으로 판정되면 그 사람
에게는 센트라텔의 일자리를 제공할 수 없다. 그 사람의 부정적인 부분
이 문제를 일으킬 수 있고, 다른 긍정적인 요소를 총동원해도 부정적인
부분을 만회할 수 없기 때문이다. 우리는 이러한 지침을 냉정하게 적용

한다. 우리에게 예외는 없다.

대학 교육? 학위에 대해서는 크게 신경 쓰지 않는다. 학위는 이 사람이 자신의 목표 달성을 위해 장기간 계속되는 어려움에서도 잘 견뎌낼 수 있다는 것을 의미할 뿐이다. 불행히도 오늘날의 학위는 학식이나 합리적인 사고방식을 판단하는 데 있어서 신뢰할 만한 기준이 되지 못한다.

당신도 이미 알고 있겠지만 직원을 채용했다가 해고하는 일은 회사에만 손해가 되는 게 아니라 당사자에게도 엄청난 충격을 준다. 따라서 서로가 단번에 OK를 하지 않고 시간을 두고 신중하게 결정할 필요가 있다. 리더와 관리자는 심사숙고하면서 채용 절차서를 작성해야 한다. 이것야말로 지원자들에게 온정을 베푸는 길이다.

두더지를 잡아라, 함대를 관리하라

그렇다면, 성공한 회사의 리더는 어떨까? 그들 대부분은 특별한 능력을 타고난 사람들이 아니다. 그들에게는 열심히 일하려는 의지가 있고, 지성보다 더 뛰어난 점이 있다. 그것은 바로 자연스럽게 시스템 중심적인 관점으로 회사를 경영한다는 점이다. (대부분의 사람들은 그렇지 않다.) 이들은 회사의 핵심 인물이다. 이들은 두더지를 아예 없애버리겠다고 마음먹고 계속 내려친다고 될 일이 아니라는 것을 알고 있다.

성공한 회사를 경영하는 사람들의 머릿속에는 이미 시스템 중심적 사고가 깊이 배어 있다. 그러나 흥미로운 사실은 이들 중 많은 사람들이 시스템 중심적 사고가 성공을 가져다 준 핵심 요소임에도 불구하고 명확하게 정의하지 못한다는 점이다.

성장하는 회사의 리더는 시스템 중심적 프로세스를 이해하고 있는 관리자들을 통해 지속적으로 시스템을 수정하는 일에 몰두한다. 그들은 트렌드와 변화를 따라가는 동시에 시스템을 보다 효율적인 방법으로 계속 수정해 나간다. 만약 당신이 세계 95%의 기업이 허우적대고 있는 늪지에서 탈출하고 싶다면 반드시 그렇게 해야 한다.

당신은 비즈니스를 하기 위해 직원과 공급 업체들을 찾아내 관계를 유지해야 하며, 상품이나 서비스를 제작하고 판매하는 일을 관리하고, 월급도 줘야 하고, 세금도 납부해야 하며, 수익을 얻을 수 있는 방향으로 기업 전반을 이끌어야 한다. 도약을 원하는가? 그렇다면, 당신 회사의 상품이나 서비스는 탁월함을 잃지 않아야 한다. 만약 직원들이 상품이나 서비스가 어떻게 만들어지고 유통되는지에 대해 집중하지 않는다면, 상품이나 서비스의 탁월함은 유지될 수 없을 것이다.

단기적으로 당신은 명확하게 정의된 뛰어난 시스템을 구축하는 일에 주력해야 한다. 장기적으로는 당신과 직원들이 문서화한 시스템을 수정하고 유지해야 한다. 그렇게 한다면 고객들이 원하는 탁월한 서비스와 상품을 제공할 수 있게 될 것이다.

당신의 함대에 속한 모든 군함이 최고의 효율성을 발휘할 수 있도록 해야 한다. 느린 배 한 척 때문에 함대 전체가 지체될 수 있기 때문이다. 이것이 바로 시스템 작동 방법론의 중심적 원리다. 당신은 이런 이유 때문에 모든 직원들이 시스템 방법론에 동참하기를 바랄 것이다. 회사 내의 모든 직원들이 자신의 최고 역량을 발휘하여 일하고, 잘못된 것은 고치고, 필요한 내용은 수정해 가면서 외부의 변화에 적응하기를 기대할 것이다. 함대는 같은 목표를 향해 전속력으로 나아가야 한다. 당신의 역할은 그렇게 되도록 만드는 것이고, 이것이 바로 리더가 되는 길이다.

만약 당신이 사원으로서 '성장'이라는 목표를 가진 사람일지라도 상황은 마찬가지다. 장기적으로 성공하려면 당신의 경쟁자나 동료들보다 더 효율적으로 일해야 한다. 즉흥적으로 일하거나 자신의 능력에 의존하거나 완벽한 직원이 되려고 애쓴다거나 다른 사람이 하는 대로 모방하는 것으로는 원하는 것을 얻을 수 없다.

대형 마트의 주도면밀한 시스템

당신 주변에 어떤 시스템이 있는지 관심을 기울여라. 효율적인 것과 비효율적인 것을 구분해야 한다. 시스템 중심적 사고를 맨 앞과 중심에 두어라.

남부 캘리포니아의 식료품 마트 체인점들은 잘 정돈되어 있고, 고객들에게 편안한 느낌을 준다. 상품은 빈 공간이 없이 눈에 잘 보이도록 배치되어 있다. 뿐만 아니라 이곳에서 일하는 직원들도 깨끗하고 세련되어 보인다. 통로를 걸어 다니면서 직원들을 살펴보면 그들의 자부심이 느껴질 정도다.

모든 점포가 효율적이고, 자신감이 넘친다. 경영자가 누구인지는 모르지만, 분명한 것은 이 체인점이야말로 주도면밀한 시스템 전략의 완벽한 모델이라는 점이다. 여기서의 전략은 조직의 윗선에서 의도한 방향이 고스란히 고객들에게 전달된다.

물론 이와 비슷한 기업도 있다. 그렇게 많지는 않지만 찾을 수는 있다. 만약 그런 회사를 발견한다면, 시간을 들여서라도 효율성의 이면에 감추어진 시스템에 대해 생각해 보라. 살펴보고 배우는 것이다.

반면에 허둥지둥하는 회사를 찾기는 쉽다. 어디를 가도 그런 회사가 있기 마련인데, 그런 회사를 둘러보아도 배울 것은 많다. 시스템과 비전이 부족하고, 통제도 미흡한 그런 상황을 직접 느껴 보라. 혼란을 느껴 보라. 이는 직장과 개인적인 삶에서 기대하는 것과는 정반대의 상황일 것이다.

최상의 효율로 운영되는 회사를 본 적이 있는가? 그런 회사에서 만들어 놓은 시스템, 즉 일을 효율적으로 할 수 있도록 만들고, 그 효율성을 유지시키는 시스템을 정의할 수 있는가? 그런 회사에서 일하는 직원들은 바쁘고 행복해하는가?"

17. 일관성과 차가운 커피

"내 항해의 목표는 찬란하고 겉모양뿐인 독단적인 경주를 하려는 게 아니라, 오랫동안 항해를 지속하는 것이다."

● 데니스 코너Dennis Conner, 1987년 미국 국가대표 요트팀 주장

미국 서북 지방에는 간이 이동식 커피점이 많다. 3평 남짓인 이 작은 이동식 커피점은 사람들이 많이 왕래하는 교차로나 교통이 혼잡한 거리 근처의 공원 등에 자리 잡고 있다. 이들 이동식 커피점은 운전을 하다가 갑자기 커피가 마시고 싶어질 때 편리하게 이용할 수 있다. 커피를 사기 위해 차에서 내려야 하는 번거로움을 덜어 주는 대신 커피 값으로 8달러 정도는 내야 한다. 이동식 커피점은 거의 모든 종류의 커피를 팔지만, 나는 이동식 커피점을 거의 이용하지 않는다. 원래 커피를 잘 마시지도 않을뿐더러 커피를 마시고 싶을 때는 가끔 번화가로 나가 프랜차이즈 커피점(어딘지 짐작이 될 것이다.)을 이용한다. 아니면 커피의 깊은 맛을 음미할 수 있는 근처 커피점을 이용한다.

10년 전 쯤이었던 것 같다. 센트라텔의 목숨을 연명하기 위해 주당 100시간씩 일하고 있던 시절, 집 근처에 새로 생긴 이동식 커피점을 찾은 적이 있었다. 출근하던 중에 갑자기 진하고 뜨거운 커피가 생각나서 길 한쪽에 차를 세웠다. 바리스타가 자동차 창문 가까이로 다가와 커피

한 잔을 건네주었고, 나는 받침대에 커피를 올려놓고 다시 차를 돌려 바쁜 출근길을 재촉했다. 그러고는 급히 한 모금을 들이켰는데······. 어이쿠! 미지근하기도 했고, 너무 묽어서 전혀 커피 맛을 느낄 수 없었다. 분노 모드가 극에 달했다. (그때 느꼈던 분노감은 아직까지도 잊을 수 없다.)

나는 번화가 쪽으로 돌아가 평소 다니던 커피점으로 향했다. 길거리에서 산 커피가 여전히 가득 채워져 있었지만 쓰레기통에 던져 버렸다. 그러고는 커피점에 들어가서 다시 커피를 주문했다. 받아든 커피는 따뜻하고 진했다. 그 순간 얼마나 만족스럽던지.

그 일 이후로는 지금까지도 길거리에서 파는 커피는 절대로 마시지 않는다. 왜냐고? 내가 너무 비판적이고 관대하지 못한 사람으로 보이는가? 그것보다는 나 자신을 챙기는 마음이 더 크기 때문이다. 그런 불편함을 다시는 겪고 싶지 않고, 특하나 같은 실수를 되풀이하면서 자책하고 싶지 않기 때문이다.

그 일이 있은 후, 전문 커피점이 10킬로미터 안에만 있다면 이동식 커피점 따위는 절대로 이용하지 않겠노라고 마음먹었다. 그리고 근처의 커피점 몇 곳에 대해서도 본능적으로 이런 반감을 가지고 있으며, 음식점 여섯 곳, 소매점 여러 곳, 주유소 한 곳 이상이 그런 곳에 속한다. 물론 내 판단이 완벽하다거나 합리적이라고 주장하려는 것은 아니지만, 나는 내 판단이 현실적이라고 본다.

센트라텔은 서비스를 제공하는 회사이기 때문에 자연스럽게 서비스의 질에 대해 생각하지 않을 수 없다. 나는 밖을 돌아다닐 때마다 다른 회사의 서비스는 어떤지를 항상 평가한다. 음식점, 샌드위치 가게, 소매점포, 영화관, 숙박 시설, 대중교통 서비스 등 다양한 업종을 살피고 또 살핀다. 이런 무의식적인 분석은 최상의 서비스 혹은 최악의 서비스를 접함으로써 자연스럽게 인식할 수 있을 때까지 계속한다. 나는 지금까지도 친절하고 딱 부러지며, 미소를 잃지 않는 사람들에게 센트라텔의 서비스 업무 관련 일자리를 제공해 왔다. 그러나 회사 밖으로 나와 보니 불쾌한 태도로 일하는 직원들 때문에 다시는 들르고 싶지 않은 회사들이 한둘이 아니었다. 내가 그런 것처럼 센트라텔의 직원들도 회사 밖에서 자연스럽게 서비스 평가를 한다. 회사에 시스템 중심적인 틀이 확립되면 누구든지 그렇게 된다.

이동식 점포 운영자들에 대한 평가에 공평성을 유지하기 위해 이야기 하나를 덧붙이겠다.

이 책을 출판하기 바로 전의 일이었다. 우리 회사의 관리자 중 한 사람이 회사에서 시행하는 '월요일은 라떼와 함께(센트라텔에서는 분주한 월요일 아침마다 모든 직원들을 위해 커피와 코코아를 제공한다.)'라는 행사를 위해 이동식 커피점에서 커피를 사온다고 했다. 예전처럼 근처 커피 전문점에서 사오지 않았던 것이다. 직원들은 그곳에서 사온 커피가 항상 좋다고 했다. 그렇다면, 그 커피점에는 특별한 뭔가가 있었던 것일까? 오래 전 미지근한 커피를 팔았던 이동식 커피점과는 다르게 운영되고 있었을까?

두 가지 의문에 대한 답은 명백히 '그렇다'였다. 미지근한 커피를 팔던 이동식 커피점의 커피는 왜 그리 형편없었을까? 그 이유는 한결같은 품질을 유지하기 위해서는 절차가 필요한데, 이동식 커피점은 그런 절차를 마련해 두지 않았기 때문이다. 그곳의 운영자는 고객을 계속 유지하려면 시스템을 작동시켜야 한다는 사실을 몰랐던 것이다. 게다가 형편없는 커피 맛 때문에 어마어마한 손실을 입을 수 있다는 사실도 깨닫지 못했다. 그럼에도 그 운영자는 최상의 결과를 꿈꾸며 하루하루 부단히 노력했을 것이다. 하지만 그날의 감정이나 고객의 태도 심지어 날씨에 따라 이것저것 빠뜨리기 일쑤였다. 결과는? 그 이동식 커피점은 얼마 지나지 않아 문을 닫고 말았다.

승리하는 패를 쥐고 싶은가?

미지근한 커피 한 잔 때문에 과민하게 반응하는 나 자신을 보면서 깨달은 것이 있다. 고품질의 서비스를 지속적으로 제공하느냐에 따라 센트라텔의 운명도 달라진다는 점이다. 당신이 일반 직원이라면 어떨까? 간단하다. 이런 내용을 삶의 모토로 삼으면 된다.

'나의 핵심 고객은 바로 우리 회사의 경영자다. 회사 안에서 나의 첫 번째 임무는 경영자가 실망하지 않도록 하는 것이다.'

물론 경영자(또는 관리자)와 함께 일하는 것이 너무 힘들다거나 당신의 위치가 위태롭다면 그 상황에서 빠져나오는 게 더 좋은 전략일 수도 있다.

오늘날의 기업 문화 속에서 모든 활동 영역이 효율성을 갈구하고 있지만, 실상 서비스의 질은 상당히 떨어진다. 이는 사람들이 시스템을 소홀히 하는 성향을 가지고 있기 때문이다. 하지만 당신이 시스템을 만들고 유지하는 일에 초점을 맞춘다면, 시스템은 일관적인 품질을 보장해 주기 때문에 탁월한 서비스를 제공하는 일이 쉬울 수 있다. 다시 한번 강조하지만 내부의 시스템을 만들고, 유지하고, 개선하는 일이 관리자의 주된 목표가 되어야 한다.

만약 당신이 관리자라면 직원이 자기 기분에 따라 고객을 형편없이 대하는 것을 원치 않을 것이다. 또한 당신은 그런 상황에 대비할 수 있는 시스템을 원할 것이다. 그렇다고 당신이 그 직원을 대신해서 일할 수는 없다. 하지만 그런 상황을 대비하여 미리 시스템을 마련해 둔다면, 다른 직원으로 대체함으로써 고객이 불편을 겪지 않게 할 수는 있다. 제대로 일할 수 없는 직원을 방치해 둔 채로 아무런 지침도 마련하지 않는다면, 당신은 패배할 수밖에 없는 패를 잡는 것이다. 이런 상황은 직원들이나 관리자, 그리고 경영자에게 아무런 도움이 되지 않는다.

만약 당신이 컨디션이 안 좋은 직원이라면 어떻게 해야 할까? 이런 상황을 고려한 시스템이 작동되고 있다면 하루쯤은 그 일에서 손을 떼도 될 것이다. 이는 비정상적인 상태로 업무를 망치는 것보다 훨씬 나을 것이다. 그러기 위해서는 시스템이 제 역할을 하도록 만들면 된다.

인간에게는 아주 특이한 성질이 있다. 우리는 단 한 번이라도 나쁜 경험을 하고 나면 다시는 그 일을 하지 않으려고 한다. (이런 결정은 단호해서 번복할 수도 없다.) 그러므로 주의해야 한다. 고객이 당신의 서비스에 실망하면 다른 회사로 발길을 돌릴 것이고, 다시는 돌아오지 않을 것이다. 승리하는 패를 쥐고 싶다면 애초부터 고객을 잃지 말아야 한다.

●팁에 대한 시스템적 사고●   조금 우스꽝스러운 평가 시스템이 하나 있다. 식당에서 주는 팁에 대한 이야기다. 미리 말하지만 나는 의무적으로 팁을 줘야 한다고는 생각하지 않는다. 말 그대로 '팁'이니까 말이다. 팁이란 말 자체가 부가적으로 주는 것이고, 적어도 제공한 서비스가 마음에 들어야 주는 것이 아니던가? 언젠가 아내 린다와 나는 식사를 하려고 식당에 들어가서 자리를 잡았다. 바로 그때 종업원(종업원이 여자라고 치자)은 우리가 부르기도 전에 25%의 팁을 확보한다. 그러면 종업원의 서비스를 기준으로 25%에서부터 차감해 보자. 만약 종업원이 "어서 와요!"라고 인사한다면 그 즉시 5%가 차감된다. 종업원이

"어서 오세요!"라고 존칭을 쓰지 않았기 때문이다. 이제 팁은 20%로 줄어들었다. 만약 이 종업원이 음식을 가져다주고 형식적으로 "맛있게 드세요!"라는 말만 남기고 가버린다면 여기서 또 5%를 차감한다. 그녀가 음식을 가져다 줄 때(서둘러 먹고 가야 할 직장인이라고 생각해서) 계산서를 미리 준다면 여기서 5%를 더 차감한다. 식사 중에 끼어들어 방해를 한다면 또 5%를 차감한다. 이제는 팁을 주지 않아도 될 상황이다. 이런 걸 일일이 적고 있거나 머릿속에서 하나하나 따지지는 않을 것이다. 그리고 종업원에게 팁을 주지 않고 그냥 나오는 경우도 거의 없을 것이다. 하지만 사고 과정의 본질에는 이런 공식이 깔려 있다. 물론 나를 까다롭다고 생각해도 좋다. 하지만 이런 바보 같은 사고가 최고의 시스템적 사고라는 것을 알아야 한다.

이 이야기가 본론이랑 무슨 연관이 있느냐고? 내가 만약 식당 주인이고, 서빙은 반복적인 업무 과정이라는 것을 인식하고 있다고 하자. 만약 그렇다면 나는 다른 음식점에서 식사할 때 내 자신의 반응을 살펴볼 것이다. 노트에 기록도 할 것이다. 그러고는 내 식당에서는 '하지 말아야 할' 말이나 행동에 대한 작업 절차서를 만들 것이다. 그런 다음, 모든 직원에게 내용 하나하나를 외우라고 할 것이다. 이 절차들은 '사용 금지 언어'와 '행동 절차'라고 부를 것이다. (정말로 그렇다. 정확히 그렇게 부를 것 같다.)

내 머릿속은 이 작업 절차서에 대한 생각으로 가득 찰 것이다. 직원들도 거기에 집중할 것이다. 우리는 계속해서 내용을 개선할 것이고, 그 과정에서 내 개인적인 경험이나 고객, 직원, 또는 다른 사람들의 조언을 활용할 것이다. 절차는 한두 페이지만으로도 충분할 것이다. 오래 된 직원과 새로운 직원들이 궁리하고, 논의하고, 수정한 문서가 지속적으로 행동의 중심적 기능을 한다면 말이다. 모든 사람이 절차서 작성에 참여하기 때문에 작업 절차서는 시간이 지날수록 꾸준히 개선될 것이다. 나는 그것을 잘 보이는 곳에 붙여 둘 것이다. 이렇게 주저하지 않고 시스템을 작동시켜서 업무의 효율을 높일 것이다.

이게 너무 많은 일일까? 이런 단순한 문서만으로도 음식점의 서비스 수준을 이류에서 일류로 빠르게 개선할 수 있다. 적은 시간과 노력을 투자해서 엄청난 결과를 얻는 것이다. 이런 업무 상황에 대해 생각해 본 적이 있는가? 매번 반복하는 일이지만 사람에 따라 늘 다르게 처리되는 그런 일 말이다.

승진의 사다리를 오르려면?

센트라텔에서는 보고 배우면서 업무와 개인 생활에 활용한다. 또한 무질서한 상황을 피하려고 노력한다. 그러나 문제가 생기면 문제를 해결하기 위해 머리를 맞댄다. 또한 문제가 일어나기 전보다 문제가 발생한 후에 고객이 더 만족할 수 있도록 노력한다. 고객이 더 행복해질 수 있을 때까지 정성 어린 관심을 쏟으면서 고객의 불만을 해소해 나간다. (우리는 '불만 처리 절차'에 따라 고객에게 최소한 네 번의 전화를 한다. 절차에 규정된 대로 1일, 3일, 10일, 30일 간격으로 전화를 걸어 문제가 되풀이되지 않는지 확인한다. 그렇다. 문제를 해결하는 과정은 1-2-3… 단계의 시스템에 따른다.)

여기서 끝나는 게 아니다. 우리는 모든 불만 사항을 전 직원에게 알려 준다. 아직은 완벽하지 않지만 상황을 해결하기 위해 어떤 대책을 사용했는지도 알려 준다.

회사 경영자나 리더가 아닌 일반 직원일지라도 잠재력을 가지고 있다면 누구든지 이 원리를 활용할 수 있다. 그래서 빠른 속도로 승진의 사다리를 오르는 기쁨을 경험할 수 있다.

성공한 기업은 공통점을 가지고 있다. 그것은 바로 상품이나 서비스의 질을 일관되게 유지하려고 끊임없이 노력한다는 점이다. 성장하는 기업의 리더는 하위 시스템을 수정하고, 유지 관리하는 일에 더 많은 시간을 할애한다. 고객을 더 많이 확보하고, 더 많이 유지하는 기업일수록 품질 관리와 고객 서비스를 위해 엄격한 지침을 시스템적으로 유지한다. 또한 승진의 사다리를 오르겠다는 포부를 가진 유능한 직원들도 회사의 업무 전반보다는 자신의 책임 영역에 제한되어 있기는 하지만 시스템 개선 과정에 초점을 맞춘다.

모든 것을 위한 자리, 그리고 제자리에 있는 모든 것들

시스템 작동 방법론에서는 본래의 성품과 자기 단련의 결과로 나타나는 '일관성'이라는 개인의 습관이 성공을 좌우한다. 일관성이라는 말은 필요할 때만 작업대에서 꺼내 쓰는 연장이 아니다. 항상 소지하고 있어야 할 개인의 특성이다. 매 순간마다 사용해야 할 특성이자 영원히 마음속에 새겨두어야 할 기질이기도 하다.

이런 특성을 연마하는 과정에서는 어려운 일도 있다. 즉 잘 정리된 효율적 시스템으로 매 순간 일을 처리하려고 노력하면서도 끊임없이 예전의 습관이나 게으름, 꾸물거림과 싸워야 하기 때문이다. 또한 좋은 결과는 빠르게 잊힌다. 그래서 그런 상황이 되면 일관성을 가지려고 노력한다는 것이 헛된 일이라고 생각될지도 모른다. 또한 예전의 습관으로 돌아가는 것을 보며 실망할지도 모른다.

직장에서는 시스템을 만들고 개선하면서도 집안일은 어수선하게 방치하는 태도는 좋지 않다. 한 달 동안 달랑 며칠만 운동하거나 어쩌다

한 번씩 아내를 도와주는 것은 소용이 없다. 마찬가지로 시스템 작동 방법론의 원리를 적용하다가 말다가 하는 것도 소용이 없다. 효율적인 삶을 원하는가? 그렇다면 항상 당신만의 시스템을 유지 관리하면서 끊임없이 문제점을 개선해 나가야 한다.

50년 전, 할아버지가 내게 이런 말씀을 하셨다.

"샘, 모든 것에는 자신의 위치가 있어. 그리고 그런 것들은 자기 자리에 있어야 한단다."

그때 내 나이는 여덟 살이었다. 나는 할아버지가 왜 이런 말씀을 즐겨 하시는지 궁금했다. 그리고 왜 그런 생각을 가지고 있는지 알고 싶었다. 그게 옳은 생각이라는 증거라도 있었던 것일까?

할아버지는 늘 이렇게 말씀하셨다.

"정리는 할 만한 가치가 있단다. 그리고 정리하는 습관을 가지려면 그것이 좋은 것이라는 믿음을 가져야 한단다."

매번 할애할 시간이 10여 분밖에 없더라도 꾸준히 실행하면서 예전의 혼란스러움을 정리해 나가라. 그런 다음 새로운 혼란이 발생하지 않도록 하라. 상황을 정리하고 정돈하려면 몇 주 몇 달이 걸릴 수도 있다. 시스템적 사고방식을 유지하기 위해서는 꾸준해야 한다. 정리가 된 뒤에는 한 걸음 물러서서 기분이 어떤지 자신에게 물어보라. 큰 만족감을 얻을 수 있을 것이다. 그런데 중요한 것은 이러한 만족감은 중독성이 강해서 계속 느끼고 싶어진다는 것이다. 당신의 세상이 유연해지면서 효율적으로 변하고 있다는 것을 알게 되면, 시스템적 사고방식을 더 유지하고 싶어질 것이다. 일관되게 행동하라. 일관성이 생기면 더 높은 곳으로 올라갈 수 있는 능력도 얻게 될 것이다.

당신의 삶 속에 자리를 차지하고 있는 무질서를 뒤엎어라. 그러면 그 과정이 시스템 작동 방법론의 다른 부분들과 일치한다는 사실을 발견하게 될 것이다. 그리고 주변 사람들이나 장소가 정리되어 있지 않다는 사실을 깨닫게 될 것이다. 더 이상 손을 쓸 수 없는 혼란한 상태, 그리고 그것이 얼마나 쓸모없는 일인지를 알고는 고개을 내저을 것이다.

새로운 질서가 당신을 옴짝달싹하지 못하게 만들까? 아니다. 반대로 이 책의 도입부에서 언급했던 것처럼 심리적인 여유를 얻게 될 것이다. 그리고 그 효과를 경험하게 될 것이다. 당신은 남는 시간과 에너지를 더 생산적인 일에 사용할 수 있는 유연한 관리자가 될 것이다.

규칙 위반과 준수

이번 이야기는 누가 좋은 직원이고, 누가 나쁜 직원이냐에 관한 이야기가 아니다. 규율이나 갈등 해결과 관련된 내용도 아니다. 이 이야기는 철저히 문서화 된 절차서와 직원 고용에 관한 것이다. 명확한 규칙을 가지고 있다면, 불확실성이나 불안을 야기하는 회색 지대가 발생하지 않는다.

지금으로부터 몇 년 전의 일이다. 센트라텔 직원 두 명에게 문제가 생겼다.

첫 번째 직원은 일은 매우 잘 했지만, 무작위로 실시한 약물 검사에서 불합격 판정을 받았다. 두 번째 직원도 일 처리가 뛰어났지만, 우리 회사 컴퓨터의 개인 보호 정책을 위반했다. 두 사람 모두 작성된 업무 절차서의 지침을 심각하게 위반한 것이다.

어떻게 해야 하나? 우리는 이 사건을 덮어야 할지, 원칙대로 처리해야 할지 고민에 빠졌다. 그들을 해고한다면 대체 인력을 찾느라 시간을 허비할 수도 있었기 때문이다. 그러나 회사 정책을 위반한 직원들을 그대로 두면 정책이 힘을 잃을 것이라는 결론에 도달했다.

이런 문제에 대한 시스템적 해결 방법은 무엇일까? 우리는 '직원을 위한 가이드북'에 회사의 규칙, 규정, 지침을 상세히 설명해 두었다. 거기에 적힌 정책 내용들은 그 자체가 주 시스템이자 거대한 작업 절차서였다. 모든 직원들은 이 정책의 내용을 이해하고 있어야 한다. 그리고 서약서에 서명함으로써 직원이 되기 위한 조건으로서 회사 정책을 수용한다는 의사를 밝혀야 한다.

핸드북의 내용에 따라 두 직원의 심각한 규정 위반 행위 때문에 해고해야 할 상황이었다. 그리고 실제로 그렇게 되었다. 임의대로 판단하거나 조작해서 판단하지 않았다. 우리는 그저 미리 마련되어 있던 '고용 조건'이라는 시스템에 따랐을 뿐이다.

우리의 시스템은 관리자가 상황을 감정적으로 받아들이거나 조작하지 않고 온전히 객관성을 유지할 수 있도록 돕는다. 직원을 위한 가이드북은 우리 회사의 정책을 명확하게 설명하고 있으며, 그 내용을 준수하지 않을 경우에는 어떤 결과가 기다리고 있는지도 설명되어 있다. 두 직원은 자신들이 모험을 하고 있다는 것을 이미 알고 있었을 것이고, 그들은 자신들의 모험에서 실패한 것이다. 이들이 일탈했다는 것은 단순하고도 분명했다. 두 사람 모두, 그리고 남아 있는 모든 직원들까지 왜 그들이 해고를 당해야 했는지 분명하게 알 수 있었다.

직원이 회사의 정책을 심각하게 위반했을 때, 기회를 한 번 더 줄 가치가 있다고 생각하는가? 사실상 그렇지 않다. 정책에 따라 그럴 수가 없다. 센트라텔의 직원들은 회사의 정책을 위반하면 회복할 수 없다는 사실을 잘 알기 때문에, 회사의 정책을 위반하는 일이 거의 없다. 그래서 경영진에서도 직원을 해고하느냐 마느냐에 대해 고민할 필요가 없다.

직원들은 회사의 정책이나 규정이 일정하고 공평하기를 바란다. 일반적으로 기업에서 생각하는 것과 반대로 나와 내 동료들은 명확하게 제시된 회사의 정책이 있음에도 불구하고 그것을 독단적으로 위반한 직원이 있어서 회사에서 내보내야 할 경우, 남은 직원들이 자신의 자리에서 불안해하지 않고 오히려 안정감을 누릴 것이라고 생각한다. 그렇다. 우리는 귀중한 두 사람을 잃었다. 그러나 손실보다 긍정적이고 장기적인 효과는 더 크다. 즉 규정을 준수함으로써 남아 있는 직원들이 회사의 판단과 결정이 공정하다는 것을 늘 인식할 수 있기 때문에, 이들에게는 장기적으로 긍정적인 영향을 줄 수 있다.

문서로 명확하게 작성되어 있어서 논쟁의 여지가 없는 기업에서 직원들이 계속 문제를 일으키는 경우를 본 적이 있는가? (논쟁의 여지가 있는 상황이 발생하기 전에) 명확한 규정을 마련해 둔다면 미래에 발생할 수 있는 갈등을 상당 부분 줄일 수 있다고 생각되지 않는가?

18. 커뮤니케이션이라는 바퀴와 윤활유

"커뮤니케이션의 질은 삶의 질과 동일하다."

● 앤서니 라빈스Anthony Robbins, 『네 안에 잠든 거인을 깨워라』의 저자·변화심리학자

다른 시스템 작동 방법론과 마찬가지로 커뮤니케이션에 있어서도 질이 양을 대체한다고 생각할 수 있다. 그러나 나는 이 생각에 반대한다. 나는 지난 수년간 커뮤니케이션의 '양'이 '질'보다 더 중요하다고 생각해 왔다. 여기서 말하는 '커뮤니케이션'이란 쌍방 간에 주고받는 현명한 대화를 의미한다. 한쪽에서 상대방을 무시한 채 쓸모없는 정보들을 마구 쏟아내는 것은 결코 바람직하지 않다.

"커뮤니케이션의 양은 성공과 직접 연결된다."

한쪽은 말하고, 다른 한쪽은 듣고 있는가? 아니면 둘 다 침묵하고 있는가? 국제 정세를 지켜보기만 해도 국가 간의 협력 정도가 쌍방의 커뮤니케이션 양과 직접적으로 비례한다는 것을 확인할 수 있다. 따라서 쌍방 간의 교류가 제한될 때 불안감이 뒤따르게 된다.

부부 관계에서나 직장 동료와의 관계에서도 마찬가지다. 커뮤니케

이션을 많이 할수록 효율성은 높아지고, 협력 관계가 공고해지며, 신뢰도 깊어진다. 만약 두 사람(혹은 두 나라) 사이에 침묵이 지배하고 있다면 문제가 발생하게 될 것이다. 혹은 둘 사이에 관계가 전혀 형성되지 않을 수도 있다. 물론 한쪽만 열심히 떠드는 커뮤니케이션은 시간낭비 이상의 쓸모없는 일이 될 수 있다. 이것이야말로 치명적인 상황이다.

커뮤니케이션을 많이 한다면 질적인 부분은 저절로 향상된다. 센트라텔에서는 커뮤니케이션을 너무 철저하게 규칙적으로 하다 보니, 주간 직원회의 시간에 어떤 주제를 내놓아야 할지 내가 더 난감할 때도 있었다. 그럼에도 불구하고 우리는 매주 월요일 아침마다 직원회의를 한다. 곧 있을 결혼 소식이나 누군가의 여행 소감들 듣는 것밖에 할 이야기가 없더라도 일단 모인다. 이 회의를 통해 우리는 서로의 소식을 알아가고, 또한 서로가 한 팀이라는 것을 느낀다. 우리가 함께 웃을 수 있기에 그것만으로도 가치는 충분하다. 그렇지만 회의를 길게 하지는 않는다. 각자 해야 할 일이 있기 때문이다.

나는 이따금씩 임원들과 함께 임시 회의를 갖기도 한다. 직접 만나서 하기도 하고, 화상 회의나 전화를 이용하기도 한다. 이들은 우리 회사의 고급 관리자들로서 회사 내의 전반적 시스템 전략에 대해 누구보다도 잘 알고 있다. 우리는 회의를 통해 문제의 원인을 살핀다. 논의는 유연하고 간결하게 진행되며, 짧은 몇 분 동안 다양한 쟁점들을 검토한다. 나는 업무 파트너인 샘과 이따금씩 핵심적이고 간결하게 짧은 검토 시간을 갖기도 한다.

그러나 양이 질보다 우선한다는 생각에 주의해야 할 것이 있다. 혼자서 커뮤니케이션을 하는 것, 즉 혼잣말을 하는 것에 주의해야 한다. 과도하게 혼자서 생각하는 버릇은 특히 문제가 될 수 있다. 우리는 자신의 생각만을 검토하고, 다시 검토하고 분석한 것으로 자신을 납득시키려고 애쓴다. 그러면서 끝없이 의문을 갖는다.

뭐가 문제지? 그 사람이 나한테 화가 났나? 내가 뭘 잘못 이야기했나? 나는 할 만큼 하긴 했나? 나는 괜찮은 사람인가? 아, 좀 더 적게 생각하고 빨리 행동할 수도 있을 텐데!

당신은 커뮤니케이션의 외적, 기계적 특성을 개선할 수 있다. 나는 센트라텔이 회복세로 돌아서자마자 개인적으로 엄청나게 효율적인 POS 처리 방식, 즉 '즉시성'의 커뮤니케이션 시스템을 구상해냈다. 핸드폰, 마이크로소프트 아웃룩, 보이스 레코더를 이용해 많은 영역을 소화하고 있으며, 그 덕분에 내 업무의 효율성도 두 배 수준으로 향상되었다. (자세한 정보는 'workthesystem.com/tools'에서 확인하라.)

● **당신이 하겠다고 말한 것을 지켜라** ●　약속을 지키는 것 그 자체도 하나의 시스템이다. 이는 견고한 관계의 유지를 최종 목표로 삼는 시스템이다. 큰 약속 작은 약속 따지지 말고 모든 약속을 지켜라. 모든 사람과의 약속을 지켜야 하며, 스스로에게 한 약속도 지켜야 한다. 약속을 지키는 사람은 많은 사람들 안에서도 유독 눈에 띌 것이다. 당신의 경험에 비추어 생각해 보라. 얼마나 많은 사람들이 자신이 말한 것을 지키지 않던가? 특히 '다음 주에 연락할게!' 라든지 '지금 곧 할게!' 같은 사소한 약속에 대해서 말이다. 친구나 가족, 직장 동료들 사이에서 100% 신뢰받는 사람이 된다면? 상대방이 화제를 돌리거나 대화를 끝내기를 기다리는 대신 자신이 한 약속을 지키는 사람이라면? 약속을 지키라고 떠밀 필요가 없는 그런 사람이라면? 약속한 내용 그대로를 제 시간에 정확하게 지키는 사람이라면? 이런 사람은 주변 사람들로부터 높은 평가를 받을 것이다. 매우 성실한 사람이며, 자신이 기댈 수 있는 사람이라고 생각할 것이다. 또한 사

람들은 이런 사람이 자기 삶의 일부가 되어 주길 바랄 것이다.

커뮤니케이션의 역학 관계

커뮤니케이션의 역학에 대해서는 이야기할 것이 엄청나게 많지만, 여기서는 짧게 줄여서 말하겠다. 다음은 커뮤니케이션의 기본적인 내용들이다. 당신은 회사 생활과 개인 생활에서 이 방법들을 적절하게 활용할 수 있다.

- 다른 사람과 문제가 생겼다면 즉시 만남의 자리를 가져라. 일대일로 문제에 대해 이야기해 보라. 둘 사이에 정적이 흐른다면 대화를 촉진할 수 있는 뭔가를 시도해 보라. 그러나 주의가 필요하다. 감정이 격해져 있는 상황이라면 즉시 뭔가를 시도해 보겠다는 생각은 잠시 미루고 진정될 때까지 기다려라.
- 접근하기 쉬워야 한다. 당신의 상황이 여의치 않다면 사람들을 통해 메시지를 전할 수 있도록 하라. 당신에게 중요한 사람들은 당신과 쉽게 접촉할 수 있는가? 기계적, 관료주의적, 심리적 장벽이 있지는 않은가?
- 직원들이 다양한 커뮤니케이션 도구를 활용할 수 있도록 하여 대화의 유연성을 향상시켜라. 핸드폰, 디지털 레코더, 보이스 메일, 이메일 등을 활용하라. 또한 일대일로 직접 대화할 수 있도록 다양한 미팅 시간을 가져라. 예정된 그룹 미팅은 함께 원활한 커뮤니케이션을 위해 토론할 수 있는 최상의 기회가 된다. 다만 회의는 가능한 짧게 하라.
- 당신의 직원들과 고객들(잠재 고객을 포함하여)이 당신에 대해 웹사이트나 브로슈어, 또는 다른 매체를 통해 정보를 얻을 수 있는가? 아니면 당신은 베일에 가

려진 사람인가? 당신은 주변 사람들에게 자신의 세계에 대해 이야기를 하는가? 아니면 혼자만 간직하는가? 보통 베일에 가려진 사람은 사회생활이나 친구 관계에서 부족한 모습을 보인다.

- 그렇다. 커뮤니케이션을 계속 이어 가는 것이 중요하긴 하다. 그러나 혹시 다른 사람들이 계속 당신과는 반대되는 방식으로 일하려고 할 때 이리저리 휘둘리고 있지는 않은가? 이런 일은 사적인 관계에서나 직원, 고객과의 관계 속에서 충분히 있을 수 있다. 상대방이 당신의 의견에 대해 계속 반대하거나 악의를 가지고 행동하려 든다면, 그 사람과 계속 대화를 이어 가는 것은 어리석은 일이다. 고로 그런 관계는 정리해야 한다. 구속을 받으면서까지 일할 필요는 없다. 가족 중에 공격적이거나 화를 돋우는 사람이 있는가? 만약 있다면 안타까운 일이다. 참 어려운 일이다.

- 간결해야 한다. 핵심을 파고들어라. 토요일 느긋한 오후의 바비큐 파티에 있는 것이 아니라면, 바로 핵심으로 들어가는 것이 모두를 위한 길이다.

- 진심으로 친근하게 행동하라. 그러나 지나칠 필요는 없다.

- 상대방이 보지 않는 곳에서 비판하지 마라. 그건 저급한 행동이다. 어느 정도 교양 있는 사람들(직원, 고객, 친척들)은 의식적으로든 무의식적으로든 비판하는 사람을 깔보는 경향이 있다.

- 상황에 맞게 이야기해야 한다. 요금을 납부하고 있는 고객들이 당신에게 원하는 것은 바로 결산 내역이다. 그들은 당신의 사적인 우정 관계나 재치 있는 입담을 기대하는 것이 아니다. 마찬가지로 상사에게 방향을 제시하고, 정보를 제공하는 동안 정감 있게 할 필요는 있겠지만 지나치게 감정에 호소해서는 안 된다.

- 당신이 관리하고 있는 사람들에게 권위를 가지고 분명하게 이야기하라. 그들이 원하는 것은 간단명료한 방침과 존중, 그리고 제때 급여를 받는 것이다.

- 그렇다면 자녀들은? 당신은 자녀들과 똑같은 위치에 있는 친구가 아니다. 당신

은 부모이므로 부모처럼 행동하라. 그것이 자녀들이 기대하는 것이며, 그럴 때 자녀들이 당신의 말을 듣는다.

일반적으로 어느 회사든 직장 환경은 개선해야 할 여지가 많다. 다음 이야기에서 당신 상황에 필요한 아이디어는 없는지 살펴보라.

센트라텔에서는 직원들을 위해 커뮤니케이션의 주 시스템을 완벽히 하는 과정에서 우리 자신을 하부 시스템 장치, 방법, 정책안 등에 제한을 두지 않는다.

예를 들어 다른 사람을 찾느라고 시간을 보내는 것은 완전한 시간 낭비다. 우리는 이러한 낭비를 막기 위한 하부 시스템으로 사무실 사이의 벽을 유리로 만들었다. 각 사무실의 사방이 창문으로 되어 있기 때문에, 관리자들은 항상 서로를 살필 수 있다. 다른 관리자가 시간이 있는지 확인하기 위해서는 고개를 들고 그 관리자가 다른 직원과 대화하느라 바쁜지, 아니면 업무 처리를 하고 있는지 살펴보기만 하면 된다. 따로 전화를 걸거나 일어서서 찾아다닐 필요가 없다.

전화 응답 서비스 운영 부서(전화 상담이 진행되는 곳)는 사무실의 중심에 위치해 있다. 그리고 일반적인 사무를 담당하는 직원들은 이 부서 주위를 둘러싸고 있다. 이러한 사무실 배치는 모든 직원들에게 우리 회사의 핵심 목적이 메시지를 받아 전달하는 일이라는 것을 일깨워 주기 위함이다.

아내 린다와 나는 사무실에 있지 않아도 우리가 맡은 경영 업무를 완벽하게 수행할 수 있다. 어느 곳에서나 회사 업무를 볼 수 있기 때문이다. 이는 내가 사용하는 노트북의 데이터와 화상 회의 기능 덕분이다. 나는 세계 어느 곳에서나 노트북을 열어 아웃룩에 나열된 업무를 처리할 수 있으며, 직원회의를 진행할 수도 있다.

형식은 기능을 뒤따르고, 기능은 체계적인 시스템으로 얻은 결과물이다. 그리고 확실한 시스템 관리는 자유를 가져다준다. (센트라텔의 커뮤니케이션 시스템에 대해 알고 싶다면 '부록 5'를 참고하라.)

어디에서도 찾을 수 없었다

몇 년 전, 리모델링을 할 목적으로 살고 있던 집을 갈아엎었던 적이 있다. 우리 부부는 공사를 순조롭게 진행하기 위해 아내가 인테리어를 맡았고, 나는 계약을 총괄했다. 그 당시에 공사를 하러 온 여러 하도급 업자들 중에는 숙련된 사람도 있었고, 경험이 부족한 사람도 있었다. 경험이 부족한 하청업체 사람들, 즉 문틀 시공자, 배관공, 전기기사, 지붕 설치 기사, 콘크리트 전문가들의 세계에는 흥미로운 공통점이 있었다. 이들과는 의사소통을 하기가 참 어려웠다. 전화도 잘 받지 않았고, 메시지를 남겨도 연락을 해오는 법이 없었다. 음성 사서함도 꽉 찬 상태였다. 이들과 연락하려면 상당한 인내심이 필요했다. 이런 업체들이 어떻게 해서 아직까지 살아남아 있는지 궁금하지 않을 수 없었다.

제 기능을 상실한 커뮤니케이션 시스템은 마치 초보자들의 혼란스러움 그 자체라고 할 수 있다. 이런 시스템으로 쓸데없는 일에 열중하거나 작업에만 집중한 나머지 회사의 이윤이 바닥나고, 비효율성이 점점 커지고 있다는 것을 모른다. 이들은 무의식적으로 잘못된 판단을 하여 불만을 호소하는 고객들을 '평가할 수 없는 것, 그러므로 가치가 없는 것'이라는 범주에 넣는다. 이런 수준 낮은 업체들은 자신들의 관점을 바꿔야 한다. 그렇지 않으면 회사는 망하고 말 것이다. (통계에 따르면, 실제로 이들 중 대다수가 망한다고 한다.)

당신이 돈을 지불하고 서비스를 이용하는 곳 중에 당신 앞에 와 준 것만으로도 감지덕지하라는 양 행동하는 곳이 있는가? 이따금씩 당신도 그런 행동을 보이고 있지는 않은가?

19. 황금 시간대를 사수하라

"대부분의 사람들이 시간을 낭비하는 동안에도 어딘가에는 시간을 아껴 쓰며 성장하는 사람이 있다."

● 헨리 포드Henry Ford

'황금 시간대prime time' 란 두뇌 회전이 가장 빠른 시간을 말하며, 이 시간 동안에 생산성을 극대화하는 것에 관한 이야기를 하겠다.

황금시간대는 두 가지 요소로 나눌 수 있다. 첫 번째 요소는 생물학적 특성과 관련하여 하루 중 당신이 가장 효율적으로 일할 수 있는 시간을 말한다. 이 시간을 생물학적 황금 시간대biological prime time, 즉 'BPT' 라고 부르자. 두 번째 요소는 당신이 자신에게 주어진 시간을 '무엇을 하며 보내는가?' 에 관한 것이다. 이것을 기계적 황금 시간대mechanical prime time, 즉 'MPT' 라고 부르자.

사실 '황금 시간대' 라는 개념은 의외로 단순하다. 또한 이 개념은 오컴의 기본 전제인 "가장 간단한 해결책이 항상 옳다." 라는 말과 연관이 있다. 시스템 작동 방법론을 위한 다른 원리들과 마찬가지로 이 개념의 원리도 간단하기 때문에 쉽게 이해할 수 있다.

순식간에 지나가는 생물학적 황금 시간대

먼저 BPT에 대해 알아보자. 하루 24시간 중 우리가 최대의 효율로 움직이는 시간은 몇 시간에 불과하다. 이런 흥미로운 특성을 활용하는 것은 매우 중요하다. 실제적인 예를 들어 보자면 나는 아침형 인간이다. 지난 2년 동안, 나는 주당 6일씩 새벽 5시부터 오전 11시까지 이 책의 95%를 집필했다. 이 시간에 책을 쓴 이유는 내 안의 에너지가 절정에 이르러 또렷하게 생각할 수 있는 시간이 바로 이 시간대이기 때문이다. 그러나 이것은 나에게 적용되는 것일 뿐, 당신의 BPT는 다른 시간대일 수 있다.

내 BPT의 질과 속도가 이른 아침과 오전 시간 중 최고조에 이르기 때문에, 나는 이 시간 동안 TV 뉴스를 시청하거나 운동하거나 책을 읽으면서 시간을 낭비하지 않는다. 나는 가장 중요한 프로젝트, 즉 자유와 평온을 가져다주는 프로젝트를 위해 이 시간을 사용한다. 그러다가 정오가 되면 내 비판적 사고 능력이 저하되기 시작하고, 에너지도 떨어진다. 오후 2시가 되면 눈을 뜨고 있는 것조차 힘들다. 만약 매일 6시간의 BPT를 놓치거나 허비한다면, 그날 하루의 가장 창조적인 시간을 버린 게 된다.

나는 정오부터 오후 시간 동안에는 본질에서 벗어난 일이나 조금 덜 집중해도 되는 일을 하려고 한다. 오후만 되면 축 처지는데, 이게 다 기계적 현상 때문이라는 것을 겸허히 받아들인다. 사인sine 곡선의 내려가는 부분처럼, 나에게 있어 오후 시간은 업무 능력이 저하되는 시간대라서 내 전체적인 지성이나 가치와는 상관없는 시간이 된다. 그러나 차에 기름이 없다고 해서 수리해야 하는 것은 아니다. 이런 침체기 동안에 집중해서 해야 할 일이 생기면 운동이나 비화학적인 방법으로 최고 상태를 유지한다. 두 번째로 에너지가 회복되는 시간은 오후 4시부터 이후 몇 시간 동안이다.

나에게 있어 밀물과 썰물처럼 지나가는 이 시간은 유전적인 가능성이 매우 높다. 내 어머니와 아버지 모두 나와 같은 패턴을 가졌기 때문이다.

아내 린다의 BPT는 내 BPT보다 4시간 정도 늦게 시작된다. 그녀는 오전 9시부터 오후 3시까지 무서울 정도로 집중력을 발휘한다. 그러나 오전 6시에는 (그녀의 말을 빌리자면) 마치 좀비 같다. 두 번째로 에너지가 회복되는 시간은 저녁 8시쯤이고, 그 후 3시간 정도 지속된다. 하루를 살다 보면 서로의 절정기와 쇠퇴기가 겹칠 때가 있다. 동시에 절정기에 도달하거나 침체기에 도달하는 경우는 극히 드물다. 나와 아내는 이런 농담을 주고받는다.

"바닥을 치게 되면 그것은 겸손을 연습하는 것이고, 꼭대기에 다다르면 그것은 신경이 날카롭다는 것을 드러내는 것이다."

당신의 생물학적 황금 시간대는 언제인가?

개인적인 BPT가 왜 있는 것인지를 따지는 것은 중요하지 않다. 중요한 것은 그것이 언제인지를 아는 것이다. 당신이 '야행성 인간'이라면 아침 늦게 일어날 것이다. 느긋하게 하루를 시작할 것이고, 그러다가 점차 머리가 맑아질 것이다. 당신이 이런 사람이라면 오후 시간과 저녁 BPT 시간을 목숨 걸고 사수해야 한다. 왜냐하면 이른 아침이 BPT인 사람들과 달리 세상의 유혹과 오락거리들이 당신을 가만두지 않을 것이기 때문이다. 이런 것들이 눈에 들어오면 집중하기가 어려워질 것이다. 핸드폰을 끄고 문을 닫아라. 아니면 도서관이나 커피숍으로 도피하라. 어떻게든 당신의 BPT 시간을 지켜야 한다.

당신의 BPT는 언제인가? 일주일 정도로 기간을 정해서 당신의 에너지 주기를 살펴보라. 당신이 가장 자극을 받고, 긍정적인 상태가 지속되고, 활기찬 시간이 언제인지를 기록하라. 또한 기진맥진한 시간이 언제인지도 적어 보라. (침체기를 알아내는 일이 가장 쉬울 것이다. 망치로 맞은 것처럼.) 이때 당신은 충분히 휴식을 취한 상태이고, 긴장을 푼 상태이며, 건강한 상태여야 한다.

당신이 커피, 술, 항우울제 등의 약물을 습관적으로 찾는 사람이 아니라면 이런 상황을 문제없이 풀어 나갈 수 있다. 모닝커피는 BPT 에너지 순환 주기를 철저히 방해한다. 만약 자신의 BPT 에너지 순환 주기를 정확히 집어내기 위해 이런 중독에서 벗어날 생각이라면, 우울증이나 두통이 올 수도 있다는 사실을 염두에 두어야 한다.

나는 카페인을 마시면 16시간 동안 카페인 기운이 가시질 않는다. 살짝 중독된 사람은 전날의 술기운으로 인해 기진맥진한 상태를 이겨내 보려고 모닝커피를 찾는다. 이런 사람은 아침에 커피 한 잔만 마시고 나면 문제없이 오후와 저녁 시간까지 이겨낼 수 있다. 살짝 중독된 정도라면 이런 증상을 90% 제거하기 위해 3~4주 정도만 절제하면 된다. 그러나 만약 심한 카페인 중독자라면(하루 종일 커피를 마신다면) 커피를 끊는 일이 쉽지만은 않을 것이다.

그러나 3~4주 정도만 절제할 수 있다면 당신은 영원히 끊기로 작정할 수도 있다. 힘들어도 시도하라. 습관을 없앨 수 있다면 자연스러운 몸의 리듬에 맞춰 생활할 수 있을 것이다. 그리고 에너지가 빠져나간 시간을 해결할 수 있는 최선의 방법이 화학적인 조치가 아니라 잠을 더 자는 것임을 알게 될 것이다.

정신 상태를 조절하는 약물에 의존하지 않고 하루를 살아가는 것에는 또 다른 이점이 있다. 금단 현상을 이겨내는 것에 대해 개인적으로 자긍심이 생길 것이다. 그렇다면, 나는 과연 이런 문제에서 완전히 자유로울까? 그렇지 않다. 나도 이따금씩 커피를 마신다. NGO 활동을 위해 파키스탄을 방문했을 때도 (12시간의 시차 때문에) 내 몸이 익숙해질 때까지 신경안정제를 먹고 잠들어야 했다.

생물학적 황금 시간대 관리하기

생물학적 황금 시간대, 즉 BPT는 전략 목표, 종합 운영 원칙, 작업 절차서를 만들어야 하는 시간대다. 물론 시스템 작동 방법론에 대한 최초의 문서 작업이 끝나고 나면 BPT는 집중해야 할 문제, 즉 가장 신경 써야 할 문제를 다루기 위해 계속해서 사용해야 한다. 또한 당신은 이 황금 시간대를 소중히 다루는 법을 스스로 익혀야 한다.

매일 BPT 이외의 시간은 요구 수준이 낮은 업무를 위해, 그리고 생물학적, 심리학적, 사회적 배터리를 충전하기 위해 사용된다. 이 시간은 낮잠을 자거나 아이팟iPod으로 음악을 듣거나 잡지, 영화를 보거나 정원을 손질하거나 운동하거나 친구들과 함께 보낼 수 있다. 따라서 황금 시간대 이외의 시간은 황금 시간대를 제대로 사용했을 때 얻을 수 있는 보상이다. 이 시간 역시 황금 시간대와 똑같이 만족을 주는 시간이다.

●하루 단위로 생각할 것●　시스템 작동 방법론에서는 복잡성을 처리

할 수 있을 만한 작은 요소들로 분해할 필요가 있다. 그러므로 시간 단위를 관리 가능한 하루 단위로 나누는 것이 좋다. 한 번에 '하루'라는 시간을 다루는 것이 더 쉽기 때문이다. 매일 매일을 꼼꼼히 계획하고 세부 사항들에 초점을 맞춰라. 그리고 당신이 에너지 순환 과정의 절정기와 침체기를 겪어 가면서 목표를 향해 일하는 동안 시간이 얼마나 빠르게 지나가는지 확인해 보라. 하루가 끝날 즈음 그날을 다시 돌아보고 당신이 했던 일을 평가하라. 깨닫게 된 것을 받아들이고, 그것을 '그 다음날'에 적용하라.

대부분의 사람들은 자신의 24시간을 이렇게 사용한다.

일어나자마자 직장과 가족으로부터의 요구가 시작된다. 이들은 원래의 BPT 사이클과는 상관없이 카페인 섭취를 통해 오전의 황금 시간대를 인위적으로 만든다. 한바탕 소동이 시작되고, 스케줄에 따라 일이 진행된다. 그리고 이런 식으로 생각한다.

'해야 할 일은 많은데, 시간이 없어!'

이들은 급한 불을 끄느라 하루를 다 써버리고 만다. (시스템 개선 작업을 두려워하지 마라. 시스템 개선을 위한 계획은 일정한 형식도 없고, 틀에 짜인 규정도 없다.)

할 일은 많은데 일할 시간이 없다고!

저녁이 되면 카페인으로 인해 불끈 솟던 힘이 초조함으로 변하기 때문에, 술을 마시면서 마음을 진정시킨다. 그날 밤에는 낮에 마신 기분 전환제(커피 등)의 효력이 계속 남아 있어 잠을 설친다. 이것은 심각한 문제다. 매일 밤 숙면을 취할 수 있는 시간이 있어야 그 다음날에 정신적, 신체적 기능을 잘 소화해낼 수 있기 때문이다. 시간이 지날수록 수면 부족은 점점 커지고, 부족한 수면 시간을 보충하기 전까지는 업무 성과나 기분도 엉망인 상태가 계속된다.

다음 날 아침, 오랫동안 잠이 부족한 상태에서 술과 카페인의 영향으로 기진맥진한 상태에서도 해야 할 일을 하기 위해서는 또다시 카페인을 마셔야만 한다. 이런 상황이 하루하루 반복되다 보면……. 결국은 몽롱하고, 초조하고, 지친 상태로 쳇바퀴를 계속 도는 것이다. 다람쥐가 쳇바퀴를 계속 돌듯이 말이다.

왜 많은 사람들이 여전히 카페인과 항우울제로 안정을 되찾으려고 하는지 이해되지 않는 것은 아니다. 하지만 문제를 복잡하게 만드는 것이 있다. 잠이 부족한 상태에서 카페인이나 술, 항우울제를 체내에 순환시킨다고 해서 최상의 효율을 얻을 수 있겠는가?

이 오래된 서구 문화권의 사이클 안에서 우리는 과연 매일 BPT 시간을 가질 수 있을까? 부단히 노력하지 않으면 가질 수 없다. 그래서 대부분의 사람들이 외부적 요구, 기진맥진함, 기분 전환제의 유혹을 이기지 못하여 마법의 BPT 시간을 허비하고 만다.

당신은 제발 그러지 않기를! 그런 식으로 되지 않기를 바란다면, 이런 상황을 청산하고 하루 중 당신의 BPT가 언제인지를 파악하라. 그러고 나서 그 시간을 적절하게 활용할 수 있도록 스스로 훈련하라. 당신의 BPT를 낭비하지 마라!

모든 사람에게는 개인차가 있기는 하지만 하루에 두 번 에너지의 총체적 상승 시기가 있다. 첫 번째 시기는 오전 8시 정도에 시작하여 5시간 정도 지속된다. 이른 오후부터 늦은 오후 시간까지는 활력을 잃는 시간이다. (그래서 세계 여러 나라에서는 점심을 먹고 난 후 낮잠을 자기도 한다.) 오후 6시쯤이 되면 다시 활력을 되찾게 되고, 두 번째 집중기가 시작되어 이후 몇 시간 동안 지속된다. 오후 9시쯤이 되면 예리한 정신력이 서서히 감퇴되어 잠자리에 들 시간이 된다. 이러한 일반적 주기는 인간 생물학의 일부다. 당신이 아침형 인간이든 야행성 인간이든, 개인적 사인 곡선의 오르내림은 일반적 패턴과 뒤섞이게 된다.

기계적 황금 시간대와 실제 비즈니스

한편 MPT는 비즈니스나 커리어와 같은 주 시스템을 구축하면서 보내는 시스템 개선 시간을 말한다. 이것은 무슨 일을 하면서 시간을 보내는가를 의미한다. 내가 지금부터 이야기할 몇 가지 두드러진 예를 살펴보면, 이것이 돈을 버는 시간이나 상품이나 서비스를 만드는 데 사용하는 시간이 아님을 알 수 있다.

당신이 하는 일이 무엇이든 자유와 성공을 바라고 있다면 MPT 구역에서 가능한 한 많은 시간을 보내야 한다. BPT는 우리가 그것을 활용하건 활용하지 않건 자동적으로 생기는 시간이지만, MPT는 우리가 가지려고 할 때만 가질 수 있다. 우리들 중에는 MPT를 경험해 보지 못한 사람들도 많을 것이다. 이것이 무엇인지도 모르고, 만약 알더라도 급한 불끄기에 몰두하느라 MPT로 이동할 시간이 없었기 때문이다. 대부분의 사람들이 그저 주저하고만 있을 뿐이다.

이제부터 '실제 비즈니스'를 이야기함으로써 MPT를 역으로 정의해 보자. 이해를 돕기 위해 우리 삶 속에 두 가지 지위만 존재한다고 가정해 보자. 한쪽은 '보스'이고, 다른 한쪽은 '보스가 아닌 사람'이다. 시작하기에 앞서 한 사람이 두 가지 지위를 다 가질 수도 있을까? 그렇다고 볼 수 있다. (이 내용도 다루어 보겠다.)

실제 비즈니스에서 경영자는 직접 물건이나 서비스를 만들어내는 사람이 아니다. 이 말을 받아들이기 어렵겠지만, 만약 당신이 실제로 제품이나 서비스를 만들어내는 일을 하고 있다면 당신은 '직업'을 가진 것이다. 당신이 가진 것은 '직업'이지 '비즈니스'가 아니다. 그렇다. 아무리 고수익과 명성이 뒤따라오는 일이더라도 의사, 변호사, 컨설턴트, 유명인사, 운동선수는 직업을 가진 것이지 비즈니스를 소유한 것이 아니다. (오해 말도록. 직업이 나쁘다고 이야기하는 게 아니다. 내가 정의하는 '비즈니스'가 실제로 어떤 이점을 가지는지 설명하려는 것이다. 이것에 대해서도 곧 다룰 것이다.)

직업의 외형적인 주요 특징은 '현장에 나타나는 것'이다. 비즈니스는 그렇지 않다. 진정한 비즈니스는 경영자가 대략적으로 감독하는 것으로 운영된다. 이때, 비즈니스는 고유의 유기체인 주요 시스템(자급자족이 가능하고 독립적인 시스템)을 활용하여 수익을 창출해낸다. 이렇게 생각하라.

'경영자가 다른 곳에 있더라도 수익은 계속해서 발생한다.'

당신도 전문가이지만 당신을 위해 일해 줄 다른 전문가들이 있는 경우라면, (그래서 당신이 직접 나서지 않더라도 당신이 설정해 놓은 목표를 그들 스스로가 달성하고 있다면) 이건 비즈니스 영역이다. 그리고 당신이 이를 대략적으로 관리하는 데 투자하는 시간은 MPT이다. 이와는 다르게 고객이나 환자들과 함께 보내는 시간은 생산을 위한 작업 시간이고, 이를 위해 하는 일은 '직업'이지 MPT가 아니다. 만약 당신이 뉴욕 양키즈 구단의 멤버로서 정해진 날짜와 시간에 좌익수로 뛰어야 한다거나 장편 영화에 출연한 스타로서 어떤 자리에 참석해야 한다면, 그것은 '직업'이다. (직업치고는 엄청나게 좋긴 하지만!)

'직업'과 '실제 비즈니스'를 구분할 수 있는 또 다른 예를 들어 보겠다. 부동산 거래에 대해 생각해 보자. 만약 부동산중개인이 토지 매매를 중개하여 그 수입으로 살아가고 있다면, 그것은 직업이다. 그러나 만약 커미션으로 받은 일부 금액을 임대 부동산이나 나대지에 투자하였다면, 그 부분은 비즈니스다. 이때 MPT는 부동산을 판매하거나 등록하기 위해 모습을 드러내는 시간이 아니라, 개인적으로 설정한 투자 포트폴리오에 포함될 부동산을 인수하기 위해 보내는 시간이다.

●**자유와 부를 실현하기 위한 질문**● 일하는 동안 당신이 무슨 일을 하는 중이든 당신의 행동을 되돌아보면서 지금 하는 일이 '더 많은 수익을 벌어들이지만, 일은 적게 하는 것'에 도움이 되는 일인지 스스로에게 자문해 보라. 당신의 행동을 분석할 때 가장 중요한 것은 순간순간의 사고방식이다. 당신이 이론이나 부푼 생각을 제쳐 두고 그렇게 할 수 있을 때, 그리고 일상의 역학 관계에 포커스를 맞춘 관점으로 돌릴 수 있을 때 자유와 부가 실현되기 시작할 것이다.

직업을 유지하는 것의 아름다움

대부분의 사람들은 직업을 가지고 있으며, 어느 사회에서든 직업은 존경을 받아야 마땅하다. 민주주의에서든 사회주의에서든 현장에서 일하는 사람들은 사회의 든든한 기반이다. 이들은 한 사회가 계속해서 굴러가도록 만드는 주역이다. 만약 당신이 다음 중 하나를, 혹은 많은 부분을 매우 중요하게 생각하고 있다면 지금하고 있는 일을 계속해 가는 것이 이상적이다.

- 일을 마치고 나서 일에 대해 아무런 걱정 없이 집으로 돌아갈 수 있다는 것이 안심이 된다.
- 비즈니스 과정에서 찾아오는 재무적 위험 요소, 불확실성, 골칫거리들을 필요 이상 관리하는 것이 몹시 싫다.
- 당신은 당신이 좋아하는 일을 하고 있고, 일에 대해 자신감이 충만하며, 이런 상황이 변하지 않기를 원한다.
- 당신의 직무 안에서 가치 있는 역량을 쌓아 가고 있기 때문에, 당신의 미래가 밝아 보인다.
- 당신이 지금 하고 있는 일은 당신이 진정으로 원하는 일을 하기 위해 필요한 자원을 얻을 수 있는 유일한 길이다.
- 당신은 동료들과 함께하는 사회적 활동에 가치를 둔다.
- 지금 당장은 이후에 있을 독립을 위해 여기서 살아 남아야 한다.
- 당신은 필요로 하는 것보다 돈을 더 많이 벌고 있다. 또한 당신이 간직하고 있는 능력으로 '자유'라는 미래를 열어 가고 있다.
- 당신의 물리적 위치나 그 밖의 다른 이유 때문에, 다른 곳에서 자신의 능력을 활용할 기회가 없다.
- 당신은 보험, 연금 펀드, 저축 계획, 안정적인 급여 등을 확보하기를 원한다.

MPT 방식은 일을 즐기고는 있지만 자신이 소유한 비즈니스를 바라지 않을 때도 큰 자산이 된다. 이것을 통해 당신은 조직에 대한 큰 그림을 보다 잘 이해할 수 있다. 또한 기업이 어디를 향해 가는지에 대해 분명한 관점을 가지고 있다면 회사에도 더 많은 기여를 할 수 있다. 승진을 원하는가? MPT에 대한 당신의 태도가 그 과정에 힘을 불어넣어 줄 것이다.

자급자족이 가능한 가치 있는 기업

당신이 굴뚝 청소 회사의 단독 소유주이며, 매일 지붕에 올라가 작업을 한다고 가정해 보자. 이때 당신은 지붕 청소 시스템에 있어서 반드시 필요한 사람이다. 당신은 오랫동안 모험을 하고 있는데, 혹여 지붕에서 떨어져 중상을 입을 수도 있기 때문이다. 비즈니스의 경영자이자 직원인 당신이 그 일을 하지 못한다면 누가 대신 지붕에 올라갈 수 있는가? 당신이 지붕 위에 있는 시간은 MPT가 아니라 그건 그냥 위험한 일이다.

MPT는 당신 대신 지붕에 올라가 청소할 사람을 찾기 위해 사용하는 시간을 말한다. 즉 당신이 직접 지붕에 올라가지 않고도 굴뚝 청소 작업이 독립적으로 처리될 수 있는 방법을 생각하면서 시간을 활용하는 것이다.

실제 비즈니스를 소유하는 것에 대해 짚고 넘어가야 할 문제가 있는데, 소유자가 언젠가는 자급자족이 가능한 주 시스템, 즉 전체 비즈니스를 매각할 수도 있다는 것이다.

경영자가 실제 작업에 참여하지 않아도 수익을 창출할 수 있는 비즈니스 능력은 기업에 현금 매출 이상의 가치를 선사한다. 만약 당신이 상품이나 서비스를 만드는 과정에서 없어서는 안 될 사람이라면, 나중에 당신이 만들어 온 것을 팔려고 할 때 문제가 생길 것이다. 당신이 서비스를 제공하는 비즈니스의 경영자인데, 은퇴하고 싶을 때가 됐다고 생각해 보자. 그 비즈니스를 매각하는 과정에서 서비스를 제공할 사람은 없고 고객 리스트만 던져 준다면 얼마에 팔아넘길 수 있겠는가? 의심할 여지없이 당신이 원하는 가격보다 훨씬 적을 것이다.

그러나 당신에게는 직접 작업할 직원들이 있고, 당신이 직접 생산에 참여하지 않더라도 회사가 매달 훌륭한 실적을 거두고 있다면, 당신의 비즈니스는 다른 사람이 보기에도 견고하고 실제적인 가치를 가지고 있는 것이다. 또한 당신이 소유하고 있는 동안 회사는 큰 수익을 낼 것이다. 나중에 다른 사람이 그 회사를 인수하더라도 상황은 마찬가지일 것이다. 경영자가 직접 기여하지 않더라도 흑자를 낼 수 있다면 그 비즈니스는 경영자와는 별개의 유기체이며, 독립적인 주체로서 실제적인 가치를 갖는다. 그렇다고 해서 당신이 필요하지 않는 그런 비즈니스를 만들라는 의미는 아니다. 당신은 계속해서 비즈니스의 방향을 제시하며 효율적으로 비즈니스를 운영해야 한다.

BPT와 MPT를 활용하여 항해의 방향을 조종하라

용선의 선장이나 굴뚝 청소 회사 경영자는 주당 업무 시간을 80시간에서 40시간으로 줄일 수 있다. 거기에서 또 20시간으로 줄일 수도 있다. MPT를 적절히 활용하면 배 밖으로 나올 수도 있고, 지붕 위에서도 내려올 수 있다. 즉 자신이 하는 일을 실제 비즈니스로 바꾸어 고유의 가치를 지닌 기업, 스스로 일어설 수 있는 현금 제조기로 만들 수 있다.

기업을 경영하거나 관리자의 위치에 있는 사람들에게 이와 같은 MPT 전략은 성장을 촉진할 수 있는 기회가 된다. 경영자나 관리자는

MPT를 근간으로 하여 비즈니스가 스스로 움직일 수 있도록 만들기 위해, 그리고 기업을 성장시키기 위해 대부분의 시간을 사용해야 한다. 직접 작업에 참여하는 것은 독립성을 갖추기 위해 하는 일들에 대해, 그리고 성장하는데 방해가 된다. 하루 종일 MPT를 유지하기 위해 순간순간 다음과 같은 질문을 하라.

'회사를 성장시키기 위해, 혹은 승진을 위해 지금 내가 해야 할 일은 무엇인가? 제품을 만들거나 내 직무를 다하기 위해 노력해야 할 것들이 있다. 그렇다면, 나는 이러한 노력들을 다른 사람에게 위임하거나 혹은 자동적으로 해결될 수 있도록 하여 최소한의 시간을 사용하면서 최대의 효율로 그 일들을 수행하고 있는가?'

다시 말하지만, 업무를 위임하고 자동화 시스템으로 만들기 위해 사용하는 그 시간이 바로 MPT이다.

나는 비즈니스를 '항해하는 것'이라고 생각한다. 지금 우리 회사는 수익성도 좋고, 회사의 기반이 되는 자산도 증가하고 있다. 나는 장기적인 수익을 확보하기 위해 가장 필요한 행동(즉 MPT 업무)을 위해 나의 BPT를 활용한다. 나는 이 과정에서 시스템을 검토하고 개선점을 제안한다. 이따금씩 짧은 회의를 통해 직원들이 필요로 하는 지침이나 자원을 지원하기도 하고, 머릿속에서 그런 것들을 그려 보고 계획하기도 한다.

나는 비즈니스 현안을 해결하기 위해 순간순간을 보내게 되는데, 그 중 90%는 MPT 시간이다. 더 이상 회사의 단순 업무를 처리하지 않는다.

**"황금 시간대의 핵심은 하루 중 집중할 수 있는
시간 대부분을 가장 중요한 일, 즉 시스템을 만드는 일에
사용하는 것이다."**

BPT가 활성화되어 있지 않다고 생각될 때도 MPT 업무(당신의 비즈니스와 삶을 향상시키고 성장하게 하는 일들)에 집중하라. 에너지가 넘쳐나건 그렇지 않건 당신이 만들어 둔 핵심 문서에 따라 주요 비즈니스 구축 활동이나 커리어 개발 활동에 포커스를 맞추도록 하라. 하루를 사는 동안 가능한 한 오랜 시간 동안 MPT를 유지하도록 노력해야 한다. 그러나 기억하라. 에너지가 소진되지 않도록 균형 잡힌 삶을 살아야 한다. 회사 업무나 비즈니스 업무 외에 당신의 삶을 가져라.

업무를 위해 필요한 시간이 줄어들고 있음을 깨닫기 시작하면 BPT와 MPT 시간을 더 효율적으로 활용하고 싶어질 것이다. 이것이 바로 '수익 증가를 위한 사이클'인 것이다. 당신은 미래의 황금 시간대 동안 책을 쓰려고 하거나 캔버스를 들고 나와 그림을 그리려 할지도 모른다. 일단 시스템 작동 방법론이 마련되면 업무 외의 일들을 할 시간이 점점 많아질 것이다.

●지금은 주의해야 할 때● 시스템화 과정이 어느 정도 진전되고 나면 다시 예전으로 돌아가는 일은 없을 것이다. 당신은 자신이 잘 통제되고 있다는 것을 알 수 있을 것이다. 당신은 지금 훌륭한 무언가를 구축하고 있는 중이다. 다시는 예측할 수 없는 상황의 희생자가 되지 않을 것이다! 그럼에도 불구하고 당신은 지금 이 순간 조심해야 한다. 아직까지는 새롭고 훌륭한 습관이 완전히 정착되지 않았기 때문이다. 당신은 여전히 나쁜 구습을 좇으려는 경향을 가지고

있다. 나의 세계는 시스템으로 구성되어 있다는 번개가 당신의 뇌리를 치고 가지 않는 한, 현재 당신이 가진 모든 것들은 그럴듯한 이론에 불과하다. 지금 당신이 그런 상황이라면 1부로 돌아가 내용을 다시 읽어 보라. '아하!' 라고 할 만한 깨달음이 있더라도 최초의 문서를 확인하면서 당신의 방식을 다듬어야 할 때도 있을 것이다. 특히 당신이 가진 에너지가 적을 때는 그래야 한다. 새로운 습관을 형성하기 위해서는 아마 8주 정도의 시간이 걸릴 것이다. 그러니 시간을 가져라. 그렇게 하면 짧은 시간 내에 좋은 결과가 찾아올 것이다. 또한 새로운 습관이 당신의 열정을 불태울 것이다.

주어진 삶에 즉각적으로 감사할 수 있는 마음

나는 11월의 어느 수요일에 이 내용을 집필했다. 지금은 정오이고, 나는 8시간 동안 이 일을 하는 중이다. 이를 위해 평소의 BPT 시간을 사용했고, 지금은 그 시간이 지났다. 그렇지만 나는 지금도 여전히 최고의 집중력을 발휘하고 있다. 오늘은 BPT가 최고조에 이르는 몇 안 되는 멋진 날이다. 나는 조금 더 원고를 쓰고 나서 아이팟으로 음악을 들으며 잔디를 깎을 생각이다. 긴장도 풀고 만족감도 누리기 위해서다. 그런 다음, 아내 린다와 함께 동네를 산책할 생각이다. 그 다음에는 영화도 보고, 저녁도 먹으러 갈 것이다.

동양의 불교 선종에 이런 말이 있다.

'깨달음을 얻기 전에 나무를 패고 물을 길어라. 깨달음이 있은 후에도 나무를 패고 물을 길어라.'

이 말은 지금 우리가 다루고 있는 내용(그리고 이 일을 하기 위해 필요한 단순한 방법)에 완벽히 들어맞는다. 시스템을 만들고, 수정하고, 유지하는 것 말이다.

'나무를 패고, 물을 길어라.'

우리는 서로를 향해 "바로 이거였군!"라고 말하곤 한다. 이 말은 우리가 그리던 삶이며, 더 이상 다른 것을 애타게 찾을 필요가 없다는 것을 상기시켜 주는 단순하고도 행복한 방법이다. 우리가 지금 이 순간 그것을 깨달을 수 있다면, 그리고 이것이 바로 멋지고 훌륭한 삶이라고 수긍할 수 있다면 우리의 삶은 아주 실제적인 것이다. 우리가 어디에서 무엇을 하건 바로 이 순간이 '그때'이다! 다른 시간은 실제가 아니다. 지난 기억이거나 추측일 뿐이다.

덧없이 흐르는 시간 속에서 우리는 가장 현실적인 '지금 이 순간'을 기념하기 위해 한 발짝 물러서서 감사해야 한다.

월차 휴가

이번 이야기는 우리 회사가 복잡한 과정을 완전히 제거한 후, 그 자리를 자동적으로 처리되는 즉시성의 시스템으로 대체했던 이야기다.

우리는 여기서 말하는 시스템을 개선하는 동안, 다음과 같은 전제를 생각했었다.

'월차(PTO : Paid Time Off)는 직원들이 만족감과 행복을 유지할 수 있도록 하기 위해 만든 복지 혜택이다. 그러나 최종적으로는 센트라텔을 위해 지속적으로 일할 수 있도록 격려하기 위한 것이다.'

시급제 직원들의 월차 배당에 문제가 있었다. 이론적으로는 일단 혜택을 주는 것이니까 좋은 것 같았다. 그러나 실제로 그것을 실행하는 것은 끔찍한 일이었다. 우선 첫 번째 문제는 월차를 계산하고 관리하는 것부터가 악몽이었다.

관리자들이 이번 주에도 모든 직원들의 월차 시간을 계산하고 승인했는가? 상담원이 어제 출근하지 못한 것을 월차 시간으로 보고했는가? 그 전에 그 직원이 쓸수 있는 월차 시간은 얼마나 남았는가? 새로 들어온 직원이 90일 간의 수습 기간을 마친 다음부터 그 직원의 월차 적용 시간이 제대로 기록되어 있는가?

두 번째는 직원들이 우리가 의도하지 않았던 방향으로 월차를 썼다. 우리는 직원들이 1년에 한두 번, 즉 우리가 계획할 수 있는 범위 안에서 휴가를 가질 것이라고 예상했다. 혹은 이따금씩 아프거나 약속이 생길 때 사용할 것으로 예상했다. 그러나 대부분의 직원들이 월차가 쌓이자마자 금세 써버렸다.

또한 대부분의 경우 '오늘은 기분이 좋지 않아. 월차가 있으니까 아프다고 전화해야겠어!' 라는 식으로 변명할 구실이 생겼다. 시급제 상담원들의 경우는 월차 시간을 남겨 두는 법이 없었고, 주마다 40시간의 근무 시간을 다 채우지 않았다. 그 결과, 직원들의 급여가 예상보다 줄어들었다. 게다가 회사 내부적으로는 인력이 부족했다.

세 번째는 복잡한 운영 시스템 때문에 오류가 생겨 월차를 너무 많이 배당하기도 했다. 몇 해가 지나자 회사의 실적이 형편없이 떨어지고 말았다.

이런 상황에서 우리는 어떻게 해야 했을까? 우리는 기존의 시스템을 완전히 버리기로 했다. 그리고 훨씬 더 단순한 시스템을 도입했다. POS의 처리 방식, 즉 '즉시성의 원칙'은 새로운 정책 도입에 주된 요소로 작용한다. 우리는 오랫동안 지속해 온 월차 방식을 없앴다. 대신 그들이 가진 월차 시간을 계산하여 급여에 포함시켰다.

지금은 회계 시스템이 급여 산정 기간 동안 일한 시간을 근거로 하여 자동적으로 월차 금액을 확정한다. 더 이상 직접 기록할 필요도 없고, 직원들도 자신의 월차 수당이 얼마인지를 언제든 확인할 수 있다. 더 이상 오류도 발생하지 않는다. 그렇다고 직원들이 휴가를 쓸 수 없는 것도 아니다. 원한다면 언제든지 월차 시간을 휴가로 사용할 수 있다. 그러나 직원들은 월차를 휴가로 사용하면 월차 수당을 받지 못한다는 것을 알고 있다.

이제 직원들은 자신이 일한 만큼 돈을 번다. 그래서 결근율이 80%나 감소했다. 손수 작성해야 하는 행정 업무도 줄어들어서 혼란도 일어나지 않는다. 이게 바로 '외부에서, 그리고 약간 위에서' 바라본 해결책이 아닐까?

당신은 당신 삶에서 쓸모없는 시스템이 무엇인지 볼 수 있는가? 쓸모없는 것이나 마찬가지여서 없애거나 철저히 개선해야만 효과를 볼 수 있는 시스템이 있지는 않은가?

20. 파키스탄의 로터리

"혼란이란 단어는 아직 이해되지 않은 질서를 위해 만들어진 것이다."

●헨리 밀러Henry Miller, 장편소설 『북회귀선』을 쓴 미국의 소설가

파키스탄 라호르 지방의 로터리는 아무리 노련한 운전자라도 주의하지 않으면 안 되는 곳이다. 다른 지역의 로터리와 마찬가지로 파키스탄의 로터리에서도 여러 방향에서 차가 들어오고, 다시 다른 방향으로 빠져나간다. 그러나 파키스탄의 로터리는 보다 문명화 된 다른 나라의 로터리와는 구별된다. 파키스탄의 운전자들은 밖으로 드러내지 않지만 마음속으로 이런 다짐을 한다.

'이곳에 들어와도 좋다. 하지만 조심해라! 당신이 무엇을 원하든 내 알 바가 아니다. 당신의 존재는 내게 방해만 될 뿐이다! 운전을 잘하는 사람이 먼저 들어가는 거다. 내가 먼저 들어갈 거니까 두고 봐라!'

이들의 운전은 본능적이고 원시적이다. 그래서 로터리의 광경은 정말 엄청나다. 거칠고 융통성 없는 이 무지막지한 시스템은 로터리를 보고 있는 사람에게 저개발 국가의 교통 시스템이 어떤 식으로 작동되는지 잘 보여준다. 나는 널찍하고 다섯 개 차선으로 이루어진 로터리가 가장 좋다. 울퉁불퉁한 도로를 마음껏 질주할 수 있기 때문이다.

시스템이 존재하지 않는 곳

파키스탄의 로터리에는 두 가지 법칙만 존재한다. 하나는 가능한 한 빨리 달리는 것이고, 또 하나는 다른 자동차와 충돌하지 않는 것이다. 이게 전부다. 나머지는 각자 알아서 해야 한다. (파키스탄에서는 거의 모든 운전자가 남성이다.) 이곳의 교통 시스템은 마치 비웃는 듯한 조소와 광기에 의해 돌아가는 것 같다. 이 모습을 지켜보는 한 서양인으로서 나는 이것이 모든 운전자에 대해 명백히 죽느냐 사느냐의 문제라고 생각한다. 이곳을 오가는 운전자들은 어떻게든 더 빨리 자신이 목표한 지점에 도착하려고 한다. 이 격렬한 로터리 안에서는 위협을 규칙이라고 여기지 않는 한 누가 통행권을 가졌는지에 대한 법칙은 존재하지 않는다.

놀랍게도 이곳 운전자들이 암묵적으로 받아들이는 것이 있는데, 이곳에는 체계적인 지침이 끼어들 자리가 없다고 생각한다는 점이다. 저개발 국가에서 사람들이 모여드는 곳은 대부분 이런 모습이다. 일렬종대로 줄을 서는 일은 있을 수 없다. 이곳 사람들은 (가장 적절한 형태로) 살아남는 것이 유일한 지침이라는 것에 암묵적으로 동의한다. 이 로터리에서는 지나치게 밀어붙이거나 끼어드는 것에 대해 아무도 욕을 먹거나 화를 내지 않는다. 이런 상황은 이 게임의 자연스러운 모습일 뿐이다. 이곳 로터리 안에서는 당신이 경적을 울리며 내 앞으로 끼어들어도 괜찮다!

하지만 이곳 운전자들은 점점 더 심해지는 교통 체증으로 속도가 더 느려진다는 것에 절망한다. 로터리 안에서는 부서질 것 같은 수레, 적재함을 개조한 트럭들, 작은 중국산 자동차, 빵빵거리는 자전거, 여기저기서 튀어나오는 차량들, 지그재그로 움직이는 스쿠터가 서로 앞서겠다고 경쟁한다. 자동차나 트럭이 고장이라도 나게 되면 그 운전자는 자동차를 세워 둘 뿐, 길 밖으로 차를 빼낼 시도조차 하지 않는다. 그는 아무렇지도 않은 듯 고장 난 자동차 밑으로 드러누워 수리하기 시작한다. 하지만 이 운전자에게 신경을 쓰거나 집중하는 사람은 아무도 없다. 이 로터리 안에는 협력이나 배려라는 게 없다. 그리고 모두가 대수롭지 않게 생각한다.

협력인가, 도전인가?

파키스탄 라호르의 로터리와 비교해 봤을 때, 선진국의 로터리는 놀랄 정도로 상반된 모습을 보여준다.

이후에 소개할 이론을 위해 한 가지 가정을 해보자면, 모든 운전자는 어디에 있든 동일한 희망을 갖는다. 즉 운전자들은 물리적 피해 없이 A 지점에서 B 지점으로 최단 시간 내에 이동하고 싶어 한다는 점이다. 그렇다면 한 가지 질문을 하겠다. 원하는 것을 얻기 위해서는 (여기서는 한 장소에서 다른 장소로 가능한 한 빠르게, 그리고 해를 입지 않고 이동하기 위해서는) 단체 협력(복잡하고 형식적인 시스템)이 필요할까? 아니면 서로에게 맞서는 독립적이고 독단적인 도전(아직 완성도가 떨어지는 자유 경쟁식의 시스템)이 필요할까?

오리건 주 벤드 지역의 경우, 운전자는 도로에 나서면 여러 가지 규칙을 준수한다. 규칙을 지키지 않는다면 여러 가지 문제가 생길 것이다. 예를 들어, 로터리에 이미 진입한 차는 물어볼 것도 없이 움직여야 하는 방법이 정해져 있다. 이곳으로 진입한 운전자들이 규칙을 어기는 경우는 거의 없다. 만약 규칙을 어기게 되면 운전자들이 차를 세워 두고 서로 싸울지도 모른다. 이런 행동은 스스로를 웃음거리로 만든다. 선진국의 차량 통행 규칙은 대단히 엄격하며, 99.9%의 운전자가 이 규칙을 정확히 따른다. 물론 일부 국가에서는 속도와 신호 체계에 따라 특이한 규칙을 만들어 놓은 곳도 있다. 따라서 파키스탄의 로터리처럼 아무 곳에서나 차를 세우고 타이어를 교체하는 사람을 찾아볼 수 없다.

파키스탄에서는 대부분의 저개발 국가들에서처럼 운전자가 다른 운전자를 신경 쓰지 않는다. 이들은 미리 생각해 보지도 않고 전쟁터로 뛰어든다. 미국의 보수적인 운전 문화와는 정반대다. 다른 나라의 문화를 폄훼하려 한다는 오해의 소지가 있을 수 있지만, 내가 말하고자 하는 것은 A 지점에서 B 지점으로 가기 위해서는 자유로운 경쟁 체제보다 협력이 훨씬 더 효율적이라는 사실이다. 추측하건대, 파키스탄의 운전자들이 그렇게 난리를 쳐도 같은 크기의 로터리라면 라호르 지역보다 오리건 주 벤드 지역의 로터리를 통과하는 차량이 훨씬 더 많을 것이다. 또한 확신하건대, 사고가 적은 쪽도 벤드 지역의 로터리일 것이다.

어리석고 적의에 차서 동서양 국가를 비교한다고 오해할지도 모르지만 내 생각은 이렇다. 많은 차량이 A 지점에서 B 지점으로 이동할 수 있도록 하는 게 목표하면, 로터리에 엄격한 규칙이 적용되는 것에 서로 동의하고 협력하는 것이 규칙도 없이 운전자들이 난리치게 만드는 것보다 훨씬 더 낫다. 더 많은 차량을 수용할 수 있는 벤드 지역의 로터리는 상호 배려와 참여자들이 이해하고 동의하는 규칙의 중요성을 보여준다. 로터리가 아니더라도 사회적 프로세스 안에서는 각자가 서로의 편의를 고려하는 것이 더 생산적이다. 또한 일반적인 불확실성에 대처하는 간단한 규칙을 따르는 것이 더 생산적이다. 운전자 개개인에게 있어서나 문화 전반에 있어서 이런 방법이 더 효과가 있다. 기계적 효율의 문제인 것이다.

견고한 틀에서 모험을 시도하라

파키스탄 라호르 지역의 운전자건 오리건 주 벤드 지역의 운전자 건, 이들은 궁극적으로 각자의 목표 지점에 도착한다. 비즈니스나 삶에서처럼 (개인적 행동이나 사회적 기대가 이런 것들에 큰 영향을 주고 있다.) 이런 여정을 위한 전략은 세세한 것까지 규칙을 정하여 따르는 것에서부터 허영심에 가득 차서 자기 이익만 챙기는 것까지 다양하다. 추측하건대, 대부분의 선진국 사람들은 이 범위의 중간 지점 정도에 있기는 하지만 규칙 쪽으로 좀 더 기울어 있을 것이다.

두 문화권의 로터리에 대한 이야기는 우리가 원하는 것을 얻기 위해 어떻게 해야 하는지를 극단적으로 보여준다. 당신은 이 둘의 중간 지점에 있지는 않은가? 로터리를 떠나 실제 삶에서 침착하고 보수적인 토대가 혁신의 향상과 신뢰의 도약을 위한 발사대 역할을 할 수 있는가?

하루를 어떻게 살아갈지 계획을 세우려 한다면 이 로터리의 예를 생각하라. 당신이 생각하고 있는 시스템 작동 방법론이 이 로터리라고 생각해 보라. 당신은 이 방법 안에서 신중하고 계획된 기틀을 마련하게 될 것이고, 이 기틀은 훗날 당신을 위한 안전한 보금자리이자 당신이 바라는 삶으로 인도해 줄 창의적인 새로운 아이디어가 될 것이다.

지금 즉시 속도를 낮추어 질서를 발견하고, 시스템 구조를 만드는 일을 시작하라. 그런 다음에 시스템을 작동시켜 모험을 시작하라.

21. 시스템 개선을 위한 도구들

"개가 짖어도 순례자는 자신의 길을 간다."

●아랍 속담

'시스템 개선'이라는 개념을 간단하게 정리하면 이렇다.

'주어진 주 시스템에 대해 지속적으로 원하는 결과를 얻기 위해서는 각각의 요소들이 하부 시스템 안에 적절하게 배치될 수 있도록 그 하부 시스템을 조정해야 한다.'

시스템을 활용하는 과정은 준비 과정이라고 볼 수 있다. 만약 당신이 당신의 세계에서 일어나는 세부적인 일들을 살피고, 그 일들을 구성하는 핵심 시스템들을 적절하게 조정한다면 당신은 더 이상 급한 불끄기에 급급하지 않아도 된다. 또한 당신의 삶은 위급한 상황들 때문에 어려움을 겪는 일도 없을 것이다. 매일의 삶이 유연하고 견고하며, 회복이 빠르기 때문에 잔잔하고 평온할 것이다. 그래서 가족과 친구들, 그리고 자기 자신에 대해서 생각하고 계획할 수 있는 여유가 생길 것이다.

당신이 삶의 어느 지점에 도착해 있는지는 모르겠지만, 만약 하루하루가 계속 급한 불끄기에 매달려야 하는 절망스러운 상황이거나, 상황이 나아지지 않는다면 시스템 개선에 몰두하라. 시스템을 개선해야만 상황이 개선될 수 있다. 이것이 바로 시스템 작동 방법론의 핵심이다.

구체적으로 상황이 어떻게 돌아가는지 그 방법을 깊이 아는 것과 모든 상황 속에서 아는 것을 적용하고, 시스템 개선 방법을 확실히 익혀서 아주 사소한 결정까지도 수정해 나가는 것은 별개의 문제다. 따라서 시스템 개선 방법을 현실에 적용하려면 시스템 중심적 관점을 당신의 일부로 삼아야 한다.

마지막으로 시스템 개선 방법론과 시스템 작동 방법론의 핵심을 요약 정리하면 다음과 같다.

●**시스템 작동 방법론의 핵심**● 시스템 작동 방법론을 사용함으로써 다음과 같은 변화를 경험할 수 있다.

1. 시스템 작동 방법론은 일과 삶을 바라보는 관점의 변화('외부에서, 그리고 약간 위에서' 바라보는 통찰력)로부터 시작된다. 또한 시스템 작동 방법론을 통해 삶 속에서 일어나는 모든 상황들이 그 앞에 놓인 시스템의 산물이라고 생각한다. 이런 상황들이 시스템과 무관하게 일어난 독립적인 사건이라고 생각하지 않으며, 운이나 숙명, 신의 계시, 업보, 운세, 혹은 다른 누군가의 자비나 분노 때문에 일어났다고 생각하지 않는다. 시스템 작동의 통찰력이 생기면 당신을 가로막고 있던 장애물을 제거하고 다음 단계로 넘어갈 수 있다.

2. 당신은 '전략 목표'와 '종합 운영 원칙'을 만드는 과정에서 목표와 전략을 수립할 수 있게 된다. 또한 지속적으로 이런 방법을 사용하기 때문에, 당신의 생각과 노력은 일관성을 갖게 된다.

3. 당신은 비즈니스와 일, 건강, 인간관계를 구성하는 하위 시스템의 방법을 검토하여 개선할 수 있게 된다. 또한 시스템을 하나하나 분리하여 각각의 요소들을 분석함으로써 개선해야 할 점이 무엇인지를 알 수 있게 된다.

4. 당신은 시스템을 개선함으로써 각각의 하위 시스템이 최고의 효율성을 발휘하도록 변화시킬 수 있게 된다. 만약 당신이 비즈니스나 업무 환경을 관리하는 위치에 있다면, 지속적으로 '작업 절차서'를 작성하여 업무에 관한 방법들을 제시하게 될 것이다. 또한 당신과 당신의 직원들은 절차서의 방법들을 정확하게 준수하면서도 반복적으로 일어나는 모든 상황들에 대해서 시스템 개선 작업을 할 수 있게 된다. 그 결과 작업 절차는 100% 완벽하지는 않더라도 완벽에 가깝게 된다.

5. 시스템 작동 방법론을 적용함으로써 삶에 대한 긍정적인 태도를 갖게 된다. 언제 어디서든 시스템을 활용할 수 있다는 믿음이 생겼기 때문이다. 게다가 자신만의 시스템을 성공적으로 활용하게 되었으므로, 예전보다 더 활기차게 일하는 동시에 자신이 원하는 방향으로 시스템을 활용할 수도 있다. 또한 각각의 하위 시스템들을 분리하여 완벽하게 수정한 후 다시 결합하는 과정을 통해 놀라울 정도로 효율적인 주 시스템(당신의 비즈니스, 일, 관계, 그리고 당신까지도)을 관리할 수 있게 된다. 또한 완벽하지 않은 여러 가지 일들에 대해서도 그런 일들 중 99.9%가 잘 돌아가고 있다는 사실을 깨닫게 됨으로써, 비효율적이고 불필요한 일에 시간을 낭비하지 않게 된다.

1루타와 2루타를 노려라

만루 홈런 한방으로 경기에서 이기려고 하지 마라. 큰 스윙을 하는 것이 오히려 혼란을 줄 수 있다. 대신 당신이 가진 역량을 드러내지 말고 간직하고 있어라. 그리고 나서 확실한 것을 잡아라. 시스템을 계속해서 개선하라. 즉 1루타와 2루타를 노리는 것이다. 처음에는 천천히 가야 한다. 참고 기다려라. 작은 부분을 계속해서 개선하는 일에 주력하라. 작은 점들이 모여 큰 뭔가를 만들어낼 것이다. 작아야 쉽게 모일 수 있는 법이다.

항상 주변을 긍정적으로 바라보면서 당신이 말한 것을 지켜라. 업무 수행의 질을 평가하고 증명하면서 계속 실천하라. 목표를 기억하고, 어렵고 힘들더라도 무모하리만큼 실천하라. 당신 자신이나 주변 사람들을 속이려고 하지 마라. 제때 시작하고 제때 마무리 지어라. 불평하지 마라. 당신의 삶은 당신이 생각하는 것보다 빨리 개선될 것이다. 당신은 순례자들을 이끌어야 한다. 개가 짓더라도 그냥 지나쳐라.

> **"딴 길로 새지 않고 결과를 가져다줄 수 있는 시스템에 초점을 맞춰라. 하부 시스템들이 최적의 상태로 결합하면 탁월한 주 시스템이 된다는 사실을 결코 의심하지 마라."**

현실은 이렇다. 대부분의 사람들은 좋은 결과를 가져다주는 방법이 무엇인지는 생각하지도 않으면서 좋은 결과만을 찾아다닌다. 그런 사람들은 '시스템 개선'의 개념을 모른다. 당신 주변을 둘러봐도 세상에는 자신이 원하는 것을 얻지 못하고 있는 사람들이 엄청나게 많다는 사실을 알 수 있을 것이다.

기억하라. '당신이야말로 시스템의 시스템이다.' 당신의 몸과 마음은 당신의 삶에 있어서 가장 중요한 주 시스템이다. 다행히도 몸과 마음은 당신이 가장 잘 통제할 수 있는 것들이다. 가능한 모든 기회를 동원하여 당신의 시스템을 개선하라. 그리고 개선된 시스템을 항상 유지하라.

당신이 하는 모든 일들에 대해, 그리고 실용적인 세부 사항들에 몰두함으로써 기초적인 부분들을 효과적으로 수행해야 한다. 일의 단순함을 유지하되 지름길은 주의해야 한다. 용기를 발휘하여 다가오는 상황들을 너끈히 감당하라.

홈런을 치려는 스윙의 가장 큰 문제점은 결과적으로 스트라이크 아웃을 당할 확률이 매우 높다는 것이다. 이런 식으로 계속 아웃을 당하다 보면 당신의 삶은 한계에 부딪치거나 완전히 낙담하여 포기하게 될지도 모른다. 스윙의 폭을 일정하게 유지하면서 한 번에 하나씩만 안타를 날려라. 긴장을 풀고 공에 집중하라. 적어도 공의 궤적을 예측할 수 있을 때, 스윙을 일정하게 통제하여 적당한 높이에서 타격을 시도하면 공이 펜스를 넘을 수 있을 것이다.

각각의 스윙을 개별적으로 생각하라. 한 번 스윙을 할 때마다 그 한 번 동안 공을 주시한다는 목표를 가져라. 설령 공을 놓치더라도 그 결과를 담담하게 받아들여라. 그러고 나서 산만해지지 말고 다음 스윙을 위해 100% 집중하라.

마지막으로, 순간순간 일을 대할 때마다 반드시 수정해야 한다는 생각을 가지라고 말하고 싶다. 시스템 개선을 위한 당신의 행동은 다음과 같은 새롭고 즉각적인 관점을 가졌을 때 나올 수 있다.

"당신의 세계는 99.9%의 시간 속에서 잘 돌아가는 기계적 시스템으로 이루어져 있다. 당신이 해야 할 일은 이러한 원리를 이해하고, 그 시스템을 가동하는 것이다!"

매순간 상황과 환경이 다를 수 있다. 개별적인 하루하루를 살아가는 법을 익히고, 흘러가는 하루하루를 음미하라.

대부분의 사람들은 아침에 일어날 때 자신의 궁극적이고 주된 목표에 대해 모호한 그림만 그린다. 그러다가 사건사고들이 순식간에 통제의 영역을 벗어나 그날 하루가 두더지 잡기 게임처럼 되고 만다. 그런 상황에도 불구하고 시스템 개선을 위해 노력하지 않는다면, 두더지 잡기에 더욱더 몰입하게 되어 최악의 결과를 낳게 된다.

하지만 시스템 개선을 위해 노력한다면 당신에게 주어진 시간을 개척해 나갈 수 있다. 자신감과 더불어 세밀하게 하위 시스템을 관리함으로써 자신이 바라던 주요 시스템을 고안해낼 수도 있다. 그 결과 당신의 하루는 성취감으로 채워진다. 예전에 얽매였던 부정적 요소들은 당신이 누구인지, 그리고 당신이 무엇을 하는지에 대해 아무런 영향도 미칠 수 없게 된다.

주변에서 문제가 발생했을 때, 눈치를 채지 못할 수도 있지 않을까? 결코 그렇지 않다. 당신이 관리할 수 있는 영향권이 계속 커짐에 따라 당신은 시스템에 생긴 문제를 알아차리고 그것에 대해 적절한 조치를 취할 수 있을 것이다. 시스템 작동 방법론의 사고방식은 신중하고, 체계적이고, 집중하는 것이다. 이는 실제로 행동을 취하는 것이지 어떤 상황에 반응하는 것이 아니다.

당신에게 필요한 마음가짐

대부분의 사람들은 어떤 한 가지 일을 탁월하게 해낼 수 있는 능력을 적어도 하나 정도는 가지고 있다. 당신에게 있어서 그런 능력은 무엇이며, 왜 그 영역에서 탁월한가? 아마도 그 일을 처리하는 동안 꼼꼼함과 자신감의 묘미를 느낄 수 있기 때문일 것이다. 당신이 그 일을 잘할 수 있도록 만드는 것은 '열정'이며, 당신은 그 일을 하기 위해 모든 기회를 잡으려고 할 것이다. 이것을 한마디로 표현하면 '긍정적 중독'이다.

나도 잘해낼 수 있는 능력이 몇 가지 있다. 그중에 시스템을 체계화하는 작업(즉 시스템을 활용할 줄 아는 능력)을 꼽을 수 있다. 나는 이 일을 하는데 무척 열심이다. 이 일을 잘하기 때문에 좋아하는 것인지, 아니면 좋아하기 때문에 잘하게 된 것인지 나도 궁금하다. 이 질문에 대해서는 명확한 해답을 찾아내기 어렵다. 그러나 '이것 아니면 저것'이라는 식으로 구분하지 않고, 둘 다 옳다고 생각할 수도 있지 않을까?

당신이 잘하는 일은 무엇인가? 당신의 열정을 불끈 솟아오르게 만드는 일은 무엇인가? '달걀이 먼저인가, 닭이 먼저인가?' 같은 질문은 집어치워라. 당신이 가진 특별한 능력과 열정을 지속적으로 발휘하면서 다른 분야에서도 완벽하게 일할 수 있도록 자신의 영역을 확장해 나가라. 본능적으로 행동하고, 그 속에 깊이 빠져라. 그리고 그런 흐름을 즐겨라.

당신을 가로막는 문제가 나타나면 그 문제를 외부에서 바라보고, 전체 게임의 한 요소로 생각하라. 그렇게 하면 당신의 시스템 관리 능력이 전체 게임을 승리로 이끌어 줄 것이다. 물론 전체 게임은 당신의 삶을 의미한다.

안타깝게도 자신을 둘러싸고 있는 시스템의 위력을 알고 있거나 이해하려는 사람은 별로 없다. 하지만 당신은 자신을 둘러싼 시스템들이 무엇인지, 그리고 그 시스템들의 효율을 극대화하려면 어떻게 해야 하는지를 알게 되었다. 이제부터는 급한 불을 끄기 위해 허둥지둥할 필요도 없으며, 현실에서 벗어나고 싶다는 식의 나약한 생각을 가질 필요도 없다. 지금 당신이 하고 있는 일과 현재의 삶에서 기적과 같은 변화가 일어날 수 있다는 것을 알지 않았는가?

당신은 이제 자신의 삶에서 발생하는 문제들을 어떻게 해결해야 하는지를 알게 되었다. 당신은 이제 자신의 일을 어떻게 관리하고 통제해야 하는지를 알게 되었다.

확신하건대, 이제부터 당신은 일과 삶에서 자유를 만끽하게 될 것이다. 또한 암울했던 과거로 되돌아가는 불행한 일도 결코 일어나지 않을 것이다.

부록

WORK
the
The Simple Mechanics of Making More and Working
SYSTEM

1. 오컴의 면도날과 전화 상담원

'오컴의 면도날Ockham's razor'은 14세기 영국의 철학자 오컴의 윌리엄 William of Ockham으로부터 시작된 이론이다. 이 철학 원리에서는 '개체는 필요 이상으로 증식되지 않아야 한다.', '우리는 가정이나 원칙을 최소화하는 가장 단순한 설명을 선택해야 한다.'라고 주장한다.

오컴의 원리와 장기근속 직원

전화 응답 서비스 업계의 경영자들이 원하는 전화 상담원들의 자질은 명랑하고 긍정적인 태도, 질 높은 업무 수행 능력, 장기근속이다. 사실 업계 관계자 회의에서 가장 쟁점이 되는 것은 직원의 업무 수행 능력과 이직률 문제다. 실제로 우리 업계에서는 장기간 근무하는 전화 상담원이 많지 않다. 가끔은 그런 상담원들도 있지만, 그중에는 행동에 문제가 있는 사람들도 있다.

서비스 운영 부서는 왜 그리도 어수선한 것일까? 왜 경영자나 관리자들은 직원들의 이직을 막기 위해 계속해서 비밀 정보를 주고받아야 할까? 왜 경영자들과 관리자들이 직원들에게 불만을 호소해야 하는 걸까?

문제는 취업 지원자들의 자격 미달이나 기업 윤리가 부족하기 때문이 아니다. 진짜 문제는 경영자나 관리자들이 직원들이 필요로 하는 것을 돌아보지 않은 채 인센티브나 페널티를 줌으로써 그들을 교묘하게 조작하려는 것이다.

예전에 직원 이직률이 자신에게는 가장 큰 문제가 아니라고 말하는 관리자를 만난 적이 있다. (그것이 자신의 두 번째 문제인데도 말이다.) 그는 주 정부가 최저 임금을 의무적으로 인상시키는 것이 가장 큰 문제라고 주장했다. 그는 "도대체 언제까지 올라가는 거야!"라며 불평을 했다.

내가 만난 다른 경영자는 직원들의 업무 능력 부족과 불량한 업무 태도에 대해 작성해 둔 징계 절차서를 가지고 있었다. (채찍질은 직원들의 사기가 높아질 때까지 계속될 것이다!) 같은 업계의 고급 관리자가 이런 말을 한 적도 있다.

"약물 테스트를 하면 안 되겠어. 해고시킬 사람이 너무 많아서 전화 받을 사람이 없다니까!"

현재, 이들은 업계에 남아 있지 않다. 그리고 이들이 경영하던 회사는 모두 망했다.

다음으로, 보상 체계에 관한 급여 이야기로 넘어가 보자. 많은 기업들이 직원들에게 인색한 월급을 주면서 이런 이유를 댄다.

"당신이 뭘 알겠어. 이 업계는 경쟁도 치열하고, 무자비하고, 돈을 벌기도 어렵지. 더 이상은 줄 수가 없어. 전화 응답 서비스도 결국 상품을 파는 거야. 품질도 중요하겠지만, 결국은 값싼 것이 성공하는 거야. 요금을 올리면 고객을 잃게 될 거야!"

물론 서비스 요금도 생각해 봐야 할 문제다. 그렇지만 생각해 보자. 만일 전화 상담원들에게 보다 안정되고 쾌적한 업무 환경을 만들어 주면서 급여를 올려 준다면 어떻게 될까? 그 결과, 직원들이 보다 좋은 서비스 품질을 제공하면서 장기간 근무하게 된다면? 그렇다면, 고객에게 요금을 더 부과할 텐가?

딴 이야기지만 여기서 중요한 개념이 되는 이야기를 하나 하겠다. 오래 전, 내가 막 회사 경영을 시작했을 당시에 오리건 주 포틀랜드 지역에 위치한 크고 성공한 기업의 경영자가 내게 이런 말을 한 적이 있다.

"당신 회사의 상담 직원들은 일을 잘하고 싶어 합니다. 그들이 그 목표를 쉽게 이룰 수 있도록 하는 것이 바로 당신이 할 일입니다. 직원들의 열정을 의심하지 마세요. 그들은 일을 잘 해내고 싶어 해요!"

만약 경영자나 관리자가 '모든 직원은 게으르다'거나 '직원들에게 더 이상 기업 윤리는 없다'거나 '훌륭한 직원을 찾고 유지하기 위해 쓸 돈이 많지 않다'는 전제를 가지고 있다면, 결과가 어찌 되겠는가?

이런 생각이 깔려 있다면 바꾸어야 한다. 그러지 못하면 당신은 그것으로 끝이다.

대부분의 서비스 업종 회사에서 직원이 장기간 근속하지 못하는 이유는 3가지로 꼽을 수 있다. 이 이유는 간단하다.

첫 번째, 직원들이 자신이 원하는 급여와 혜택을 받지 못하기 때문이다. (참으로 놀랍지 않은가?)

두 번째, 직원들이 경영자가 자신에게 무엇을 기대하는지를 모른다. (아무 문제없이 지내려면 마음을 읽을 줄 알아야 한다.)

세 번째, 경영자들이 상담원들을 (교묘하게 혹은 드러내놓고) 조작하려고 한다. 직원들이 멋지게 해낸 일은 인정하지 않으면서 말이다.

다시 말하면 급여도 박하고, 업무에 대해 무엇이 요구되고 있는지도 알 수 없고, 업무 능력은 인정받지 못한 채 산발적으로 지급하는 유치한 보상에 만족해야 하고, 조작된 징계 절차도 감수해야 하기 때문이다.

기업 철학과 고용 시스템

직원들이 정말 필요로 하는 것을 생각하는 고용 철학을 개발하라. 당신이 직원의 입장이라고 생각해 보라. 당신과는 다른 방식을 원하지 않겠는가? 더 단순해질 수는 없는 것일까?

기억하라. 초인적인 사람은 없다. 그러나 성실하게 기회를 찾고 있는 훌륭한 사람들은 많다.

당신이 경영자이거나 관리자라면 안정된 직원이 필요할 것이다. 믿을 수 있고, 정직하면서 열심히 일하는 그런 직원 말이다. 밖에 나가면 그런 사람들은 얼마든지 있다. 당신이(또는 회사에서) 제대로 대우만 해 준다면, 이들은 당신에게로 와서 당신 회사에 헌신하며 탁월한 능력을 발휘할 것이고, 오랫동안 남아 있으려고 할 것이다. 당신이 해야 할 일은 그들이 필요로 하는 것을 채워 주고, 그들이 독심술사가 되도록 방치하지 않는 것이다. 당신이 그들에게 원하는 것이 무엇인지 정확하게 말해 줘라. 그들의 능력에 맞춰 대우해 줘라. 이렇게 한다면 탁월한 직원 시스템을 가질 수 있을 것이다.

사장과 직원의 관계를 명확히 하라. 사장과 직원 사이에서 "이렇게 계약하자!"라고 말하게 되는 상황을 두려워하지 마라. 센트라텔에서는 이런 계약을 한다.

'당신이 100%를 주면, 우리도 그에 걸맞은 보상을 하겠다.'

당신(회사)의 개선된 고용 시스템을 문서로 작성하여 직원들이 알 수 있게 하라. 시간이 많이 걸릴 지도 모른다. 그렇지만 그게 뭐 어떤가? 당신은 지금도 직원들의 높은 이직률 때문에 등골 부서지게 노력하고 있다. 그건 힘든 일이 아닌가? 그것도 시간을 많이 잡아먹지 않는가? 지금 투자하고 있는 시간과 에너지와 돈을 다른 곳으로 돌려 보라. 쓴 약도 삼킬 수 있어야 한다. 직원들이 장기간 안정적으로 일할 수 있게 하려면 실제적인 문서가 전제되어야 한다. 문서로 만들고 나면 고용의 안정성을 확보할 수 있을 것이다.

제거해야 할 것들

직원들이 필요로 하는 것들을 채우지 못하는 보상 체계는 실패하기 마련이다. 이런 프로그램은 시간과 돈을 낭비하게 만들 뿐만 아니라, 직원들의 사기를 떨어뜨린다. 하물며 징계는 어떻겠는가? 생각하지도 말라.

새로운 고용 방침에 어떤 내용을 추가할 것인지를 논의하기 전에 무엇을 넣지 말아야 하는가에 대해 논의하는 것이 중요하다. 비효율적인 방침을 제거해야 시간과 에너지를 얻으면서도 단순함의 효율을 높일 수 있게 된다.

다른 전화 응답 서비스 회사에서는 소위 이런 것들을 '동기 부여책'이라고 이야기한다. 쓸모없는 선물(경영자가 출장지에서 사온 물건을 선물로 주는 것), 완벽한 참여율에 대해 복잡한 공식으로 계산된 현금 보너스를 주는 것, 업무 태도가 좋은 직원들에게 상품권을 제공하는 것 등을 예로 들 수 있다. 이런 전략들이 가진 공통점은 무엇인가?

첫 번째, 이 전략들은 직원들이 실질적으로 원하는 것들과는 아무런 상관이 없다. 이런 전략들은 일관성 없게 적용되기 때문에 고유의 가치가 떨어진다. 비효율적인 응급 처지 방법인 것이다.

두 번째, 직원들은 이런 전략들이 조작을 위한 수법임을 안다. 그리고 독심술을 발휘하여 그 이면의 진짜 목적이 무엇인지를 알고 있다. '동기 부여책'이라는 전략들은 조작하기 위한 것이고, 그 안에 숨겨진 의도는 말 잘 듣는 꼬마들처럼 직원들을 조작하려는 것이다. 즉 드러나지 않는 방법으로 직원을 모욕하는 것이다. 동기 부여책은 채찍 위에 당근을 쥐고 있는 것과 같다. 직원들은 이런 전략들로 인해 무시를 당한다고 생각한다. 그렇기 때문에 직원들도 속으로 당신과 회사를 무시하게 된다.

처음부터 유능한 사람을 찾아라

센트라텔의 상담 부서는 이직률이 매우 낮다. 아프다는 이유로 늦게 출근하는 직원도 보기 어려울 정도다. 게다가 모든 직원이 각자 정해진 미팅에는 반드시 참석한다. 우리 직원들은 누구보다도 긍정적이고, 확고하고, 유능한 사람들이다. 그리고 이들은 센트라텔에 채용되기 이전에도 유능한 사람들이었다. 우리가 첫 번째로 잘한 일은 유능한 사람들을 찾아 함께 일해 주기를 설득한 것이다.

우리는 회사에서 추구하는 근무 태도나 직업윤리를 주입하려고 노력하기 보다는 유능한 사람들을 신중하게 채용하여 이들이 소외되지 않도록 노력한다.

상담원들이 필요로 하는 보상을 주고, 그에 걸맞게 대우해 주면서 안정성을 제공해 주기 위해 열심히 노력한다. 그들에게는 그저 직업일 뿐일지도 모르지만 센트라텔은 이들에게 안전하고 평온하며, 예측할 수 있는 그런 장소가 되어 주려고 노력한다. 직원들을 위한 안정감은 엄격한 문서에 그 기반을 둔다. 따라서 우리는 우리가 원하는 것이 무엇인지, 직원들에게 기대하는 것은 무엇인지 상세하게 작성한다.

추가적으로 하나 더 이야기하자면, (우리 회사의 역사를 살펴보면) 패러다임의 엄청난 변화는 암흑기에 찾아온다는 것을 알 수 있다. 이 시기에는 지금 당장 극적인 행동을 취하지 않으면, 내일 아침에 당장 부도가 날지도 모른다는 생각을 갖게 된다. 이렇게 벼랑 끝에 몰린 상황에서는 기업 철학과 운영 방침에 대해 엄청나고 즉각적인 변화가 필요하다. 현재 센트라텔의 고용 철학은 이런 바탕 위에서 형성되었다.

구체적으로

제발, 더 이상의 급한 불끄기는 안 된다. 오컴의 윌리엄이 전화 응답 서비스 회사의 경영자라면 어땠을까? 다음은 내가 예상하는 항목들이다. 이 전략들 중에 새롭거나 혁명적인 것은 없다. 공통점이 있다면, 상담원과 경영자, 관리자 모두의 필요를 충족하는 내용들이라는 것이다. 상담원들도 좋은 의도로 자신의 일에 임한다는 것을 기억하라.

1. 아낌없이 급여를 주는 것이다. 사람들이 일하러 오는 이유는 바로 돈 때문이다. '일에 대해 돈 문제가 가장 중요한 부분은 아니야. 자신의 가치에 대한 존재감이 중요한 거야!'라는 식으로 편리하게 생각하지 마라. 이 얼마나 전근대적인 발상인가! 대학 강단의 심리학자나 사회학자들에게 무엇이 당신 직원들에게 가장 중요한 것인지 묻지 마라. 당신이 물어야 할 대상은 당신의 직원들이다! 오래전, 나는 사내 상담원들을 대상으로 설문 조사를 실시했다. 센트라텔에서 일하는 것에 대해 무엇이 가장 중요한 부분인지를 묻는 설문지였다. 급여가 가장 중요하다는 대답이 압도적으로 많았다. (이 분명한 사실을 확실히 알게 된 것이 기뻤다.) 높은 급여 체계는 좋은 결과를 낳는다. 이 혜택은 늘 오는 것이 아니며, 늘 예측할 수 있는 것도 아니다. 즉 급여가 높아지면 직원들의 업무 수행 능력도 높아지고, 이들은 오랫동안 회사를 위해 일하게 된다. 이 예측할 수 없는 혜택이 추가적으로 들어가는 비용 그 이상으로 보상해 줄 것이다.

2. 이 의견에 반대하는 사람도 있을 수 있겠지만, 확신하건대 윌리엄 경은 파트타임 직원을 두지 말라고 제안했을 것 같다. 모든 직원들은 풀타임 직원이어야 한다. 파트타임 직원은 풀타임 직원들만큼 경험하지 못한다. 고객을 대하는 경험이나 기술도 풀타임 직원들보다 부족할 것이다. 어떻게 한 주에 24시간을 일하고서 40시간 일하는 직원들만큼의 식견을 얻을 수 있겠는가? 그 뿐만이 아니다. 파트타임 직원에게 있어서 일은 그들의 삶에서 매우 낮은 우선순위에 속하는 경향이 있다. 우리는 업무에 중심을 두는 직원, 진지한 직원을 원한다. 자신의 직업을 중요하게 생각하는 사람들이어서 우리가 바라는 것, 그들이 얻는 것이 그들에게도 진정으로 중요한 문제가 되기를 바란다. 우리는 우리의 비즈니스를 일상적인 것으로 생각하지 않는다. 풀타임 직원들도 마찬가지다.

3. 병가는 무급 휴가라야 한다. 왜냐고? 일하지 않을 때 돈을 지불하는 것은 일하지 않는 것을 보상해 주는 행위이기 때문이다. 우리는 월차를 제공한다. 그러나

쌓인 시간에 따라 2주에 한 번씩 급여 외에 수당으로 챙겨 준다. 상담원은 휴가를 쓸 수도 있다. 1년에 2주에서 3주까지 근속 연수에 따라 휴가가 허용된다. 그러나 월차가 미리 지급되기 때문에, 일하지 않는 날에 대해서는 수당을 받지 못한다.

4. 직원들이 일을 잘한다면 공개적으로 칭찬하라. 그러나 일을 제대로 하지 못할 경우에는 이야기를 하되 남들이 보지 않는 곳에서 하라.

5. 우리는 근속 연수에 따라 근무 스케줄을 선택할 수 있도록 한다. 대부분의 연장 자들은 가장 좋은 낮 시간을 차지한다. 그리고 모든 직원들은 이것이 장기근속에 대한 보상이라고 이해한다. 근속 연수가 낮은 상담원들 또한 회사에서 보내는 시간을 소중하게 생각한다. 매일 축적되는 근무 시간에 대해 매일매일 가치를 더해 가는 자산이라고 생각한다. 연공서열 체계는 합리적이고 정당한 방법이다.

6. 직무에 대해 문서를 작성하라. 간단명료한 운영 매뉴얼이나 직원 핸드북, 개별 직무 내용을 문서화하라. 상담원들이 살아남기 위해서는 독심술사나 점쟁이가 되어야 할까? 자신이 무엇을 해야 할지에 대해서 생각하는 것은 여간 스트레스가 아닐 것이다. 직무 수행에 대한 지시 사항은 아주 세세한 부분까지 명확하게 기록해야 한다. 이때 컴퓨터 파일로도 저장해 두고 인쇄물로도 남겨 두어야 한다.

7. 성과에 따른 급여를 제공하라. 이때 평가 방법은 객관적이어야 한다. 센트라텔에서는 독립적으로 직원들의 성과를 평가하는 풀타임 직원이 있다. 이 직원은 주마다 서비스 품질에 대해 점수를 매기고, 각 상담원들과 함께 성과를 검토한다. 상담원들은 이 계획을 통해 최대 25%까지 더 많은 급여를 받을 수 있다. 상담원들에게 25%의 추가 수당은 원래 할당된 급여 이상으로 받게 되어 만족스럽고, 예상하지 못했던 돈을 번 것 같은 느낌의 돈이다.

오랫동안 일할 충성스런 직원으로 훈련시키는 과정에서 가장 먼저 고려해야 하는 것은 사고방식의 전환이다. 완벽한 직원을 찾지 마라. 교묘한 장치로 직원들을 조종하려고 하지 마라. 직업윤리 의식이 떨어지는 이유에 대해 말도 안 되는 변명거리를 늘어놓지 마라. 직원들의 동기부여에 대해 터무니없는 이론들을 늘어놓지 마라. 대신, 오컴의 면도날의 원리처럼 '가정을 최소화할 수 있는 가장 단순한 설명을 선택하라!' 그리고 직원들(일을 훌륭하게 소화해내고 싶어 하는 당신의 직원들)이 실제적으로 원하는 것들에 대한 계획을 구상하여 문서로 남겨라.

2. 센트라텔의 전략 목표

직원들에게 고함 : 센트라텔의 전략 목표는 회사의 모든 결정 및 개별 사안에 대한 의사 결정의 기초이다.

'우리는 최고가 되기를 원한다. 우리는 고객이 행복하기를 원한다.' 라는 식의 진부한 사명 선언문은 의미 있는 방향을 제시해 주지도 못하고, 주주들을 한순간 만족시키는 것 밖에 되지 않는다. 수많은 연간 업무 계획이 통신 업계에서 일어나는 하루하루의 변화들을 설명해 줄 수는 없다.

전략 목표는 일반적 전략의 큰 틀을 제시해 주며, 우리 회사의 방향과 정체성, 그리고 우리 회사의 기능성을 제시해 준다. 전략 목표에 제시된 지침을 따르면 성장과 성공이 저절로 따라오게 된다. 단순성의 원칙에 따라 우리는 전략 목표를 한 페이지로 제한한다. 우리는 여러 해를 거쳐 그 내용을 수정한다. 단, 기본 원리는 그대로 둔다.

센트라텔은 미국에서 최고 품질의 서비스를 자랑하는 전화 응답 서비스 회사다. 우리의 기본 전략은 기업의 시스템이 완벽에 가까울 때까지 적극적으로 작동하는 것이다.

우리의 지침이 되는 문서는 '전략 목표', '30가지 원칙', 그리고 여러 영역의 '작업 절차'들이다.

센트라텔은 1차적으로 미국 도처에 있는 회사와 전문 기관들을 위해 연중무휴로 전화 응답 서비스를 제공한다. 부수적으로는 오리건 주 중앙 지역으로만 제한되는 음성 메일과 무선 호출 서비스를 제공하고 있다.

우리는 직원들을 위해 모든 책임을 다함으로써 고객들의 성공에 기여할 것이다. 직원들이 충성스럽고, 똑똑하고, 최선을 다하고, 오랫동안 몸담고 있으며, 우리가 이들에게 충분한 보상을 제공해 준다면 결과적으로 고객에게 최상의 서비스를 제공할 수 있다.

우리 회사에는 여러 인적, 기계적, 그리고 컴퓨터 시스템이 동시에 복잡하게 작동되고 있다. 성공을 좌우하는 것은 다음과 같다.

정제된 의사소통, 조직적 시스템, 헌신적인 직원들, 즉시성을 가진 작업 절차서, 최적의 환경을 갖춘 사무실과 장비, 지속적인 평가에 따른 엄격한 품질 관리, 적극적인 혁신, 시스템 유지와 향상을 위한 열의, 적극적이고 신중한 마케팅 전략, 구석구석 세밀하게 살피는 주의력.

회사의 경쟁력은 다음과 같다.

완벽에 가까운 정확한 메시지 처리, 고객의 필요에 따라 구성된 상품, 즉각적이고 일관적이며, 고객을 생각하는 고객 서비스, 최신 첨단 장비, 그리고 개인과 기업의 무결점. 최고의 효율을 자랑하는 커뮤니케이션 매체와 전략, 모든 내부 시스템을 보완하고 개선하려는 노력.

성장을 위해 우리는 '우리가 만들면 고객이 찾아 올 것'이라는 철학을 이어 간다. 이와 함께 마케팅을 위해 적극적으로 노력한다.

우리는 지침 문서에 따라 센트라텔의 운영 절차를 엄격하게 통제할 것이지만, 개선될 수 있는 부분이 있다면 즉각적으로 수정할 것이다.

'우리의 운영 체제는 엄격하지만, 즉시 수정될 수 있다.'

우리는 책임 사항을 특수한 '전문 분야'로 분류하여 부서들 간에 적절한 교차 교육을 실시한다. 이를 통해 모든 경영 및 관리 직무에서 예비 인력을 갖추도록 한다.

주요 고객으로는 의료 기관, 동물 병원, 가정 의료 서비스 기관, 장의 업계, 냉난방 설비 업계, 부동산 관리 업계, 첨단 산업 기관, 24시간 응급 서비스 기관 등이 있다.

3. 센트라텔의 30가지 종합 운영 원칙

1. 기업의 결정은 전략 목표, 30가지 종합 운영 원칙, 작업 절차서의 내용과 일치해야 한다.

2. 우리 회사는 미국에서 최고 품질의 서비스를 제공하는 전화 응답 서비스 회사이다. 우리는 어디에서든 고객에게 최고의 품질을 제공하기 위하여 그에 필요한 모든 활동을 수행한다.

3. 우리는 명확한 기준을 세워 상황에 대한 정확한 기준을 제시한다. 문서화 된 절차는 회색 지대에 놓인 문제들에 대한 주요 방어책이다.

4. 임무를 완수하라. 직원이 자신의 임무를 수행할 수 있는가? 아니면 여러모로 그것을 복잡하게 만드는 요소들이 있는가? 변명거리나 복잡한 상황 없이 신속하고 정확하게 임무를 완수하는 능력은 직원이 가질 수 있는 가장 가치 있는 능력이다.

5. 직원이 우선이다. 우리는 회사의 업무를 100%로 수행하려는 의지가 있는 사람들을 고용한다. 우리는 그들이 이루어내는 성과에 따라 보상한다. 그렇게 함으로써 고객에게 최상의 서비스를 제공할 수 있다.

6. 우리는 급한 불끄기에 급급한 사람들이 아니다. 우리는 급한 불이 발생하지 않도록 예방하는 전문가들이다. 우리는 문제 상황을 만났을 때 대처하려는 것이 아니다. 우리는 처음부터 문제가 발생하지 않도록 시스템을 개선하고 정비한다.

7. 문제점은 우리를 행동하도록 자극하는 선물이다. 문제점은 시스템이나 절차를 만들거나 개선하도록 유인한다. 우리는 실패를 원하지 않는다. 그러나 문제가 발생하면 그 상황을 '경고 신호'로 받아들이며, 오히려 감사하게 생각한다. 또한 다시는 그런 상황이 발생하지 않도록 시스템을 개선한다.

8. 우리는 관리할 수 있는 서비스 몇 가지에만 주력한다. 새로운 기회를 기다리고 있더라도 결국에는 복잡한 여러 가지의 일반 품질을 제공하기 보다는 '탁월한 방식의 몇 가지 서비스만 제공한다.'

9. 우리는 가장 단순한 해결책을 찾는다. 오컴의 법칙('경제의 법칙'이라고도 불림)이 말하듯이 '개체가 필요를 뛰어넘어서는 안 된다. 변함없이 정답을 제시하는 것은 가장 단순한 해결책이다.'

10. 우리가 절약하거나 낭비하는 돈은 모노폴리 게임에서나 쓰는 돈이 아니다! 우리는 돈의 가치를 떨어뜨리지 않도록 주의한다. 왜냐하면 돈은 비즈니스와 연관되어 있기 때문이다.

11. 우리는 절차서와 시스템에 따라 기업을 운영한다. '반복되는 문제들은 무엇이든 시스템으로 해결할 수 있다.' 우리는 시스템과 절차를 만들고 실행하기 위해 그에 필요한 시간을 투자하며, 충분히 그럴만한 가치가 있다고 생각한다. 반복적으로 발생하는 문제가 있다면, 절차를 만들고 문서화하여 다시는 그 문제가 발생하지 않도록 예방해야 한다. 그러나 이따금씩 발생하는 상황에 대해서는 시스템이나 절차를 적용하지 않는다. 이것은 도리어 조직을 수렁에 빠뜨리는 일이다. 그러므로 우리는 때때로 절차를 만들지 않기도 한다.

12. '필요하지 않는 일은 하지 마라.' 불필요한 것은 없애라. 시스템, 방법, 진행하려고 하는 프로젝트를 제거하는 것이 매우 올바른 선택일 경우가 많다. 단순한 방법을 생각하고, 자동화시켜라. 가장 단순한 절차로 수정하거나 완전히 없애라. 'NO' 라는 간단한 방법이 시간, 에너지, 돈을 절약하지 않을까?

13. 우리의 문서화 된 시스템, 절차, 기능은 '현장 직원이 아닌 사람들' 도 알 수 있는 내용이어야 한다. 즉 직장인이라면 다른 사람의 도움 없이도 수행할 수 있는 절차여야 한다. 이에 대한 실제적인 증거로서 우리는 '일선에 있지 않은' 개인, 즉 타이핑 실력을 갖춘 일반인을 고용하여 3일 만에 전화 서비스를 처리하게 할 수 있다. 이를 위해 시스템은 효율적이고 단순하며, 철저하게 문서로 작성되어야 한다. (체계화 된 교육 방법을 실행하기 이전에는 상담원의 교육을 마치기까지 6주의 시간이 걸렸다.)

14. 지금 당장 하라. 모든 행위는 'POS 처리 방식', 즉 즉시성 이론에 기초한다. 우리는 즉시 할 수 있는 일은 미루지 않는다. 대형 소매점에서와 같이 우리는 거래가 발생하는 바로 그 즉시 재고와 데이터베이스를 업데이트한다. 실질적인 거래가 있은 후 사무실 안에서 서류들이 이리저리 돌아다니는 일이 없다. 우리는 이런 질문을 한다. '어떻게 하면 나중에 처리할 일을 만들지 않고서 지금 당장 일할 수 있을까?

15. 우리는 스티븐 코비의 여러 도서들을 토대로 센트라텔의 경영 방식을 구상하기로 한다. 참고한 책으로는 『성공하는 사람들의 7가지 습관The 7 Habits of Highly Successful People』, 『소중한 것을 먼저 하라First Things First』, 『성공하는 사람들의 8번째 습관The Eighth Habit』이 있다. 그 밖에 짐 콜린스의 『좋은 기업을 넘어 위대한 기업으로Good to Great』, 마이클 거버의 『내 회사를 차리는 법The E-Myth Revisited』, 앤서니 라빈스의 『내안에 잠든 거인을 깨워라Awaken the Giant Within』도 참고한다.

16. 우리는 프랭클린 코비의 이론을 본떠 개인 스케줄을 구상한다. 우리는 항상 손이 닿을 수 있는 개인 스케줄러(개인 일정 관리 시스템)를 활용한다. 우리는 우선순위를 매기고, 스케줄을 짜고, 그것을 기록한다. 시스템은 항상 최신의 것으로 사용하고, 항시 그것을 활용한다. (센트라텔에서는 마이크로소프트 아웃룩을 스케줄러로 활용한다.)

17. 순서와 우선순위가 중요하다. 우리는 가장 중요한 일을 가장 먼저 수행한다. 우리는 스티븐 코비의 시간 관리 매트릭스에 따라 '긴급하지 않지만 중요한 일'을 하기 위해 가장 많은 시간을 들인다. (스티븐 코비의 시간 관리 매트릭스는 1. 긴급하고 중요한 일, 2. 긴급하지 않지만 중요한 일, 3. 긴급하지만 중요하지 않은 일, 4. 긴급하지도 중요하지도 않은 일로 나뉜다.)

18. 우리는 공고에 앞서 모든 내용을 반복 점검한다. 반복 점검하는 습관을 타고나지 않았다면, 그런 습관을 훈련하여 익혀야 한다. 반복 점검은 모든 업무에 대해 거쳐야 할 의식적 단계다. 반복 점검은 그 업무를 주관한 사람이 할 수도 있고, 그 밖에 다른 사람이 할 수도 있다.

19. 우리의 환경에는 결점이 없다. 즉 깨끗하고, 질서 정연하고, 단순하고, 효율적이고, 기능적이다.

20. 직원 교육은 체계적이고, 일정이 잘 짜여 있고, 철저히 진행된다. 적극적으로 고객과 접촉하는 일도 체계적으로(분명한 일정과 함께) 철저히 진행된다.

21. 우리는 마감일을 엄수한다. 조직 내에 있는 누군가가 업무나 프로젝트를 어느 특정한 날짜와 시간에 마치겠다고 이야기했다면, 제 시간에 그 일을 마치기 위해 전력을 다해야 한다. (마감 시한을 지키지 못할 정당한 사유가 있다면, 그 시한을 지키는 것이 불가능한 일이라고 동료들에게 미리 알려야 한다.)

22. 우리는 장비를 유지하고, 그 장비가 항상 100%의 기능을 다할 수 있도록 한다. 만약 제대로 작동해야 할 장비가 작동하지 않는다면 당장 고쳐야 한다. 지

금 당장 고쳐야 할 필요가 없어도 지금 즉시 고쳐라. 이것은 회사를 잘 경영하느냐의 문제이며, 좋은 습관을 유지하느냐의 문제다. 우리는 이런 식으로 일한다.

23. 언어에 능숙해야 한다. 우리는 어떻게 말할지 무엇을 작성할지 알아야 한다. 우리는 개선을 위해 우리가 할 수 있는 것은 무엇이든 한다. 우리는 동료가 나에게 지적하는 문제를 수용한다.

24. 우리는 업무 스킬을 향상시키기 위해 연구한다. 꾸준히 책을 읽고, 생각하는 습관은 개인의 발전을 위해 매우 중요하다. 이것은 자기 훈련을 잘 하느냐의 문제다.

25. '직접 일을 하라!' 이런 이야기와는 상반되더라도 부서장은 시스템을 만들고, 관리하고, 그것에 대해 문서를 작성해야 한다. (여기서 시스템이란 직원과 장비와 절차와 관리 스케줄로 구성된 것이다.)

26. 경영자는 부서장과 시스템을 관리한다. 부서장은 지시하고, 조정하고, 관리하는 일을 한다.

27. 우리는 멀티태스킹을 지양한다. 다른 사람과 커뮤니케이션을 할 때는 대화에 100% 참여한다. 우리는 상대방에게 철저히 집중해야 한다. (혹은 바로 앞에 놓인 업무에 철저히 집중해야 한다.) 우리는 이야기를 듣고 이해하는 것에 집중한다. 메이어 프리드먼의 뛰어난 저서 『심장병과 유형 A 행태 고치기Treating Type A Behavior and Your Heart』를 읽어 보라. '마음에 새기는 것Mindfulness'은 한 번에 한 가지의 일에만 완전히 집중하는 것이다. 이에 관해서는 존 카밧진 박사의 『총제적 위기 속의 삶Full Catastrophe Living』을 읽어 보라.

28. 우리는 사무실에서 센트라텔의 경영을 위해 최선을 다한다. 우리는 고개를 숙이고 일에 전념한다. 우리는 일에 집중하고, 그 결과 회사는 급여를 많이 준다. 이것이 바로 회사와 직원 간의 '계약'이다. 한 주 동안의 근무하는 시간은 40

시간을 넘기지 않는다.

29. '완성했다'는 것은 말 그대로 '완성한다'는 뜻이다. '거의 다했다'라든지 '내일'이라는 말은 '완성되지 않았다는 것'이다. 특히 이것은 관리직 직원이 아웃룩 업무 기능을 어떻게 사용하고 있느냐와 밀접한 관련이 있다.

30. 우리는 진지하고 조용하지만, 동시에 즐겁고 평화롭고 밝고 친화적인 사회 분위기를 조성하기 위해 노력한다. 센트라텔은 일하기 좋은 곳이다.

4. 절차를 위한 절차

여기에서는 다른 절차들을 위한 핵심 절차에 대해 이야기하고자 한다. 이 핵심 절차는 작업 절차를 만들기 위한 방법을 알려 준다. 이것은 '모든 절차들의 어머니', 즉 우리 회사의 경영에 필요한 수백 가지의 절차를 마련하는 것에 대해 설명해 주는 기본 지침이다. 이 문서는 모든 절차들이 같은 틀과 형식으로 작성될 수 있도록 제시한다.

이 절차 문서가 장황하고 복잡해 보인다고 해서 낙담하지 말고, 이 문서가 말하는 내용에 주눅 들지도 말라. 센트라텔 안에 이 문서만큼 길고 복잡한 문서는 없다. 이 문서의 내용이 가장 길고, 가장 복잡하기 때문이다. 그 본질에 대해서만 생각하라. 그리고 당신의 상황에 이 내용을 적용해 보라. 문서는 서술 형식으로 시작된다.

절차를 위한 절차

센트라텔의 기계적 기능은 작업 절차(혹은 간단히 '절차')를 그 기초로 한다. 한꺼번에 일어나는 수백 가지의 인적, 기계적 운영 프로세스를 다른 방법으로 유지하는 것은 불가능하다. 작업 절차는 전화 응답 서비스에 대한 비상 교대 업무에서부터 고객으로부터 입금된 이용료를 은행에 예치하는 것, 직원들을 위한 업무 설명, 입구에서 고객을 맞이하는 행동에 이르기까지 모든 업무를 안내한다.

작성된 절차를 엄격히 따르는 것이 중요하다. 그러나 이와 동시에 문제점이 발생하면 즉시 절차를 수정하겠다는 의지도 중요하다. 우리는 환경이 바뀌거나 더 나은 아이디어가 떠올랐을 때 절차를 수정하기로 한다. 당신이 어떤 업무를 맡았건 보다 나은 절차에 대한 아이디어가 떠오른다면 그것을 제안하라. 당신이 가진 생각이 훌륭하다면, 작성된 절차의 내용을 수정한 후 그 내용을 당장 실천하게 될 것이다.

엄격하지만 동시에 개선의 여지가 있는 절차들은 직원 개개인에게 엄청난 자유를 선사한다. 추측할 필요가 없도록 지침을 제공해 주기 때문이다. 문제점에 대한 해답과 지시 사항이 바로 거기에 있다. 작업 절차들은 센트라텔 운영 기준의 핵심으로서 '체계적이고 유연한 기업 시스템 안에서의 자유와 책임'을 제시한다.

가이드라인

• 반복되는 문제나 업무가 있는가? 그렇다면 작업 절차가 필요하

다. 이미 절차가 있는 상황에서 문제가 발생한다면, 우리는 기존의 절차를 수정하여 문제를 제거할 수 있도록 한다. 문제가 없는 경우라면 절차를 간소하게 만들어 효율을 극대화한다.

- 절차를 마련하기 위한 초기 단계에서는 그 절차와 관련 있는 사람들에게서 피드백을 받아라. 절차를 수정하기 전에는 절차를 만든 사람과 관련 부서 관리자에게 알려야 한다. 이들은 개정에 관해 깊이 관여해야 하며, 수정에 관해 최종적으로 개별 승인을 내려야 한다.

- 절차는 현장 근무자가 아니더라도 알아볼 수 있도록 최대한 단순하게 만들어라. 단순하고, 간결하고, 꼼꼼해야 한다.

- 기억하라. 전반적 목표는 '매우 발전된 시스템 안에서의 자유와 책임'이다.

- 정보는 어느 정도 포함되어야 하나? 서술적 절차는 가능한 한 많은 정보를 담아라. 단, 정보를 쉽게 파악할 수 있도록 설명하라. 알파벳 순서에 따른 열거, 논리적 소제목, 숫자 또는 글머리 기호 형식, 단순하고 간결한 문장 구조 등을 사용하라. 도표 및 그래프 절차는 단순하고, 간결하고, 읽기 쉽도록 만들어라. 가독성을 높이기 위해 때로는 정보를 생략해야 할 필요가 있을 것이다. 서체와 크기, 형식 등을 제한하라.

- POS 처리 방식, 즉 즉시성의 전략에 따라 우리는 즉각적으로 절차를 수정할 것이다. 절차는 빠르게 주저하지 않고 개선해야 하며, 이때 수정, 추가, 삭제, 혹은 절차를 완전히 없애는 것 등의 방법을 사용한다. 우리는 엄격한 체제 안에서 움직일 것이며, 이 체제는 그룹의 합의에 따라 신속하게 수정될 수 있다.

- 추측은 금물이다. 모든 단계는 명확하고 논리적이어야 한다. 특히 절차를 이용할 직원이 그 주제에 관해 잘 알고 있을 것이라고 추측하지 마라. '현장에서 근무하지 않는 사람들도 알 수 있는 방법'이어야 함을 기억하라!
- 필요하다면 제목 뒤에 육하원칙에 따라 절차에 대한 전반적인 내용을 간결하게 서술하라. 특정 절차의 경우에는 적용이 가능하다면 글머리 기호나 숫자를 이용하여 작성하라.
- 제목을 '~에 대한 절차'라고 쓰지 말 것. 제목은 간결하지만 동시에 내용이 드러나야 하고, 신입 사원들도 이해할 수 있어야 한다. 제목은 주제를 쉽게 찾을 수 있도록 논리적으로 써야 한다. 주제를 앞에 배치하라. 예를 들자면, '전화 판매를 위한 절차Procedure for Sales Calls'보다 '전화 판매 절차Sales Call Procedure'가 낫다. 그 다음에는 절차가 수행하고자 하는 내용에 대해 짧게 서술한다.
- 절차를 공표하기 전에 시험해 보라! '현장 근무자가 아닌 사람들'을 대상으로 실험하라. (절차를 만드는 데 개입하지 않은 직원)
- 절차에 관한 저장 공간에 새로운 절차나 수정된 절차 모두를 게시하라. 수정한 절차 안에는 수정한 날짜를 기록하고, 새로운 정보는 파란색 글씨로 표시하라. 즉시 절차 내용을 프린트하여 '행정 절차 폴더' 혹은 '운영 절차 폴더'에 알파벳 순서대로 끼워 넣어 보관하라.
- 관련된 모든 직원들은 새로운 절차를 검토할 것이다. 내용이 이해가 되면 인쇄물에 바로 이니셜과 해당 날짜를 쓴다.
- 직원들은 절차를 만든 사람에게 질문 사항과 제안할 내용들을 이야기한다. (질문이 있다는 것은 절차가 더 수정되어 의문이 생기지 않

도록 만들어야 함을 의미한다.) 새로운 절차나 확연히 수정된 절차를 공표하기 전에는 반드시 CEO의 OK 사인이 있어야 한다.

- 직원들은 새로운 절차를 정확히 준수해야 한다. 기억하라. '절차에 문제가 발생하면, 즉시 그 절차를 수정해야 한다. 다른 방법은 생각하지 않는다!'

세부 사항을 디자인하라

(여기에 나열한 여러 디자인 세부 사항들은 우리 회사의 '서식 꾸러미' 소프트웨어에서 찾아볼 수 있다. 'workthesystem.com/easy'를 참고하라.)

- '절차 서식'이라는 이름의 서식과 서식 폴더에 있는 서식을 활용하라.
- 처음에 오는 제목은 '제목 1'(볼드체, 12포인트)을 적용한다.
- 제목 다음에 오는 날짜는 절차 문서 날짜(보통체, 10포인트)를 적용한다.
- 소제목은 '제목 2'(볼드체, 10포인트)를 적용하고, 소제목 안의 세부 항목에 대해서는 '제목 3'(기울임체, 10포인트)을 적용한다.
- 본문 내용에는 '일반'(보통체, 10포인트)을 적용한다.
- 기호나 숫자로 글머리를 매길 때는 초기에 설정된 글머리 기호나 숫자 양식을 적용한다.
- 절차는 다음과 같은 방식으로 마지막 페이지의 하단에서 다룬다.
  - 보기, 머리말과 꼬리말을 선택한다.
  - 꼬리말을 클릭한다.

- 첫 번째 줄 : 텍스트 자동 삽입 기능에서 '파일 이름과 경로'를 선택하라.
- 두 번째 줄 : 텍스트 자동 삽입 기능에서 '작성자'를 선택한 후 자신의 이름을 써 넣는다. 무슨 컴퓨터를 사용하며, 컴퓨터가 어떻게 구성되어 있는지에 따라 직접 작성해야 할 수도 있다.
- 세 번째 줄 : 텍스트 자동 삽입 기능에서 '작성 날짜'를 선택한 후 날짜와 시간을 넣는다.
- 꼬리말 스타일을 사용하라.

- 기울기와 진하게 기능을 적용하라.
- 가능한 한 '1-2-3~ 단계' 형식을 적용한다.
- 가능한 한 기호와 숫자를 글머리 기호로 사용한다.
- 교대 업무에 관한 내용이라면, 전화 응답 서비스 현장에서 쓰는 숫자, 이니셜, 방법론을 그대로 사용한다.

'디자인'이라는 부분은 절차를 만드는 것에 대한 실제 지침이다 보니 내용이 복잡하여 길어질 수밖에 없다. 그러나 세부 항목들은 간단명료하기 때문에 전혀 복잡하지 않다. 당신은 이것이 30가지 운영 원칙과 같이 '비선형적'이라는 점을 알 수 있을 것이다.

5. 커뮤니케이션 시스템

센트라텔에서는 '전략 목표'와 '30가지 종합 운영 원칙'에 녹아 있는 효율성의 요소들을 기초로 하여 가장 최신의 커뮤니케이션 기술을 도입한다. 그런데 한 가지 재미있는 점은 내부 커뮤니케이션을 '단순화' 하기 위해 도입하는 것이 '매우 복잡한' 기술이라는 점이다. (센트라텔에서는 '댄'이라는 IT 관리자가 이 일을 감독하여 내부의 커뮤니케이션이 중단되지 않도록 한다.)

우리는 센트라텔의 변화를 시도하면서 가장 먼저 내부의 커뮤니케이션과 외부와의 커뮤니케이션에 대한 '작업 절차'를 만들었다. 작업 절차가 간단하고 쉽기 때문에 관리자들 사이에서 커뮤니케이션이 잘 이루어진다.

센트라텔의 모든 직원들이 이 방법을 사용한다. 혼란이란 있을 수 없다. 이 절차는 지난 5~6년 동안의 기술적, 사회적 변화와 함께 진화해 왔다. 그 내용은 다음과 같다.

내부 커뮤니케이션 : 절차와 기초

커뮤니케이션 활성화를 위한 도구들은 다음과 같다.

1. 음성 메일(VM)
2. 이메일(EM)
3. 메신저(IM)
4. 일대일 전화
5. 일대일 대화
6. 인쇄물(메모나 절차)

어떤 커뮤니케이션 방법을 사용해야 하는가?

1. 일상적이고 시급하지 않은 사안 : 이메일, 음성 메일
2. 시급한 사안 : 메신저, 일대일 대화, 일대일 통화
3. 생각을 조리 있게 자세히 설명할 때 : 음성 메일, 이메일
4. 사적이고 민감한 문제 : 일대일 대화, 일대일 통화
5. 기록으로 남겨야 할 때 : 이메일, 인쇄물
6. 정보가 복잡하거나 세부적일 때 : 이메일, 인쇄물, 일대일 대화, 일대일 통화
7. 절차 : '절차' 드라이브에 저장하고, 인쇄물로도 남길 것

POS 처리 방식

내부 커뮤니케이션에 대해 '판매 시점의 처리 방식을 도입' 했다는
것의 의미는 누군가가 질문을 던졌을 때, 그에 대해 즉시 대답하는 것이
다. 예를 들어, 음성 메일을 받았을 때 대답을 미루어서는 안 된다. 만약
대답을 할 수 없는 상황이라면, 메시지를 보낸 사람에게 즉시 연락하여
나중에 자세하게 대답해 주겠다고 알려야 한다. (이때 회신을 할 수 있는
대략적인 시간도 알려야 한다.) 이메일도 마찬가지다. 가장 기본적으로는
사안을 '지금 당장' 처리함으로써 메일 수신함에 읽지 않은 메일이 없
도록 해야 한다. 우리 회사의 '판매 시점의 처리 방식' 원칙에 따라서 말
이다.

마이크로소프트 아웃룩

센트라텔은 행정 처리를 위한 내부 커뮤니케이션을 위해 센트라텔
마이크로소프트 아웃룩 정보 시스템을 중점적으로 사용한다. 업무 리스
트, 연락처 리스트, 캘린더는 체계적으로 일하는 동시에 효율성을 극대
화하는 데 핵심적으로 사용된다. 프로그램을 활성화시켜 두고 자주 사
용하라. 당신이 해야 할 업무와 당신이 다른 사람에게 맡긴 업무를 파악
할 수 있도록 업무 리스트를 활용하라.

• 메신저 : 업무를 수행하는 중이라면 메신저를 활성화시켜라. 로그
  인을 할 때, 메신저가 자동적으로 켜지도록 설정하라.

- 이메일 : 받은 메시지는 자세히 읽어 보고 판단하라. 답장을 보내기 전에 받은 메시지와 답장으로 쓴 내용을 다시 읽어 보고 점검하라. 당신이 쓴 메일은 내용이 분명하고, 간결하고, 짧은가? 문법적인 오류는 없는가? 이해하기 쉬운가? 아니면 받는 사람이 당신이 의도하는 바를 알아서 이해해 줄 것이라고 생각하는가?

다양한 매체를 이용하여 메시지 전달하기

- 질보다 양을 생각하라 : 실제로 센트라텔에서는 양질의 커뮤니케이션을 정의할 때 많은 양을 강조한다. 그러나 주의하라. '양量'이라 함은 내용이 얼마나 많은가 보다는 빈도수가 얼마나 많은가와 더 관련이 있다. 일반적으로 커뮤니케이션이 충분히 이루어지고 있다면 질적인 면도 나아지게 된다. 커뮤니케이션이 필요한 상황인지 아닌지 확신이 서지 않는다면, 일단 커뮤니케이션을 시도해야 한다.
- 탁월한 메시지는 짧은 메시지다 : 필요 이상의 정보를 두서없이 나열한 공문서나 같은 내용이 되풀이되고 있는 메시지는 송신자나 수신자 모두의 시간을 낭비하게 만든다. 특히 음성 메일을 사용하면 메시지가 피로감을 주거나 비효율적일 여지가 많다. 그러나 이메일을 사용했을 때보다 빠르고 의미 있는 메시지를 전달하기도 한다. 때때로 음성 메일 30초로 이메일 15분의 메시지를 전달할 수도 있다.
- 커뮤니케이션의 질에 대해 생각하라 : 센트라텔의 전체 목적이 가장

탁월한 커뮤니케이션 서비스를 제공하는 것이기 때문에, 우리는 커뮤니케이션에 탁월한 사람들이어야 한다. 우리 회사는 미국에서 가장 높은 질적 수준을 자랑하는 전화 응답 서비스 회사다. 이것은 우리가 내부 커뮤니케이션뿐만 아니라 고객에게 제공하는 커뮤니케이션 서비스를 끊임없이 개선하고 향상시키기 때문이다. 우리는 항상 커뮤니케이션에 대해 생각한다. 커뮤니케이션이야말로 우리가 적극적으로 분석하고 개선해야 할 우리의 핵심 시스템인 것이다.

- 최적의 커뮤니케이션 도구를 사용하라 : 우리는 여러 종류의 커뮤니케이션 도구를 가지고 있다. 어느 때든 가장 적절한 커뮤니케이션 방법이 사용되고 있는가? 다른 사람에게 메시지를 보내기 전에 완벽하고, 분명하고, 간결한 메시지를 남기기 위해 준비해야 할 것이 있는가? 메시지를 남기는 동안, 메시지 내용이 너무 많거나 너무 적지는 않은가?

- 고객과의 대화에서 배워라 : 때로는 상담원과 고객과의 대화 내용을 녹음하고 검토하는 것은 효과적인 교육 방법이다. 우리 대부분은 자신이 어떻게 말하고 있는지에 대해 스스로 생각하는 것과 실제로 말하는 것이 일치하지 않는다. 이 방법을 통해 스스로 점검함으로써 반복적으로 "아…그러셨군요."라고 말하는 습관을 고칠 수 있고, 목소리의 톤을 낮출 수도 있고, 군더더기 말을 줄여야 함을 파악할 수도 있으며, 모르고 지나쳤을 거슬리는 문제점을 찾아낼 수도 있다.

시스템의 힘

2014년 1월 2일 초판 2쇄 발행

지은이 l 샘 카펜터
옮긴이 l 심태호

펴낸이 l 김우연, 계명훈
마케팅 l 함송이, 강소연
디자인 l 이혜경
기   획 l 손일수

펴낸곳 l for book
주   소 l 서울시 마포구 공덕동 105-219 정화빌딩 3층
문   의 l 02-753-2700(에디터)
인   쇄 l 미래프린팅

등   록 l 2005년 8월 5일 제2-4209호
정   가 l 15,000원
ISBN   l 987-89-93418-64-4   03320

• 잘못된 책은 바꾸어 드립니다.